Juni 2022

Mein Herz,

auf in unseren lang ersehnten
Bella Italia Urlaub !!
Lass uns die Welt, tolle Trails,
die beste Pasta und Natur pur
gemeinsam entdecken.

Ich liebe Dich,

deine Lara

D1726049

MIT DEM WOHNMOBIL DURCH ITALIEN

Weltbild

DER TRAUM VOM SÜDEN

Egal, ob Wohnmobil, Camper oder ausgebauter Bully – Italien ist das Top-Reiseziel für alle, die gerne mit dem mobilen Zuhause unterwegs sind. Hier hat man so unterschiedliche Landschaften in einem Land vereint, dass einfach für jeden etwas dabei ist. Egal ob Liebhaber von Strandurlaub, Bergfreunde oder Kulturinteressierte – der langgezogene italienische Stiefel bietet Abwechslung pur.

Entsprechend vielfältig sind auch die elf Reiserouten, die wir in diesem Band allen Camperfreunden ans Herz legen möchten. Da geht es durch das bergige Oberitalien genauso wie entlang der mediterranen Adriaküste, da führen historische Straßen wie die Via Appia von der Ewigen Stadt aus in den Süden, da locken traumhafte Eilande wie Sardinien oder Sizilien.

Und damit man unterwegs auch gut unterkommt, haben wir entlang der Strecke zahlreiche ausgesuchte Stell- und Campingplätze für sie zusammengestellt. Ausflugstipps, GPS-Tracks und detaillierte Routenkarten vervollständigen das Angebot und machen Lust auf den nächsten Wohmobilurlaub im Land, wo die Zitronen blühen. Die beste Reisezeit ist übrigens die Vor- und Nachsaison, denn in den Monaten Juli und August kann es in Italien voll werden. Dann ist es zumeist auch schwierig, einen Platz auf einem der Stellplätze zu bekommen. Also besser im Frühling oder Spätsommer reisen – dann hat man auch viele der wundervollen Buchten ganz für sich allein. Und noch ein kleiner Tipp für alle Individualisten: Das Wildcampen mit dem Wohnmobil ist in Italien grundsätzlich verboten. Vor allem in touristischen Regionen werden die Vorschriften streng durchgesetzt und bei Missachtung hoch bestraft. Bis zu 500 Euro können oft fällig werden.

Den Traum von einem Urlaub im Süden können sich Wohnmobilbesitzer ganz leicht erfüllen. Einfach Camper packen und losdüsen. Italien ist nicht weit und die erste einsame Bucht ganz nah.

Inhalt

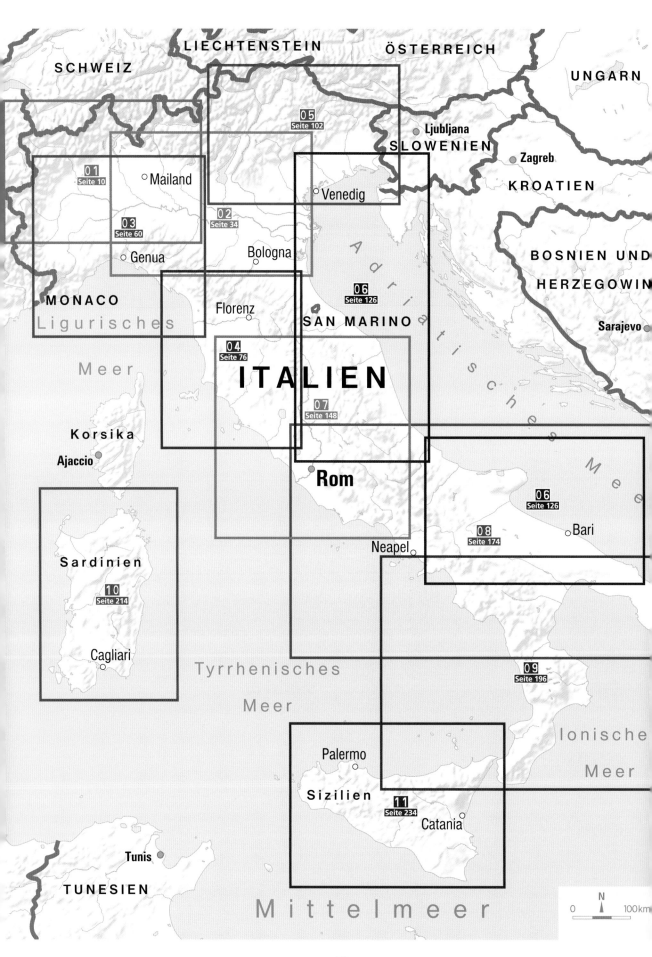

ZEICHENERKLÄRUNG FÜR DIE ROUTENKARTEN

Verlauf der Route		05	Sehenswerter/beschriebener Stopp auf der Route		TOUR START	Start der Route
Wohnmobilplatz Wackerballig	Beschriebener Wohnmobilstell-, Campingplatz auf der Route	E54	Europastraßen-Nr.			Naturparkgrenze / Biosphärenreservat
Autobahn (im Bau)		A1 48 A6 M2 A6 4	Autobahn-Nr.			Nationalparkgrenze
4- oder mehrspurige Schnellstraße (im Bau)		57 471 SH4 203 N79 31	Bundes-, Nationalstraßen-Nr.			ICE/IC/EC Bahnlinie
Fernstraße/Nationalstraße (im Bau)		⊗	Autobahn-Anschlussstelle			Sonstige Bahnlinie
Wichtige Hauptstraße (im Bau)		o o	Sonstige Anschlussstelle			Zahnradbahn / Bergbahn
Hauptstraße (im Bau)		⋈	Pass			Autofähre
Nebenstraße mit Mautstelle			Für Wohnwagen ungeeignet			
10,5 Fernkilometrierung an Autobahnen			Für Wohnwagen gesperrt			Sperrgebiet
10 Kilometrierung		✈	Internationaler Flughafen			Staatsgrenze
Fernstraße im Tunnel		✈	Nationaler Flughafen			
Straße gesperrt/Steigung 18%		✈	Regionaler Flughafen			Regionalgrenze
Ferienstraße						

BESONDERE SEHENSWÜRDIGKEITEN

- UNESCO-Weltnaturerbe
- Gebirgslandschaft
- Felslandschaft
- Schlucht/Canyon
- Gletscher
- Vulkan, erloschen
- Höhle
- Wasserfall/Stromschnelle
- Seenlandschaft
- Küstenlandschaft
- Flusslandschaft
- Dünenlandschaft
- Nationalpark (Landschaft)
- Nationalpark (Flora)
- Nationalpark (Fauna)
- Nationalpark (Kultur)
- Biosphärenreservat
- Naturpark
- Botanischer Garten
- Zoo/Safaripark
- Vogelschutzgebiet
- Wildreservat
- Schutzgebiet für Büffel
- Schutzgebiet Seehunde

- UNESCO-Weltkulturerbe
- Vor- und Frühgeschichte
- Römische Antike
- Wikinger
- Keltische Geschichte

- Kirche allgemein
- Kirchenruine, Klosterruine
- Christliches Kloster
- Romanische Kirche
- Gotische Kirche
- Barocke Kirche
- Byzantinisch/orthodoxe Kirche
- Islamische Kulturstätte
- Kulturlandschaft
- Historisches Stadtbild
- Burg/Festung/Wehranlage
- Burgruine
- Palast/Schloss
- Technisches/industrielles Monument
- Spiegel- und Radioteleskop
- Staumauer
- Bergwerk geschlossen
- Sehenswerter Leuchtturm
- Windmühle
- Herausragende Brücke
- Kriegsschauplatz/Schlachtfeld
- Grabmal
- Denkmal
- Mahnmal
- Sehenswerter Turm
- Herausragendes Gebäude
- Freilichtmuseum
- Prähistorische Felsenbilder
- Markt/Basar
- Feste und Festivals

- Theater
- Weltausstellung
- Olympische Spiele
- Winzerei/Weinanbaugebiet

- Autoroute
- Hochgeschwindigkeitszug
- Bahnstrecke

- Insel
- Hafen
- Strand
- Quelle
- Arena/Stadion
- Rennstrecke
- Golf
- Pferdesport
- Skigebiet
- Windsurfen
- Wellenreiten
- Segeln
- Unterwasserreservat
- Badeort
- Kanu/Rafting
- Freizeitbad
- Mineralbad/Therme
- Freizeitpark
- Spielcasino
- Aussichtspunkt
- Wandern/Wandergebiet

Paradiso italiano

Herrschaftliche Villen, mediterrane Uferpromenaden, Metropolen
wie Mailand oder Turin und die mächtigen Gipfel des Aostatals –
auf dieser Route lernt man Norditalien in seiner ganzen
vielfältigen Pracht kennen.

LOMBARDEI, PIEMONT UND DAS AOSTATAL

Mailand, Turin und Aosta – die Zentren der drei nordwestlichen Regionen könnten unterschiedlicher nicht sein. Gleiches gilt auch für die Landschaften: Von den paradiesisch anmutenden Gärten an den oberitalienischen Seen bis zu den eisigen Gipfeln des Mont Blanc und Gran Paradiso reicht das Spektrum. Kunst und Kultur warten mit einer enormen Vielfalt auf. Und alljährlich fallen die Feinschmecker in Heerscharen ein, um regionale Spezialitäten wie Käse, Schinken, Wein und Trüffel zu genießen. Eine Reise durch diese drei attraktiven Regionen sollte in Mailand beginnen. Dank der strategisch günstigen Lage entwickelte sich die Stadt zu einem Handelszentrum mit jahrhundertealter Tradition und ist heute die zweitgrößte und eine der elegantesten Städte Italiens. Kaum eine Autostunde weiter nördlich ist man mitten im Gebiet der oberitalienischen Seen und damit in einer Landschaft, die von 18 größeren und mehr als 1000 kleinen Bergseen geprägt wird. Zu den Schönheiten der von den Gletschern der Eiszeit ausgehobelten Seebeckenlandschaft kommen architektonische Schmuckstücke hinzu. Etwa die zahllosen Villen am Comer See mit ihren seit Römerzeiten üppig bepflanzten Gärten. Der Kleinwagen »Cinquecento« machte gleichermaßen die Marke Fiat und Turin weltberühmt. Hier werden auch die Basisfahrzeuge entwickelt, die heutzutage hauptsächlich bei Wohnmobilen Verwendung finden. Dass Turin außerdem die erste Hauptstadt des Königreichs Italien war, dass es dort eine prächtige Barockstadt zu entdecken gibt – das geriet vor lauter Autos beinahe in Vergessenheit. Aosta ist Italiens zweitkleinste Region, deren Bewohner ein provenzalisch gefärbtes Französisch sprechen. Sie besteht aus einem Haupt- und 13 Seitentälern, die sich in der Form eines verzweigten Baumasts zwischen der Schweiz im Norden und dem Piemont im Süden drängen.

Malerisch schmiegt sich das Hotel Villa Cipressi in Varenna an das Ufer des Comer Sees.

ROUTE 1

Streckenlänge: ca. 800 km
Zeitbedarf: ca. 2 Wochen
Streckenverlauf (Hauptorte): Mailand, Como, Lugano, Vercelli, Asti, Turin, Courmayeur
Charakteristik: Auf dieser Route trifft der Camper auf ein abwechslungsreiches Spektrum aus Landschaften, Kunst, Kultur und Kulinaria. Geht es anfangs durch die klimatisch milde Region der oberitalienischen Seen, warten gegen Ende der Tour die markanten Gipfel des Aostatals auf den Reisenden. Im Frühling und Herbst ist hier teilweise mit Straßenglätte zu rechnen.
Informationen:
www.oberitalienische-seen.com
www.derlagomaggiore.de
www.comersee-info.de
www.milano24ore.de

Hier geht's
zum
GPS-Track

Der Mailänder Dom ist eine der größten gotischen Kirchen der Welt. Die Bauarbeiten zogen sich über fast 500 Jahre hin.

01 Mailand

Mailand ist ein führender Wirtschaftsstandort mit reicher Geschichte. Von hier aus wurde in der Spätantike zeitweise das römische Weltreich regiert, im Mittelalter war die Stadt einer der Kristallisationspunkte des neuen Italien. Die erste Blütezeit begann im 11. Jahrhundert. Im Lombardischen Städtebund erlangte Mailand eine politisch führende Stellung. Zum Zentrum für Kunst und Kultur wurde die Stadt unter den Visconti- und Sforza-Herzögen. Die Blütezeit endete 1500, als die Selbstständigkeit des Stadtstaats endete. Größte Sehenswürdigkeit der Stadt ist der Dom, ein Meisterwerk der italienischen Gotik. Nicht weniger als 2245 einzelne Statuen zieren seine Fassade aus weißem Marmor. Das Herz Mailands aber schlägt auf der Piazza del Duomo. Südlich des Doms steht der Palazzo Reale, er war im 11. und 12. Jahrhundert das Rathaus der Stadt und später die Residenz der Visconti. Heute residiert hier das

Civico Museo d'Arte Contemporanea, das einen Querschnitt durch die Kunst des 20. Jahrhunderts bietet. Um die Piazza Mercanti westlich des Doms reihen sich all die Palazzi, die einst im Leben der Stadt eine Rolle gespielt haben. Die Verbindung zwischen der Piazza del Duomo und der Piazza della Scala stellt die Galleria Vittorio Emanuele her. Das Teatro alla Scala ist Mailands berühmtes Opernhaus. Es verdankt seinen Ruf als »bestes Opernhaus der Welt« der herrlichen Akustik. Der 1886 vollendete Palazzo di Brera birgt die Pinacoteca di Brera, eine der bedeutendsten Gemäldesammlungen des Landes mit Werken von Mantegna bis Raffael. Die ab 1254 erbaute Kirche San Marco ist Mailands zweitgrößte Kirche. An der Ostseite der 17 Hektar großen Giardini Pubblici liegt Mailands kulturhistorisches Museum mit fast unerschöpflichen Beständen. Das im Jahr 1368 gegründete Castello Sforzesco war einst das Schloss der Visconti und Sforza und beherbergt das Museo d'Arte Anti-

Bunte Schirme schmücken im Rahmen eines Kunstprojekts einen Straßenzug im Städtchen Monza.

ca. Südwestlich des Nordbahnhofs versteckt sich die Kirche Santa Maria delle Grazie. Ihren Chor und die sechsseitige Kuppel gestaltete Bramante ab 1492 zum schönsten Beispiel der Mailänder Frührenaissance um. Im Refektorium des angrenzenden ehemaligen Dominikanerklosters ist Leonardos berühmtes »Abendmahl« zu sehen.

02 Monza

Das Städtchen ist inzwischen fast ein Vorort von Mailand geworden. Einstmals war es der Sommersitz der Langobardenkönigin Theodolinde und 918 sogar Kaiserresidenz. Der Dom im Zentrum wurde in der Regierungszeit von Königin Theodolinde gegründet, Ende des 14. Jahrhunderts auf den heutigen Umfang erweitert, aber erst Ende des 19. Jahrhunderts vollendet. Am interessantesten ist die Kapelle der Theodolinde mit Fresken aus dem Jahr 1444. Im Tabernakel des Altars wird die Eiserne Krone der Langobarden aufbewahrt. Mit ihr wurden Karl der

Große, Karl V. und Napoleon zu Königen gekrönt. Die klassizistische Villenanlage Villa Reale ließ sich Erzherzog Ferdinand von Österreich erbau-

en, 1806 kam eine große Parkanlage dazu. Vor allem hat Monza aber bei Rennsportfans einen Namen: Im Parco di Monza befindet sich das

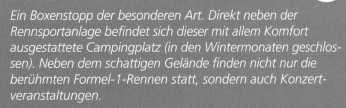

MONZA CAMPING

Ein Boxenstopp der besonderen Art. Direkt neben der Rennsportanlage befindet sich dieser mit allem Komfort ausgestattete Campingplatz (in den Wintermonaten geschlossen). Neben dem schattigen Gelände finden nicht nur die berühmten Formel-1-Rennen statt, sondern auch Konzertveranstaltungen.

Via Santa Maria delle Selve, 20853 Monza
www.monzacamping.it
GPS: 45.622798, 9.279952

CAMPEGGIO RIVABELLA, LECCO

Kleiner, aber feiner Campingplatz am Lago di Garlate, der kleinen Schwester des Comer Sees am Südrand von Lecco. Schattige Stellplätze direkt am See bieten einen atemberaubenden Blick auf die Szenerie der Bergwelt.

Via alla Spiaggia, 35, 23900 Lecco, www.rivabellalecco.it
GPS: 45.822128, 9.414478

knapp sechs Kilometer lange Autodromo Nazionale Monza – eine der schnellsten Formel-1-Rennstrecken der Welt.

03 Lecco

Das Städtchen liegt am Südende des Lago di Lecco, dem Ostarm des Lago di Como. Lecco war die Heimat von Alessandro Manzoni, der hier 1828 »Die Verlobten« schrieb und damit dem See und sich selbst ein unsterbliches Denkmal setzte. Heute thront der in Erz gegossene Dichter majestätisch auf einem hohem Sockel mitten auf der Piazza Manzoni. Weitere Sehenswürdigkeiten sind die Villa Manzoni in Caleotto, der Palazzo Belgioso (18. Jahrhundert) und die Torre Viscontea, die Teil der historischen Stadtbefestigung ist. Entlang des Südwestufers (S583) geht es nun nach Bellagio, wo sich der Comer See in zwei Arme teilt.

04 Bellagio

Schon Plinius der Jüngere rühmte den wohl schönsten Ort am Comer See und ließ sich hier eine Villa erbauen, Vergil besang die Schönheit der Landschaft, und Leonardo da Vinci kam zum Zeichnen hierher. Prächtige Villen stehen in Gärten, verträumte Treppengassen schlängeln sich durch Parkanlagen und führen zu romantischen Aussichtspunkten. Lohnend ist auch eine Schiffspassage zum gegenüberliegenden Varenna am Ostufer. Der Ferienort mit seinen malerischen mittelalterlichen Gassen hat mit der Villa Monastero ein architektonisches Schmuckstück direkt am See vorzuweisen. Vis-à-vis von Bellagio liegt am Westufer bei Ossuccio der Sacro Monte della Beata Vergine del Soccorso. Von Bellagio geht es am Ostufer des Lago di Como entlang südwärts nach Como.

05 Como

Die Stadt an der Südwestspitze des Comer Sees wurde aus strategischen Gründen als Comum im Jahr 196 v. Chr. von den Römern gegründet. An der Ummauerung der Altstadt aus dem 12. Jahrhundert lässt sich heute noch die ursprüngliche rechteckige Form des römischen Lagers ablesen. Noch im Mittelalter profitierte Como von seiner strategischen Lage als nördliches Einfallstor zur Lombardei. Wirklich großen Reichtum aber brachte der Stadt die Seidenverarbeitung. Die »gute Stube« der Stadt ist die Piazza Cavour direkt am Seeufer. Von dort führt die Via Plinio hinüber zum Dom. Seine eindrucksvolle Fassade wurde im Jahr 1487 von den Brüdern Rodari gestaltet. Nächster Halt ist die wenige Kilometer entfernt liegende Tessiner Ortschaft Riva San Vitale am Südende des Luganer Sees.

06 Riva San Vitale

Das kleine Dorf besitzt den ältesten Sakralbau und eine der schönsten Renaissancekirchen der Schweiz. Das Battistero di Riva San Vitale, eine im 5. Jahrhundert entstandene Kapelle, hat noch ihren Originalboden aus Marmorplättchen. Nördlich von Riva überquert man bei Bissone den Luganer See und kommt nach Carona auf der Halbinsel Ceresio. In dem Dorf am Westufer gibt es mit der Pfarrkirche San Giorgio einen Renaissancebau aus dem 16. Jahrhundert. Die Fresken an den Chorwänden stammen von 1584, im südlichen Seitenschiff findet sich ein gotisches Triptychon. Sehenswert ist der botanische Garten San Grato. Dank seiner Lage auf knapp 700 Meter Seehöhe bietet er außerdem einen herrlichen Panoramablick auf den Luganer See und die Tessiner Bergwelt.

07 Lugano

Die größte Stadt des Tessins liegt malerisch zwischen dem San Salvatore und dem Monte Bré am gleichnamigen See. Eine lange Seepromenade führt von Cassarate bis Paradiso, sie wird von tropischen Park- und Blumenanlagen gesäumt. Die Kathedrale San Lorenzo geht auf das 9. Jahrhundert zurück, hat romanische Bestandteile, wurde im 14. Jahrhundert erweitert und Ende des

AUSFLUGSZIELE

Leonardos Abendmahl

Die Kirche Santa Maria delle Grazie in Mailand, eine Stiftung des Grafen Gaspare da Vimercate, entstand von 1463 bis 1490 als dominikanische Klosterkirche. Im einstigen Refektorium malte Leonardo da Vinci im Auftrag von Ludovico il Moro von 1495 bis 1497 sein weltberühmtes, neun Meter breites und 4,5 Meter hohes Gemälde »Das letzte Abendmahl«. Darin ist der Augenblick festgehalten, in dem Jesus seine prophetischen Worte sprach: »Einer von euch wird mich verraten.« Leonardo da Vinci gelang es vortrefflich, die dramatische Reaktion auf die Mitteilung Jesu im Gesicht jedes Jüngers auf andere Weise darzustellen, und schuf damit ein epochales Werk. Das Kloster selbst wurde 1943 durch eine Bombe zerstört, die Wand mit dem »Abendmahl« blieb, durch Sandsäcke geschützt, wie durch ein Wunder stehen. Was die Bombe verschonte, war allerdings immer wieder auf andere Weise bedroht. Leonardo hatte statt der üblichen Freskotechnik auf einer Grundierung aus Kalk und Leim starke Temperafarben verwendet, die das Bild aber sehr empfindlich machten. Nach der letzten Renovierung bis zum Jahr 1999 kann das berühmte Bild – nach Anmeldung – wieder besichtigt werden.
Basilica di Santa Maria delle Grazie
Via Giuseppe Antonio Sassi, 3
20123 Milano, GPS: 45.466140, 9.170957

17. Jahrhunderts in die heutige Form gebracht. Eindrucksvoll sind die Fassade im Stil der lombardischen Renaissance und ein reicher Freskenschatz im Inneren. Eine Straße führt parallel zur A2 über den Passo Monte Ceneri (Achtung 10 Prozent Gefälle!) Richtung Bellinzona. Im Tal biegt bei San Antonio eine Straße nach Locarno ab.

Rechts: Wer vom Campingbett zwischenzeitlich genug hat, kann sich auch für ein paar Tage im Grandhotel Villa Serbelloni in Bellagio einmieten.

Unten: Das schöne Como ist die Metropole am südlichen Ufer des Comer Sees.

Bei diesem atemberaubenden Blick auf den Comer See rastet es sich besonders schön.

AUSFLUGSZIELE

Agriturismo Monterosso

Auf einem Berg und gute 500 Meter über Verbania am Lago Maggiore thront das Agriturismo Monterosso. Diese 500 Höhenmeter wollen in Serpentinen bezwungen werden. Steil, eng, schmal: Viele Alpenpässe sind gegenüber dieser Passage allenfalls ein Warmfahren. 44 Kehren sind es insgesamt – und zwar auf 6 Kilometern. Die Aussicht von oben ist gigantisch. Außerdem bekommt man auf Wunsch bodenständige und leckere Speisen auf der Terrasse serviert. Die Produkte stammen aus eigenem Anbau.
ilmonterosso.it, GPS: 45.944860, 8.537700

Burgen von Bellinzona

Bellinzona besitzt gleich mehrere Festungen. Das größte Kastell, das Castello Grande auf dem innerstädtischen Hügel, entstand im 13. Jahrhundert und wurde von den Mailänder Sforza-Herzögen 1486 bis1489 ausgebaut. Das am Talhang gelegene kleinere Castello di Montebello erhielt in der zweiten Hälfte des 15. Jahrhunderts sein heutiges Aussehen. Das auf dem südöstlich vorkragenden Bergrücken gebaute Castello di Sasso Corbaro wurde 1479 innerhalb von nur sechs Monaten errichtet.

08 Locarno

Die freundliche Stadt am Nordende des Lago Maggiore zieht sich weit den Hang hinauf. Gärten mit tropischer Vegetation und Weinberge bestimmen das Bild. Zentrum ist die Piazza Grande, sie wird nordseitig von Laubenarkaden, Restaurants und Cafés und südseitig vom Stadtgarten mit dem 1910 fertiggestellten Kursaal eingefasst. Der Platz und das historische Stadtzentrum lagen früher am See, dessen Uferlinie sich jedoch durch die Sedimentation der Maggia verschoben hat. Westlich der Piazza Grande schließt die Altstadt mit ihren kleinen Gassen an. Im alten Castello Visconti residiert heute das Stadtmuseum. Die Klosterkirche San Francesco präsentiert sich als 1572 vollendete dreischiffige Basilika mit illusionistischen Wandmalereien aus dem 18. Jahrhundert. Die Pfarrkirche San Vittore im Stadtteil Muralto ist das älteste Gotteshaus der Stadt; die romanische Krypta stammt aus dem frühen 12. Jahrhundert und besitzt besonders reich verzierte Kapitelle. Oberhalb der Stadt thront Madonna del Sasso, die berühmteste Wallfahrtskirche des Tessins. Nur eine Halbinsel – das Delta der Maggia – trennt Locarno vom Nachbarort Ascona.

09 Ascona

Aus dem schönen Fischerdorf am See entwickelte sich zu Beginn unseres Jahrhunderts die Künstlerkolonie am Monte Verità. Dichter und Maler konnten sich dabei auf eine lange Tradition berufen, war der Marktflecken doch die Heimat berühmter Künstlerfamilien wie der Serodine, Abbondio, Pisoni und Pancaldi. Die Mitte des 16. Jahrhunderts neu errichtete Pfarrkirche zeigt drei Gemälde von Giovanni Serodine. Die Casa Serodine von Cristoforo Serodine hat eine der wertvollsten Fassaden, die man an Schweizer Profanbauten findet. Die prachtvolle Barockfassade mit Stuckdekorationen stammt von Cristoforos Sohn. In der Kirche Santa Maria della Misericordia schließlich findet sich einer der umfangreichsten spätgotischen Freskenzyklen der Schweiz.

Entlang des Westufers führt die Küstenstraße 13 bis zur italienischen Grenze und findet ihre Fortsetzung in der S34. Kurz vor Verbania liegt oberhalb von Ghiffa der Sacro Monte della SS. Trinità di Ghiffa. In Verbania-Pallanza – einem der hübschesten Orte am See – sollte man die Villa Taranto mit ihrer schönen Gartenanlage besuchen. In der Bucht, die Verbania von Stresa trennt, liegen die idyllischen Borromäischen Inseln, die per Schiff von vielen Orten am Ufer des Lago Maggiore angefahren werden.

10 Stresa

Der wohl mondänste Kurort am Lago Maggiore gefällt sich in traumhafter Lage zwischen See und Ber-

Links oben: Die Wallfahrtskirche Madonna del Sasso in Locarno thront hoch über dem Lago Maggiore.

Links: Die Uferpromenade von Ascona lädt mit Palmen, bunten Häusern und kleinen Fischerbooten zum Spazieren ein.

AREA SOSTA CAMPER – TAVERNOLA, COMO

Perfekt ausgestatteter kleiner kostenpflichtiger Stellplatz, der ganzjährig geöffnet ist. Hier lässt es sich in aller Ruhe übernachten. Die nächste Bushaltestelle ist 200 Meter entfernt. Von dort fährt der öffentliche Bus nur 25 Minuten bis ins Zentrum von Como.

Via Brennero 7, 22100 Como
GPS: 45.835764, 9.061108

Sacri Monti

Als Sacri Monti bezeichnet man in Italien auf Anhöhen gelegene Wallfahrtsstätten. Sie bestehen aus mehreren Kapellen, an denen die Pilger vorbeiziehen. Im Piemont gibt es zwölf solcher »heiligen Berge«, von denen einige 2003 zusammen mit solchen in der Lombardei zum Weltkulturerbe der UNESCO erklärt wurden. Die Reise nach Jerusalem war im Mittelalter die wichtigste Wallfahrt. Sie galt den Stätten, an denen Jesus gelebt und gelitten hatte, gestorben und auferstanden war. Als die Reise ins Heilige Land im mer schwieriger wurde, kam im Abendland die Idee auf, die Stationen des Kreuzwegs und die anderen Wirkungsorte Jesu nachzubilden (»Kalvarienberg«). So entstand im 16. Jahrhundert zunächst der Sacro Monte von Varallo, auch bekannt als »Nuova Gerusalemme« (»Neues Jerusalem«). Auch an den anderen Sacri Monti – etwa in Orta San Giulio – wurden ganze Ensembles von Kapellen errichtet, die mit ihren Hunderten von Plastiken und Gemälden ein höchst realistisches Welttheater bilden. **www.sacrimonti.org**

gen. Am schönsten ist Stresa im Park der Villa Pallavicino, wo sich italienische Parkkultur in Vollendung präsentiert. Fast schon ein Muss ist die Fahrt auf den 1491 Meter hohen Gipfel des Mottarone – sei es mit der Seilbahn oder mit dem Auto (über die Mautstraße Strada Panoramica La Borromea, sie zweigt südlich von Stresa an der S33 ab). Neben der Panorma-Aussicht über die Poebene, die Oberitalienischen Seen und die Alpenkette gibt es auf dem Gipfel auch noch einen Alpengarten mit über 2000 alpinen Pflanzenarten zu besichtigen.

Nach diesem Ausflug darf die Schiffsexkursion zu den Isole Borromee (Borromäischen Inseln) nicht fehlen. Die Inseln gehörten seit dem 12. Jahrhundert der Fürstenfamilie Borromeo, die aus den ursprünglich kargen Inseln regelrechte Paradiesgärten geschaffen hat. Die größte ist die Isola Bella mit einem Schloss aus dem 17. Jahrhundert. Der dazugehörige Park steigt in mehreren Terrassen empor und bildet ein einzigartiges »Museum« aus Statuen und botanischen Raritäten. Die kleine Isola Pescatori ist die noch ursprünglichste Insel, die engen Gassen ihres kleinen Fischerdorfs sind besonders malerisch. Die Isola Madre schließlich wurde mit einem Palast aus dem 18. Jahrhundert bebaut, ihre Gärten legte man im 16. Jahrhundert an.

Von Stresa aus bieten sich verschiedene Möglichkeiten, zum nächsten Etappenziel, dem Lago d'Orta, zu fahren. Eine Variante ist die Fahrt über die Berge südlich des Mottarone, eine andere die Strecke über Gravellona und Omegna am Nordufer des Lago d'Orta.

AREA SOSTA CAMPER, LUGANO

Dieser Stellplatz hat eine ausgezeichnete Lage. Er liegt an einem Hang oberhalb von Lugano, das über einige Treppen gut zu erreichen ist. Die Ver- und Entsorgungsstation ist auf dieser kostenpflichtigen und ganzjährig geöffneten Anlage vorbildlich angelegt. Züge auf der vorbeiführenden Bahnlinie können die Nachtruhe gelegentlich stören.

Via Tassino, 6900 Lugano
GPS: 46.000488, 8.945350

AREA SOSTA DI LOCARNO

Malerisch kann man diesen Stellplatz neben einer Industrieruine nicht nennen. Er verfügt aber über alle notwendigen Einrichtungen, ist relativ ruhig und hat als großen Vorteil die Zentrumsnähe. Bis in die Altstadt von Locarno sind es nur 800 Meter, bis zum Seeufer nur 500 Meter.

Via della Pace 20, 6600 Locarno
GPS: 46.16413, 8.79886

CAMPING VILLAGE ISOLINO, VERBANIA

Er ist ganz sicher nicht der günstigste Campingplatz am Lago Maggiore, dafür aber einer der attraktivsten. So gibt es nicht nur variable Stellplatzgrößen, sondern auch eine attraktive Poolanlage. Vom hauseigenen Steg werden Bootsausflüge angeboten.

Via per Feriolo, 25, 28924 Fondotoce, www.isolino.it
GPS: 45.938774, 8.502452

11 Orta San Giulio

Mit 13 Kilometer Länge ist der Lago d'Orta einer der kleinsten, aber auch einer der idyllischsten der Oberitalienischen Seen. Auf einer spitzen Halbinsel, die weit in den See ragt, liegt der Kurort Orta San Giulio mit seinem hübschen Palazzo della Comunità, dem alten Rathaus aus dem

*Rechts: UNESCO-Weltkulturerbe –
der Sacro Monte d´Orta
mit seinen 20 Kapellen.*

*Unten: Die Isola San Giulio ist die
einzige Insel im Lago d'Orta. Ihre
Silhouette wird von zwei mächtigen
Kirchen bestimmt.*

Weinanbaugebiete im Piemont

Sanfte Hügel, Kastanienwälder, Weinberge, hübsche Dörfer und winzige Straßen prägen die Gegend der Langhe, die sich südlich des Tanaro vom Monferrato bis nach Cuneo erstreckt. Hübsch ist zum Beispiel das auf das 13. Jahrhundert zurückgehende Castello Grinzane Cavour mit der schönen Enoteca Regionale Piemontese, eingebettet in die typische südpiemontesische Landschaft. Ebenfalls einen Besuch lohnen die Orte Alba, Bra und Cherasco. Auf der Entdeckungsfahrt locken die zahlreichen Castelli, die mittlerweile oft zu Enoteche umfunktioniert worden sind. Zu den bekannten Weinen der Region zählen Barolo und Barbaresco und sie gehören zu den wenigen Rotweinen in der Welt, die nur aus einer einzigen Rebsorte gewonnen werden: der Nebbiolo-Traube.
www.vinopiemonte.no

16. Jahrhundert. Das Kirchlein auf der Isola San Giulio soll aus dem 4. Jahrhundert stammen und vom heiligen Julius gegründet worden sein. Teile des Gotteshauses gehen auf das 9./10. Jahrhundert zurück, die Fresken entstanden im 12. Jahrhundert. Die S229, die am Ostufer des Lago d'Orta entlangführt, verlässt südlich des Sees die Ausläufer der Alpen und führt in die Po-Ebene hinaus nach Novara.

12 Novara

Die Industriestadt im Westen von Mailand geht auf das römische Novaria zurück. Das Wahrzeichen der Stadt ist die Basilica San Gaudenzio, deren markante, 121 Meter hohe Kuppel mit einer Statue des heiligen Gaudenzio das Dächermeer überragt. Der Dom entstand als eine frühchristliche Gründung im 5. Jahrhundert, der heutige Bau wurde zwischen 1831 und 1865 völlig neu errichtet. Im Dom steht noch das im 5. Jahrhundert erbaute frühchristliche achteckige Baptisterium, das seine heutige Form im frühen 11. Jahrhundert erhielt. Mittelpunkt des städtischen Lebens ist die Piazza Battista. Von Novara führt die S11 ins südwestlich gelegene Vercelli durch eine vom Reisanbau geprägte Landschaft. Am eindrucksvollsten wirkt sie, wenn alle Reisfelder geflutet sind.

13 Vercelli

In der Stadt an der Sesia hatten bereits die Kelten einen Tempel errichtet. Ihn zerstörte Kaiser Konstantin und baute stattdessen das Zentrum des ältesten Bistums Piemonts. Wohl aus dieser Tradition heraus gibt es in der Stadt besonders viele Kirchen. Die Basilica di Sant'Andrea wurde mit ihren vier Türmen und der romanischen Fassade 1224 fertiggestellt, ihr Inneres wird von einer eindrucksvollen Vierungskuppel beherrscht. Der anschließende Kreuzgang einer Zisterzienserabtei zeigt gotische Arkadensäulen und eine Wölbung aus der Renaissance. San Cristoforo ist eine 1505 begonnene Renaissancebasilika mit interessanten Fresken. Das Querhaus schmückte Gaudenzio Ferrari bis 1532. Die barocken Fresken in der Wölbung von Langhaus und Chor schuf Francesco

*Bildleiste von oben:
Stilvoll empfängt der Palazzo Borromeo Ausflügler auf der Isola Bella im Lago Maggiore.*

Ein Kunstwerk an sich ist der Schlosspark auf der Isola Bella.

Gemälde »Heiligsprechung des Franziskus von Assisi« in einer Kapelle am Andachtsweg, Sacro Monte d'Orta.

VICOLUNGO THE STYLE OUTLETS, NOVARA

In Italien einmal shoppen zu gehen, ist ein besonderes Erlebnis. Besonders attraktiv ist es, wenn der Wohnmobilstellplatz direkt davor liegt. Die Parkflächen sind überdimensional. Für Wohnmobile gibt es keine speziellen Einrichtungen.

**Piazza Santa Caterina, 28060 Vicolungo
GPS: 45.467908, 8.461622**

AZIENDA AGRICOLA AGRIPASSIONE, ASTI

Dieser Platz auf einem Bauernhof könnte gegenüber dem zuvor besuchten kaum gegensätzlicher sein. Einkaufen kann man auch hier, nämlich lokal hergestellte Produkte wie Konfitüren, Wein und Käse. Man übernachtet in himmlischer Ruhe und Abgeschiedenheit.

**Località Valmanera 63 a, 14100 Asti
GPS: 44.939229, 8.202659**

Museo del Cappello Borsalino

Die Erfolgsstory begann 1857 in Alessandria (bei Casale Monferrato), wo der legendäre Hutmacher Giuseppe Borsalino den Herrenhut perfektionierte und die Grundlage für den »Hut der Hüte« schuf. Sein Geheimnis: Als wohl einziger Hut wird er bis heute ausschließlich aus wertvollem Kaninchenhaar gewalkt und von Hand geformt. Das kostbare Stück ist unversteift, wird in einem Stück gefertigt und mit einem Ripsband, einem Schweißband aus Leder und einem Seidenfutter versehen. Da der Hut zudem immer wieder formbar ist, bleibt er eine Anschaffung fürs Leben.

Die Mailänder Gesellschaft liebte ihn, Politiker und Könige trugen ihn – und schließlich auch die Mitglieder der Mafia. Zu seinen berühmtesten Trägern zählte Al Capone. Auch in der Filmwelt wurde der Borsalino in den 1960er- und 1970er-Jahren zu einem wichtigen Requisit großer Hollywood-Streifen. Das Museo del Cappello Borsalino bietet einen Überblick und zeigt rund 5000 Hüte.
Via Camillo Cavour, 84, 15100 Alessandria
www.cultural.it/musei/borsalino.asp
GPS: 44.909889, 8.615857

Maria Bianchi. Die Cattedrale di Sant'Eusebio schließlich war die Bischofskathedrale, gegründet wurde sie um 370, die heutige fünfschiffige Säulenbasilika entstand jedoch erst im 12. Jahrhundert. Vercelli wird übrigens auch als »Reishauptstadt« Italiens bezeichnet und hat eine eigene Reisbörse im Palazzo della Casa dell'Agricoltore. In dem Gebiet rund um die Stadt werden jährlich über eine Million Tonnen Reis der rundkörnigen Sorte (ideal für Risotto) produziert.

14 Casale Monferrato

Die römische Gründung am Südufer des Po war bereits im 12. Jahrhundert eine unabhängige Stadt und kam 1303 an die Markgrafen von Monferrato. Aus der ursprünglichen Markgrafenburg entwickelte sich im 15. und 16. Jahrhundert das Castel-

lo dei Paleologhi im Westen der Stadt. Den Duomo Sant'Evasio gründeten schon die Langobarden, der heutige romanische Bau wurde 1218 fertiggestellt. Seine Vorhalle gilt als eine der originellsten Architekturleistungen der oberitalienischen Romanik. Im Innern hängt unter der Kuppel ein aus der Romanik stammendes, mit Silber beschlagenes Holzkruzifix. Die Kirche Santa Caterina an der Piazza Castello ist ein um 1730 vollendeter barocker Bau mit sehenswerten Fresken.
Über die S457 geht es anschließend ins schöne Asti, das für seinen Wein und seine Gastronomie bekannt ist. Unterwegs lohnt sich ein Besuch des Sacro Monte di Santa Maria Assunta di Serralunga di Crea, der zu den italienischen Sacri Monti zählt. Die Kapellen auf den Hügeln des Monferrato sind auf einem Andachtsweg

angeordnet, der vor der Kirche beginnt und bis zur Paradieskapelle führt.

15 Asti

Aus einer ligurischen Siedlung wuchs am Zusammenfluss von Tanaro und Borbore das römische Municipium Hasta, aus dem im Mittelalter eine der mächtigsten Stadtrepubliken in Oberitalien entstand. Heute ist Asti weltweit vor allem durch den Schaumwein Asti Spumante bekannt. Ein Großereignis ist der jährlich stattfindende Palio d'Asti, ein zehntägiges historisches Pferderennen, das im Jahr 1275 ins Leben gerufen wurde. Den Höhepunkt bildet das Hauptrennen mit einem Umzug, an dem rund 1200 Personen in historischen Kostümen teilnehmen. Das mittelalterliche Asti wurde durch eine nahezu kreisförmige Stadtbe-

Links oben: Reges Treiben herrscht auf der Piazza Mazzini in Casale Monferrato. Am besten man lässt sich in einem der Cafés nieder und genießt das quirlige Leben.

Links: Das Battistero di San Pietro in Asti strahlt eine fast schon meditative Ruhe aus.

Rechts: Zum berühmten Palio d'Asti gehört auch ein riesiger Umzug mit historischen Kostümen.

Parco Nazionale del Gran Paradiso

Der 700 Quadratkilometer große Nationalpark um den 4061 Meter hohen Gran Paradiso liegt südlich des Aostatals. Im Westen bildet der Parc National de la Vanoise die natürliche Fortsetzung auf französischer Seite. Zugang zum Nationalpark mit seiner insgesamt 40 Quadratkilometer großen Gletscherwelt bieten das Val di Rhêmes, das Val Savarenche und das Val di Cogne. Eines der eindrucksvollsten Erlebnisse aber ist die Straße hinauf zum Colle del Nivolet (2612 Meter) im Südwesten des Nationalparks. Dafür fährt man von Ivrea westwärts hinüber nach Cuorgnè und von dort in das Valle di Locana. Entlang des Wildbachs Orco wird das Landschaftsbild hochalpin. Am Pass selbst gibt es eine traumhafte Aussicht auf den Gran Paradiso und seine Gletscherwelt und manchmal auf Murmeltiere, Gämsen, Adler und Steinböcke.
www.pngp.it
GPS: 45.521776, 7.324682

festigung geschützt. Teile davon sind vor allem im Westen noch erhalten. Der Dom, um 800 über einem römischen Junotempel begonnen, wurde im Jahr 1354 als gotische Stufenhalle vollendet. Seine Innenausstattung entstand im Rokoko bis 1769. In der Altstadt stehen Geschlechtertürme, die der Adel im 13. Jahrhundert als Wehr- und Repräsentationstürme errichten ließ. Zwischen dem 12. und 15. Jahrhundert zählte Asti zu den reichsten Städten Norditaliens. Von Asti führt die S231 nach Alba, das

Zentrum der Langhe, die vor allem berühmt sind für ihre Trüffel.

16 Alba

Wo sich einst die Kelten am Tanaro mit einer kreisförmigen Ummauerung geschützt hatten, errichteten die Römer im 1. Jahrhundert v. Chr. ihr Municipium Alba Pompeia und nutzten für die Befestigung wiederum die keltischen Mauerfundamente. Innerhalb des Mauerrings entwickelte sich später die mittelalterliche Stadt. Noch heute prägen die hohen

mittelalterlichen Geschlechtertürme der städtischen Adelsfamilien das Stadtbild. Der Duomo San Lorenzo wurde als spätgotische Stufenhalle ab 1486 unter Verwendung der romanischen Portale gebaut. Auf dem Weg von Alba nach Cherasco lohnt sich ein Halt in Bra sowie auch in Monforte d'Alba.

17 Cherasco

Das mittelalterlich anmutende Städtchen am Tanaro geht auf das 13. Jahrhundert zurück, wurde aber

nach dem Muster eines römischen Castrums angelegt und mit starken Mauern und einer Burg befestigt. Eine Besonderheit sind die alten Paläste, die alle etwas geduckt wirken, weil sie nicht die Höhe der Stadtmauer übertreffen durften.

Von Cherasco geht es zunächst nach Bra zurück und anschließend via Savigliano nach Saluzzo, einem der schönsten Orte des Piemont.

18 Saluzzo

Das Hauptstädtchen der gleichnamigen Markgrafschaft verdankt seinen Namen den beiden Wörtern »sale« und »luce«, den Bezeichnungen für Salz und Licht. Beherrschendes Bauwerk der Unterstadt ist die Kathedrale (1491–1501). Der rund 80 Meter lange Bau ist der letzte bedeutende Sakralbau im Piemont. Schon in der Mitte des 13. Jahrhunderts griff die ursprünglich um die Kathedrale angesiedelte Stadt auf die Ausläufer des Monte Viso aus. Um 1280 wurde die heutige Oberstadt mit einer Ringmauer eingefasst, von der noch Tortürme und Rundtürme erhalten blieben. Wichtigste Kirche der Oberstadt ist San Giovanni, eine von den Zisterziensern errichtete dreischiffige Stufenhalle. Das im Kern spätgotische Stadthaus der Markgrafen von Saluzzo wurde um 1525 im Stil der Renaissance ausgebaut.

Von Saluzzo aus lohnt sich ein Ausflug zum Castello della Manta, einer Burg der Markgrafen von Saluzzo. Es liegt etwas abseits der S589, rund vier Kilometer südlich der Stadt. Über die S589 fährt man zurück nach Saluzzo und dann zunächst zum Zisterzienserkloster Abbazia di Staffarda. Über Pinerolo geht es wei-

Links unten: Der imposante Dom von Alba. Darunter: Saluzzo gilt als eines der schönsten Städtchen des Piemont.

Unten: Blick über die Dächer von Turin vor der Kulisse der Alpen. Rechts das Wahrzeichen der piemontesischen Metropole, die Mole Antonelliana mit Turmaufsatz.

AREA SOSTA CAMPER CAIO MARIO, TURIN

Um Turin zu besichtigen, ist dieser Platz der ideale Ausgangspunkt. Die kostenpflichtige und ganzjährig geöffnete Anlage ist sehr gut ausgestattet, die Ver- und Entsorgungsanlagen leicht und bequem anzufahren. Trotz seiner Lage in der Stadt ist er relativ ruhig. Vor dem Eingang hält die Straßenbahn in Richtung Innenstadt.

Corso Giovanni Agnelli 190, 10135 Torino
GPS: 45.028224, 7.637709

ter ins 35 Kilometer nordöstlich gelegene Turin.

19 Turin

Die Architektur der Stadt spiegelt den Wandel Turins von der Residenzstadt der Savoyer im 16. Jahrhundert zur Wirtschaftsmetropole von Piemont wider. Die alte piemontesische Metropole nutzten schon die Römer zur Kontrolle der Alpenpässe, ab 1720 war sie die Hauptstadt des Königreichs Sardinien-Piemont. Zentrum des historischen Turin ist die Piazza Castello mit dem mächtigen Palazzo Madama. Der ab 1638 barockisierte Bau beherbergt in seinen reich ausgestatteten Prunkräumen das Museo Civico d'Arte Antica. Im Palazzo Reale an der Nordseite der Piazza residierten die Herzöge und Könige von Savoyen. Der Duomo di San Giovanni Battista ist der einzige Sakralbau der Renaissance in Turin. Hinter dem Hochaltar wurde bis 1694 die Cappella della Sacra Sindone für das angebliche Grabtuch Christi – eine der berühmtesten Reliquien der katholischen Kirche – errichtet. Der Palazzo Carignano wenig südlich der Piazza Castello gilt als besonders geschichtsträchtig, denn hier wurde 1861 das Königreich Italien proklamiert. Der im Jahr 1679 erbaute Palazzo dell'Accademia delle Scienze ist die Heimat des Museo Egizio (Ägyptisches Museum, nach demjenigen in Kairo das zweitgrößte seiner Art) und der Galleria Sabauda mit der Privatsammlung des Hauses Savoyen. 1997 wurden die Residenzen des Hauses Savoyen in Turin und Umgebung zum UNESCO-Weltkulturerbe erklärt. Wahrzeichen der Stadt ist die Mole Antonelliana (1863–1897): Der 167 Meter hohe Turm war Ende des 19. Jahrhunderts das höchste Gebäude der Welt. Über eine der Ausfallstraßen von Turin geht es zunächst nach Chivasso und von dort auf der S26 nach Ivrea. Wer es eilig hat, kann auch die A5 nehmen. Wer sich für UNESCO-Welterbestätten interessiert, sollte hier einige Zeit einplanen. Emanuel Philibert und seine Nachfolger beauftragten die bedeutendsten Baumeister und Künstler ihrer Zeit mit der Gestaltung prachtvoller Schlösser und anderer Repräsentationsbauten, von denen der an der Piazza Castello gelegene Königspalast – bis 1865 die offizielle Residenz der Savoyer – der beeindruckendste ist.

20 Ivrea

Die keltische Bergstadt Epoderia liegt am linken Ufer der Dora Baltea und war später Herzogsitz der Langobarden. Noch heute ist in der Altstadt das keltische Siedlungsdreieck ablesbar, an dem sich auch die Stadtmauer orientiert. Der Duomo Santa Maria Assunta mit seinen zwei romanischen Türmen wurde 397 an der Stelle eines Apollontempels gegründet. San Bernardino in der Unterstadt ist eine spätgotische Saalkirche aus der zweiten Hälfte des 15. Jahrhunderts, ihr ikonografisches Programm gilt als eines der Hauptwerke piemontesischer Freskenmalerei der Renaissance. Weitere Höhepunkte einer Altstadtbesichtigung sind das Castello delle Torri Rosse und der Ponte Vecchio aus dem 5. Jahrhundert, der ins Borghetto führt. Es ist alljährlich Schauplatz der Battaglia delle Aranci (Orangenschlacht), bei der sich kostümierte Teilnehmer mit Orangen bewerfen.

Von Ivrea aus besteht die Möglichkeit zu einem Abstecher in den Nationalpark Gran Paradiso. Das Tor zum Aostatal ist Pont-St.-Martin mit seiner Brücke aus dem 1. Jahrhundert. Sie wurde noch bis in die erste Hälfte des 19. Jahrhunderts hinein als Teil der Transferroute genutzt.

AUSFLUGSZIELE

Lago di Viverone
Inmitten einer wunderschönen Landschaft aus Moränen-Hügeln liegt der nur 5,8 Quadratkilometer große idyllische Lago di Viverone. Das Süd- und Westufer des Sees ist weitgehend naturbelassen und grün, am Nord- und Ostufer befinden sich zahlreiche Hotels und Campingplätze. Auch wer baden gehen möchte, sollte sich an dieser Seite einfinden.
GPS: 45.41858, 8.03717

Battaglia delle Aranci
Sie nennt sich auch Orangenschlacht und ist Höhepunkt des »Carnevale d'Ivrea«, der jedes Jahr im Februar stattfindet. Dabei bewerfen sich mehrere Teams gegenseitig mit reifen Orangen. Tonnenweise Apfelsinen werden dafür extra aus Kalabrien und Sizilien angeliefert. Die Siegermannschaft wird am Faschingsdienstag gekürt.
www.storicocarnevaleivrea.it
GPS: 45.46763, 7.88092

Oben rechts: Ein Wohnmobil rastet auf einem Parkplatz nahe Courmayeur im Aostatal.

Rechts: Eine alte Römerbrücke führt in Ivrea über den Fluss Dora Baltea.

Unten: Der wohl schönste Platz Turins ist die Piazza San Carlo mit der Reiterstatue von Emanuele Filiberto di Savoia in der Mitte.

Bildleiste von oben:
Die Talschaft Val Ferret zweigt bei
Entrèves nach Nordosten ab und
reicht bis an die riesigen Südwände
des Mont-Blanc-Massivs heran.

Das Castello di Fénis ist eine der
besterhaltenen Burgen aus dem
italienischen Mittelalter.

Die Stadt Aosta mit der Festung und
das Aostatal bieten für Besucher
Kultur und jede Menge Natur.

AREA SOSTA CAMPER, CERESOLE REALE

Es ist ein idyllisches kostenpflichtiges Plätzchen am Lago di Ceresole. Die letzten Meter der Zufahrt sind zwar sehr schmal, aber das Sträßchen ist gut befahrbar. Die Ver- und Entsorgung ist allereinfachster Natur, aber immerhin vorhanden. So steht einem mehrtägigen Aufenthalt mit Wanderungen in den Nationalpark nichts im Wege. Geöffnet von Anfang Mai bis Ende September.

Borgata Borgiallo, 10080 Ceresole Reale
GPS: 45.434614, 7.228193

PARCHEGGIO PILA, GRESSAN

Hier steht man kostenlos auf einem Parkplatz im Hochgebirge, 17 Kilometer südlich von Aosta. Über eine serpentinenreiche Strecke muss man insgesamt 1200 Höhenmeter überwinden, da kann das Wohnmobil schon einmal ins Schnaufen kommen. Der Platz ist ganzjährig geöffnet. Im Sommer ist der Ort beliebt bei Trekkingtouristen, im Winter kommen die Skifahrer.

Frazione Pila 9, 11020 Gressan
GPS: 45.732611, 7.319078

21 Issogne

Das Schloss geht auf einen vor 1151 bestehenden Wehr- und Wohnturm der Bischöfe von Aosta zurück. Der Ausbau zur heutigen schlossähnlichen Burg erfolgte ab 1480. Innen gibt es einige interessante Fresken (um 1490) zu besichtigen. Auf der anderen Seite des Flusses ragt bei Verrès das Castello di Verrès auf – eine der über 70 Burgen des Aostatals. Bei Montjovet rückt mit dem Castello di St.-Germain eine weitere Burg ins Blickfeld. Hinter Châtillon taucht schließlich die berühmteste Festung des Tals auf.

22 Castello di Fénis

Die savoyische Lehensburg wurde im 14. Jahrhundert ausgebaut und gilt als das besterhaltene Beispiel höfischer Gotik im Piemont. Ihr sehenswerter Innenhof ist gekennzeichnet durch eine umlaufende Holzgalerie. Die schönen Wandmalereien wurden ähnlich wie bei Südtiroler Burgen gestaltet.

23 Aosta

Die Stadt am Fuß des Colle de Gran San Bernardo hatte für die Römer höchste strategische Bedeutung. Kaiser Augustus ließ deshalb um 25 v. Chr. die Colonia Augusta Praetoria für 3000 Soldaten erbauen – an diese Epoche erinnern die Porta Praetoria und die Ruinen des Theaters und des Amphitheaters. Am Platz des römischen Forums steht die Kathedrale Santa Maria Assunta, die im Wesentlichen aus dem 15./16. Jahrhundert stammt. Der kunsthis-

AUSFLUGSZIELE

Valpelline

Valpelline befindet sich geschützt in einem Kessel, in dem die Täler von Ollomont und Valpelline zusammentreffen. Auf 960 Meter Höhe liegen die 23 Ortsteile der Gemeinde weit verstreut zwischen Wiesen und Obstbäumen. Charakteristisch für den Ort sind Häuser mit langem Holzbalkon. Nah bei der Pfarrkirche steht ein befestigtes Haus, »La Tour« genannt, das aus dem Mittelalter stammt und noch heute seine mächtige Beschaffenheit zeigt, die von dem ursprünglich viereckigen Grundriss des Originalturms stammt.
GPS: 45.831756, 7.327794

Valtournenche

Der Name des Ortes Courmayeur ist unauflöslich mit dem Mont Blanc verbunden: eine moderne alpine Stadt, und zugleich einer der meistbesuchten Bergorte Italiens. Schon seit dem 19. Jahrhundert kann sich Courmayeur als Hauptstadt des Bergsports und des Wandersports bezeichnen. An seiner Nordseite steigen die Südwände des Mont-Blanc-Massivs in die Höhe. Im nördlich gelegenen Entrèves zweigt das Val Veny nach Süden ab, nach Nordosten führt das Val Ferret zur gewaltigen Felsbastion der Grandes Jorasses.
GPS: 45.900606, 7.628194

Naturpark Mont Avic

Der Mont-Avic-Park im Aostatal umfasst die oberen Abschnitte des Chalamy- und Ayassetals (1000 bis 3185 Meter). Er dehnt sich über eine Fläche von 5747 Hektar aus und grenzt an den Nationalpark Gran Paradiso. Gegründet wurde er 1989. Im Jahr 2003 wurden die Schutzmaßnahmen auch auf einen Teil des Dondena-Tals, bis hin zu den Gebirgskämmen des Soana- und Cogne-Tals, erweitert. Mehr als ein Drittel ist von Kiefern-, Lärchen- und Buchenwäldern bedeckt. Diese wurden im 17. bis 20. Jahrhundert für den Eisen- und Kupferbergbau dezimiert, haben sich jetzt aber weitgehend erholt. Es gibt im Park mehr als 30 Wasserflächen und zahlreiche Torfmoore, auf denen eine interessante endemische Flora gedeiht. Die raue Topografie setzte der Almbewirtschaftung Schranken und hat auch bis heute sommerlichen wie winterlichen Massentourismus verhindert. Wanderungen bieten sich im ruhigen Naturpark an. Ein leicht erreichbares Ziel ist die Wallfahrtskirche Notre Dame de la Neige.
GPS: 45.779559, 7.622014

torisch bedeutendste Bau von Aosta ist der Kreuzgang bei der Kirche Santi Pietro e Orso – er gilt als das schönste Beispiel von burgundischer Architektur und Skulptur auf der Alpensüdseite.

24 Courmayeur

Das Dorf kurz vor der Einfahrt in den Mont-Blanc-Tunnel ist einer der ältesten Luftkurorte der Alpen. An seiner Nordseite steigen die Südwände des Mont-Blanc-Massivs 3500 Meter in die Höhe. Wer seine Reise ab hier noch verlängern möchte, kann von Courmayeur aus über den Mont-Blanc-Tunnel Italien verlassen und dem schönen Nachbarland Frankreich noch einen Besuch abstatten. Die Durchfahrt durch den Mont-Blanc-Tunnel kostet für Wohnmobile allerdings saftige 60 Euro. Dennoch ist es der schnellste Weg über die Grenze und die Tunnel-Durchfahrt ist ebenfalls ein Erlebnis. Es lohnt sich also.

Links unten: Wer den Namen Aosta hört, der denkt spontan an majestätische Berggipfel und eindrucksvolle Gletscher. Die Stadt hat aber auch viele lauschige Fleckchen zu bieten.

Rechts unten: Courmayeur gilt allgemeinhin als Hauptstadt des Bergsports.

ROUTE 1

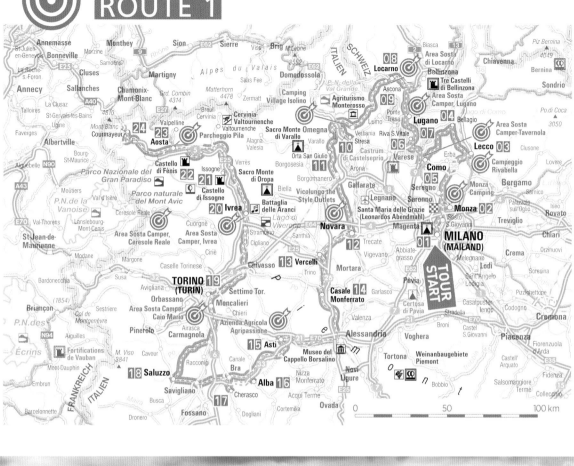

Auf historischen Spuren

Unterwegs auf der alten Via Emilia: Die Route beginnt am Südrand der Alpen in Bergamo, führt hinüber zur Festspielstadt Verona, quert die Poebene und trifft in Bologna auf die alte Römerstraße zwischen Adria und Mailand.

LOMBARDEI & EMILIA-ROMAGNA

Eine Fahrt durch die östliche Lombardei und die Emilia-Romagna führt entlang der südlichsten Ausläufer der Alpen und quert die unendlich anmutenden Weiten der Poebene. Im Norden bietet das Wechselspiel von Wasser, subtropischer Vegetation und Gebirge willkommene Abwechslung am Lago d'Iseo und dem südlichen Gardasee. Entlang der Grenze zum Veneto geht die Reise nach Süden – bis hinunter ins alt-ehrwürdige Bologna. Hier trifft man auf die Via Emilia der Römer. Seit weit über zwei Jahrtausenden ist sie die schnurgerade Verbindung zwischen Rimini und Mailand. Die Straßen lassen sich in dieser Region auch mit größeren Fahrzeugen sehr gut befahren. Nur in den Innenstädten kann es zuweilen eng werden. Es ist daher ratsam, diese zu meiden und im Zweifelsfall einen längeren Weg in Kauf zu nehmen, um den einen oder anderen Stell- oder Campingplatz zu erreichen.
Idealer Ausgangspunkt dieser Route ist Bergamo mit seiner malerischen venezianischen Stadtmauer. Durch eine leicht gewellte Hügellandschaft, in der hervorragende Weine gedeihen, geht es nach Brescia. Die nächste Station ist Sirmione, die »Perle des Gardasees«. Dort, wo die Adige (Etsch) in die oberitalienische Tiefebene eintritt, liegt Venetiens bedeutendste Kunststadt Verona. Über Mantua und Ferrara geht es nach Bologna, der Hauptstadt der Emilia-Romagna. Weiter geht die Fahrt über die Via Emilia, einer uralten Verbindung zwischen der Adria und Mailand, nach Modena, hinüber nach Parma und damit an den Nordrand der Apenninen. Hier hat man wohl schon immer Wert auf gute Speisen gelegt – wie anders auch wären Parmaschinken und Parmesankäse zu weltweitem Ruhm gelangt. Eine der letzten Stationen vor Mailand ist Pavia an den Ufern des Ticin, im Mittelalter bekannt als »die Stadt der 100 Türme«.

Der Gardasee mit seiner unendlichen Weite und seiner paradiesischen Uferlandschaft ist eine der Attraktionen auf dieser Route.

Von der Festung Rocca hat man den besten Blick auf die Türme der historischen Oberstadt von Bergamo. Wer nicht zu Fuß die Oberstadt erklimmen will, der kann auch die Seilbahn nehmen.

01 Bergamo

Die Stadt thront mit ihrem alten Kern und den Festungsanlagen auf einem 380 Meter hohen Hügel am Fuß der Bergamasker Alpen. Dort hatten die Römer aus einer keltischen Fluchtburg ihr Municipium Bergonum gemacht. Das heutige Bollwerk errichteten die Venezianer ab 1428. Mit seiner fünf Kilometer langen Stadtmauer und den 16 großen Bastionen ist es die am besten erhaltene Stadtbefestigung Oberitaliens.

Zentrum der historischen Oberstadt (Città Bergamo Alta) ist die Piazza Vecchia, die von einem der schönsten Ensembles der ganzen Region eingerahmt wird. Der Palazzo della Ragione (mittelalterliches Rathaus) steht an der Südseite des Platzes, seine ausgeprägte Schaufront entstand ab 1296. Die hohe Torre del Comune (12. Jahrhundert) daneben sollte man wegen der guten Aussicht unbedingt besteigen.

Der Duomo Sant'Alessandro beeindruckt wiederum mit wertvollen Gemälden von Tiepolo und Bellini. Ebenfalls an der Piazza del Duomo befindet sich die 1210 vollendete romanische Basilica di Santa Maria Maggiore. Besonders sehenswert ist das prachtvolle Renaissancegestühl aus dem 16. Jahrhundert. Die Cappella Colleoni entstand bis 1476 als Grabkapelle für Bartolomeo Colleoni und ist ein schönes Beispiel der lombardischen Frührenaissance. Ihr achteckiger Turm wurde in Anlehnung an den florentiner Dom gebaut. Die Fresken der Kapelle gestaltete Tiepolo. Eine Standseilbahn verkehrt zwischen der Ober- und der Unterstadt.

Die S573 verbindet Bergamo über Rovereto mit Brescia, man passiert dabei die Weinregion Franciacorta. Von beiden Städten ist ein Abstecher zum Lago d'Iseo möglich.

02 Brescia

Als Brixia war der Ort unter Kaiser Augustus zur Kolonie aufgestiegen, ab 1520 sorgten auch hier die Venezianer für den Ausbau der Stadtbefestigung und des Castello. Die Reste des römischen Tempio Capitolino (Kapitol), des Theaters und des Forums sind im Museo Romano zusammengefasst. Zentrum der Altstadt ist die Piazza del Duomo mit dem Duomo Vecchio und dem Duomo Nuovo. Der alte Dom (Rotonda)

ROUTE 2

Streckenlänge: ca. 500 km
Zeitbedarf: ca. 2 Wochen
Routenverlauf (Hauptorte): Bergamo, Verona, Mantua, Ferrara, Bologna, Modena, Parma, Piacenza, Pavia, Mailand
Charakteristik: Auf dieser Route werden zahlreiche größere Städte angefahren. Die vorgestellten Stellplätze liegen günstig für eine Besichtigung.
Informationen:
www.gardasee.de
www.reise-nach-italien.de

Hier geht's zum GPS-Track

Der Neue Dom, auch »Rotonda« genannt, ist eine der eindrucksvollsten heiligen Stätten in Brescia.

ist eine romanische Rundkirche aus dem 11. Jahrhundert, die Krypta geht auf das 9. Jahrhundert zurück. Der neue Dom wurde 1604 begonnen, die Bauarbeiten wurden erst im späten 18. Jahrhundert abgeschlossen. Sein Innenraum ist in klassischer Strenge gehalten. Die Nordostseite der Piazza del Duomo ziert der Broletto (1187–1230), das alte Rathaus mit der Torre del Popolo. Die Piazza della Loggia hingegen wird von der prächtigen Loggia, dem 1492 im Stil der Frührenaissance begonnenen Rathaus, beherrscht. In der einstigen Klosterkirche Santa Giulia residiert das Museo Civico dell'Età Cristiana. Das Wahrzeichen der Stadt ist die 31 Meter hohe Torre Pallata aus dem 13. Jahrhundert.
Über die A4 geht es anschließend weiter zum Gardasee.

03 Sirmione

Als »Perle des Gardasees« wird die Halbinsel von Sirmione bezeichnet, sie erstreckt sich gut vier Kilometer weit in den See hinein. Beherrscht wird sie von der mächtigen, von Zinnen bekrönten Rocca Scaligera, der

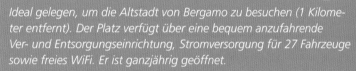

PARKING CONCA D'ORO, BERGAMO

Ideal gelegen, um die Altstadt von Bergamo zu besuchen (1 Kilometer entfernt). Der Platz verfügt über eine bequem anzufahrende Ver- und Entsorgungseinrichtung, Stromversorgung für 27 Fahrzeuge sowie freies WiFi. Er ist ganzjährig geöffnet.

Via dello Statuto 33, 24128 Bergamo, parkinginbergamo.com
GPS: 45.69801, 9.65610

CAMPING COVELO, ISEO

Ein Campingplatz mit Panoramablick auf den See. Die Stellflächen direkt am Ufer sind die begehrtesten, deshalb empfiehlt sich eine Reservierung. Im Restaurant gibt es gute Cocktails, Bier vom Fass und leckeres Essen. Geöffnet von Anfang April bis Ende Oktober.

Via Covelo 18, 25049 Iseo, www.campingcovelo.com
GPS: 45.66686, 10.06689

AREA DI SOSTA CAMPER LUGANA MARINA, SIRMIONE

Ruhiger Stellplatz an der Südseite des Gardasees, der von Anfang April bis Anfang November geöffnet hat. Direkter Zugang zum See, schattenspendende Bäume. Restaurants und Einkaufsmöglichkeiten in Sirmione sind zu Fuß in wenigen Minuten erreichbar.

Via Cantarane 16, 25019 Sirmione
www.camperparksirmione.com, GPS: 45.46031,10.63292

Wasserburg der Scaliger. Sie entstand auf römischen Fundamenten Mitte des 13. Jahrhunderts zum Schutz der Gardaseeflotte der Scaliger. Lange vor den kriegerischen Herren aber hatten die Römer die Spitze der Landzunge zum Bau eines labyrinthischen Villenkomplexes genutzt. Die Grotte di Catullo dürften jedoch weniger der luxuriöse Landsitz des schon mit 34 Jahren verstorbenen Dichters als vielmehr eine großzügige Badeanlage für die in der Umgebung ansässigen Römer gewesen sein. Fast die Hälfte der Halbinsel nimmt die Altstadt mit ihrem Gassengewirr ein.

Peschiera del Garda liegt südlich von Sirmione. Hier besiegten die Römer 280 die Alemannen; 453 gelang es Papst Leo I. hier, dem Hunnenkönig Attila die Eroberung Roms auszureden. Die Scaliger und die Venezianer verstärkten die Bollwerke der Stadt, Napoleon und die Österreicher bauten sie weiter aus. Den besten Blick auf die Festungsanlage hat man allerdings vom Wasser.

04 Lazise

Gerade mal neun Kilometer sind es von Peschiera aus entlang des Ostufers des Gardasees bis nach Lazise. Der Ort ist berühmt für sein mittelalterliches Stadtbild, eines der schönsten am Gardasee. Innerhalb eines hohen Mauerrings aus Ziegelstein schlängeln sich schmale Gassen zwischen dicht gedrängten Häusern

zum tief eingeschnittenen, aber kleinen Hafenbecken. Hier lagen einst die Galeeren der venezianischen Gardaseeflotte, in der Vecchia Dogana Veneta saß die venezianische Militärverwaltung. Die etwas weiter südlich am Seeufer hinter hohen alten Bäumen versteckte Burg ließ Kaiser Heinrich II. ab 1014 errichten. Scaliger und Venezianer bauten sie später zusammen mit der Stadtbefestigung aus, sie galt als der »Schlüssel zum See«. Nur rund 20 Kilometer entfernt liegt Verona.

05 Verona

Die Stadt der Künste, der Liebe und der Festspiele an einer Flussschleife der Etsch hatte schon früh strategische Bedeutung. Ihre Altstadt setzte die UNESCO auf die Liste des Weltkulturerbes: Sie präsentiert zwei Jahrtausende Kunst- und Kulturgeschichte. Seit den Tagen Shakespeares ist Verona mit dem Mythos der tiefen Liebe von Romeo und Ju-

lia verbunden. Nach Rätern, Etruskern und Galliern kamen die Römer an die Etsch und verliehen Verona bereits im Jahr 49 v. Chr. das römische Stadtrecht. Noch heute ist die systematische Stadtanlage der Römer klar zu erkennen. Porta dei Borsari und Porta dei Leoni zeichnen den Verlauf der ersten Stadtmauer im Süden nach. Wirklich prägend aber wurden ab 1405 erst die Venezianer. Veronas »gute Stube« und Mittelpunkt der Stadt ist die Piazza delle Erbe auf dem ehemaligen römischen Forum. Den 1368 errichteten Brunnen ziert die Madonna Verona, eine Statue aus römischer Zeit. Die Marmorsäule mit dem Markuslöwen stammt aus dem 17. Jahrhundert und erinnert an die lange Regierungszeit der »Serenissima«. Wer sich einen Überblick über Verona und seine Umgebung verschaffen will, sollte den 83 Meter hohen Stadtturm besteigen. An der Südseite des Platzes dominiert der Palazzo

Rechts: Blick auf den Lago d'Iseo, den viertgrößten See Italiens, mit der Insel Monte Isola.

Unten: Lazise ist eines der schönsten Städtchen am Gardasee. Seine autofreie mittelalterliche Altstadt ist der perfekte Ort für einen Bummel. Südlich des Städtchens reihen sich mehrere Campingplätze aneinander.

In der berühmten Arena von Verona finden in den Sommermonaten regelmäßig Veranstaltungen statt.

della Ragione, das 1193 begonnene Alte Rathaus. Es hat eine Renaissancefassade von 1524, im Hof eine gotische Freitreppe von 1450. Das wohl schönste Gebäude am Platz ist die Loggia del Consiglio, ein bis 1493 vollendeter Frührenaissancebau der Brüder Giovanni und Bartolomeo Sanmicheli. Das Gebäude krönen Statuen berühmter Veroneser der Antike. Der Duomo Santa Maria Matricolare ist eine romanische Basilika aus dem 12. Jahrhundert mit einem gotischen Langhaus aus dem 15. Jahrhundert. Der dreischiffige Innenraum ist vor allem wegen seiner zahlreichen Kapellen sehenswert. Der romanische Kreuzgang auf der linken Seite des Doms stammt aus dem Jahr 1123 und hat einen frühchristlichen Mosaikfußboden.

Die an Kunstwerken reichste Kirche Veronas ist Sant'Anastasia, errichtet von den Dominikanern zwischen 1290 und 1481. Zu den bedeutendsten romanischen Kunstwerken Norditaliens zählt schließlich die Basilica San Zeno Maggiore (12. Jahrhundert): Sie hat eine eindrucksvolle Schauseite zwischen dem 72 Meter hohen romanischen Glockenturm aus dem 11. Jahrhundert und dem von Zinnen gekrönten Wehrturm aus dem 14. Jahrhundert. Kostbarstes Detail der prächtigen Portalanlage sind die beiden berühmten Bronzetüren mit insgesamt 46 Einzelreliefs, die ältesten von ihnen wurden schon um 1100 gegossen. Besonders eindrucksvoll im Inneren sind die Fresken in den Seitenschiffen, sie stammen aus dem 12. bis 14. Jahrhundert. Den Hochaltar ziert das 1459 vollendete berühmte Triptychon Mantegnas. Die Südwestecke des alten Verona dominieren der Ponte Scaligero und das Castelvecchio. Brücke und Schloss entstanden an der Stelle früherer römischer Verteidigungsanlagen durch die Scaliger bis 1355. Das Schloss ist heute ein Museum. Es präsentiert römische Skulpturen und Werke der Veroneser Schule. Über die A22 Richtung Süden erreicht man nach 40 Kilometern Mantua.

06 Mantua

Die Provinzhauptstadt südlich des Gardasees präsentiert sich besonders malerisch, wenn sich ihre mittelalterlichen Festungsmauern in den ebenfalls aus dem Mittelalter stammenden drei Stauseen des Mincio spiegeln. Das Zentrum der Stadt ist die Piazza Mantegna mit der im Jahr 1472 begonnenen Basilica di Sant'Andrea an der Piazza delle Erbe. Ihre Marmorfassade im Stil der Frührenaissance erinnert an eine antike Tempelfront. Das Langhaus mit seinem mächtigen, 28 Meter hohen Tonnengewölbe zeigt Fresken aus der Mitte des 16. Jahrhunderts. Die Kapellen auf beiden Seiten beeindrucken mit reichhaltiger Renaissanceausstattung. Den Duomo Santi Pietro e Paolo zieren Fresken, die zwischen 1599 und 1605 entstanden sind. An der Piazza Sordello erhebt sich der Palazzo Ducale, eine Residenz der Familie Gonzaga. Er gehört zu den großartigsten

AUSFLUGSZIELE

Palazzo del Te

Eines der bedeutendsten Monumente des Manierismus ist das nach Plänen des Raffael-Schülers Giulio Romano ab 1525 entstandene Lustschloss Palazzo del Te etwas außerhalb von Mantua. Neben den Räumen Sala dei Cavalli und Sala di Psiche bildet die Sala dei Giganti den Hauptblickfang der Villa suburbana. Dort lässt ein gigantisches Fresko den Raumeindruck einer Domkuppel aufkommen und zeigt, wie die antiken Giganten im Sturm auf den Olymp von zusammenstürzenden Bauten und umherfliegenden Felsen vernichtet werden. Ein Teil der vierflügeligen Anlage beherbergt heute das Museo Civico mit einer Sammlung mesopotamischer Kunst.
Viale Te, 13, 46100 Mantova
www.palazzote.it
GPS: 45.14671, 10.78979

Giuseppe Verdi

Giuseppe Verdi kam als Sohn eines einfachen Händlers am 10. Oktober 1813 in Roncole in einem alten Bauernhaus zur Welt. In der Pfarrkirche gegenüber wurde der kleine Giuseppe getauft, auf der einfachen Orgel spielte der Junge seine ersten Melodien. Im nur etwa fünf Kilometer entfernten Busseto verdiente er sich seine ersten Sporen, versuchte aber vergebens, die Stelle eines Kapellmeisters zu ergattern. Dafür gibt es dort heute ein Verdi-Denkmal und im Palazzo Pallavicino ein ihm gewidmetes Museum und ein der Mailänder Scala nachgebautes Theater. Noch einmal vier Kilometer weiter in Sant'Agata schuf Verdi seine besten Werke. Hier pflegt die Familie Carrara-Verdi auch heute noch sein Andenken. Gemälde, Bücher, Büsten und Möbel erinnern an das musikalische Genie.

Bildleiste von oben:
Die romanisch-gotische Kathedrale von Ferrara gehört zum UNESCO-Weltkulturerbe.

Auch im Inneren ist sie äußerst prachtvoll.

Der Neptunbrunnen auf der Piazza del Nettuno in Bologna.

Schlössern Italiens. In den reich mit Fresken und Gemälden geschmückten Prunkräumen sind heute eine Antiken- und eine Gemäldesammlung untergebracht. Die Schlosskapelle Santa Barbara wurde 1565 im Stil der Hochrenaissance vollendet. Das Castello San Giorgio ist der älteste Teil des Schlosses (14. Jahrhundert). Seine Camera degli Sposi enthält besonders prächtige, 1474 von Mantegna vollendete Fresken. Die Weiterfahrt auf der S482 führt am Unterlauf des Po entlang nach Ferrara, der Stadt der Herzöge d'Este.

07 Ferrara

Paläste, breite Straßen und ein das Stadtbild beherrschendes Castello prägen eine der schönsten Renaissancestädte Europas – ihre überregionale Bedeutung spiegelt die Auszeichnung als UNESCO-Weltkulturerbe wider. Unter den Fürsten aus dem Hause d'Este kamen Ludovico Ariosto und Torquato Tasso, die größten Dichter ihrer Zeit, an den Hof von Ferrara. Unter der Regie der Herzöge wurde die Stadt ab 1492 planmäßig erweitert: Südlich der Burg lag damals der mittelalterliche Stadtteil mit engen, verwinkelten Gassen, nördlich der Burg wurde ein Renaissanceviertel mit geraden, in Rechtecken angelegten Straßen errichtet. Das Castello Estense war trotz seiner martialischen Wassergräben, Ecktürme und Zugbrücken in der Renaissance der Mittelpunkt des höfischen Lebens. Die herzoglichen Gemächer sind denn auch durchwegs mit Fresken aus dem 16. Jahrhundert verziert.

Der 1135 begonnene Dom weist eine Mischung aus romanischen und gotischen Stilelementen auf, seine Fassade zeigt gotische Spitzbögen auf romanischen Rundbögen. Der Palazzo Schifanoia (heute das Stadtmuseum) stammt aus dem 14. und 15. Jahrhundert – er wurde als Sommerresidenz der Familie d'Este gebaut. Den ehemaligen Festsaal Sala dei Mesi statteten die besten Maler und Künstler ihrer Zeit mit prächtigen Fresken aus. Der Ende des 15. Jahrhunderts fertiggestellte Palazzo di Ludovico il Moro präsentiert heute in seinen Prunksälen interessante Ausgrabungsfunde aus der einstigen etruskisch-griechischen Stadt Spina. Von Ferrara ist es nicht weit ins Po-Delta, das durch den Parco del Delta del Po geschützt wird. In Richtung Südwesten gelangt man bald zum nächsten Stopp.

08 Cento

In der Stadt am Reno hängen im Palazzo del Monte di Pietà bedeutende Werke von Giovanni Guercino und anderer bolognesischer Maler. Auch die 1641 vollendete Chiesa del Rosario besitzt mehrere Werke von Guercino, der hier geboren wurde. So stammt auch eine Rosenkranzmadonna von 1626 aus der Hand dieses Barockmeisters. Auch die Kirche Santa Maria Addolorata dei Servi und die Casa Provenzali bergen Fresken von Guercino.

09 Bologna

»La Rossa« ist nicht nur Universitäts- und Hauptstadt der Emilia-Romagna, sondern auch ein wichtiger Verkehrsknotenpunkt am Fuß der Apenninen. Die Stadt geht auf das etruskische Felsina zurück, aus dem die Römer ihr Bononia machten. Vom 13. bis 16. Jahrhundert regierten die Bürger ihre Stadt selbst und verhalfen ihr damit zur schönsten Blütezeit: Stadtmauern, Türme, Paläste und Kirchen wurden um die Wette

AUSFLUGSZIELE

Po-Delta

Die Region, wo sich der mächtige Fluss Po ins Meer ergießt, gehört zu den interessantesten Landschaften Europas – ein wahres Paradies für Naturliebhaber, denn hier überwintern und nisten nicht nur viele Vögel, auch Säugetiere wie der Dünenhirsch leben hier. Das Labyrinth aus Wasserwegen erkundet man am besten per Boot. Geführte Touren werden sowohl von Goro als auch von Gorino aus angeboten.
www.podeltatourism.it
GPS: 44.93690, 12.47085

Bologna ist nicht nur aus der Vogelperspektive einen Blick wert.

gebaut, die Universität, eine der ältesten der Welt, konnte sich frei entfalten. Das Herz der Altstadt markieren die Piazza Maggiore und die Piazza del Nettuno. Schönstes Gebäude an Ersterer ist der Palazzo Comunale mit Arkaden im Erdgeschoss, kunstvoll ausgeschmückten Räumen wie der Sala Farnese und prächtigem Aufgang im Hof. Der Palazzo del Podestà beeindruckt mit einer reichen Renaissancefassade. Die Fontana del Nettuno in der Mitte des Platzes (1566) ist ein Werk von Giovanni di Bologna. Die Kirche San Petronio wurde 1390 gotisch begonnen, doch blieben Querschiff und Chor mit Kapellenkranz unvollendet. An der Piazza di Porta Ravegnana stehen die Wahrzeichen Bolognas, zwei schiefe alte Geschlechtertürme. Die Torre degli Asinelli aus dem Jahr 1119 ist knapp 100 Meter hoch und ermöglicht einen großartigen Blick über die Stadt. Wichtigste Museen

der Stadt sind das Museo Civico Archeologico sowie die Pinacoteca, ein Kunstmuseum mit Werken heimischer Maler vom 14. bis zum 18. Jahrhundert. Die Route verläuft weiter über die A1 oder S9 Richtung Mailand, zunächst bis Modena.

10 Modena

Maserati und Ferrari sind die Synonyme für eine der bedeutendsten Industriestädte der Emilia-Romagna. Umso überraschender sind die reizvolle Altstadt und die breiten Alleen, die die alten Stadtmauern ersetzen. Zu verdanken hat Modena das den Herzögen aus dem Hause d'Este. Ab dem Jahr 1289 blühte die Stadt unter ihrer Herrschaft auf, vor allem nach 1598, als die Herzöge von Ferrara nach Modena zogen.

»Gute Stube« der Stadt ist die Piazza Grande mit dem Duomo San Geminiano – sie zeigt mittelalterliche Städtebaukunst in Vollendung. Der

Dom geht auf eine um 400 entstandene Grabeskirche mit den Reliquien von San Geminiano zurück. Die Bauzeit dauerte von 1099 bis 1140. Seine dreigeteilte, von zwei achtseitigen Laternentürmchen eingerahmte Fassade ist das Werk des lombardischen Baumeisters Wiligelmus. Seine Reliefplatten neben dem Portal und über den Seitenportalen zeigen Szenen aus der Schöpfungsgeschichte und gehören zu den ältesten romanischen Plastiken Italiens. Schönstes Schmuckstück des würdevollen Dominneren ist der von Löwen getragene Lettner. In der Krypta ruht der Stadtpatron San Geminiano, die Terrakottagruppe der Heiligen Familie in der Seitenapsis wurde 1480 von Guido Mazzoni geschaffen. Der Palazzo Ducale wurde 1634 unter Francesco I. begonnen und dient heute als Sitz der Militärakademie. Der ehemalige Schlossgarten ist heute als Park zugänglich.

Im Palazzo dei Musei sind gleich zwei Museen untergebracht: Die Biblioteca Estense präsentiert kostbare Handschriften, darunter die Renaissancebibel des Borso d'Este; die Galleria Estense zeigt die Privatsammlung der Herzöge d'Este und präsentiert vor allem einheimische Maler des 14. bis 18. Jahrhunderts.

LA BOTTEGA DEL CAMPEGGIATORE, BOLOGNA

Es ist wahrlich kein schöner Platz, aber praktisch, um die Innenstadt zu besuchen. Er ist sehr groß, vollständig umzäunt und damit sicher. Er ist kostenpflichtig, eine Stellfläche auf diesem Areal zu finden ist unkompliziert. Alle notwendigen Einrichtungen sind vorhanden und ganzjährig zugänglich. Eine Bushaltestelle befindet sich direkt am Eingang. Der Bus ins Zentrum benötigt 10 Minuten.

Via della Beverara 157, 40131 Bologna
www.bottegadelcampeggiatore.it
GPS: 44.52452, 11.33265

PARCHEGGIO SCAMBIATORE PARCO FERRARI, MODENA

Dieser kostenlose Parkplatz befindet sich direkt neben dem weitläufigen Parco Ferrari, einer gepflegten Anlage mit Teichen, Spielplätzen und vielen Spazierwegen. Eine Ver- und Entsorgungsanlage gibt es nicht, Stromversorgungssäulen aber schon. Bis zur Piazza Grande in der Innenstadt sind es 1,5 Kilometer.

Via Emilia Ovest, 41126 Modena
GPS: 44.64952, 10.91865

Links unten: Idyllisch stehen Wohnmobile und Campingbusse auf einem Stellplatz nahe Bologna. Rechts unten: Ton in Ton präsentiert sich die Altstadt von Modena.

11 Reggio Emilia

Im Regium Lepidi der Römer prägen heute Paläste aus dem Mittelalter und der Renaissance das Bild der Altstadt. Im Alten Rathaus der Stadt wurde am 7. Januar 1797 die italienische Flagge kreiert. 1921 formierte sich hier erstmals die Kommunistische Partei. Mit dem Bau des kleinen Doms begann man im 9. Jahrhundert, die Bauarbeiten zogen sich jedoch bis Ende des 16. Jahrhunderts hin. Wie knapp die Mittel waren, zeigt die Fassade, deren Marmorverkleidung nur im unteren Teil ausgeführt werden konnte.

Dem Stadtpatron geweiht ist San Prospero, das auf eine Gründung des 10. Jahrhunderts zurückgeht. Der heutige Bau entstand bis 1527, die Fassade wurde 1753 erneuert. Die Innenausstattung entstammt weitgehend der Renaissance. Die Wallfahrtskirche Madonna della Ghiara schließlich bietet eine umfangreiche Sammlung barocker Kunstwerke. Ihre reiche Stuckdekoration erhielt die Kirche 1650. Das Museo Civico im ehemaligen Minoritenkloster präsentiert Exponate vom spätantiken

Goldschatz bis zur Malerei des 19. Jahrhunderts. Nächste Station ist Parma, das nicht nur aufgrund seines Schinkens besucht werden sollte.

12 Parma

Die Stadt am Torrente Parma und an den Nordausläufern der Apenninen besitzt rund um den Dom eine reizvolle Altstadt. Ihre Blüte erlebte sie ab 1545 unter den Fürsten Farnese. Der erste Fürst – Pier Luigi Farnese – war von seinem Vater Papst Paul III. zum Herzog von Parma ernannt worden. Die Farnese regierten in der Folge bis 1731 und brachten in Parma Wirtschaft, Wissenschaft und Kunst zum Blühen.

Davon zeugen bis heute die beiden Zentren der Stadt: Das geistige Herz schlägt an der Piazza Duomo, das weltliche an der Piazza Garibaldi, wo sich einst das Forum Romanum befand. Die Piazza Duomo bildet mit Dom, Baptisterium, der Kirche San Giovanni und den umliegenden Palazzi ein architektonisches Ensemble, das zu den harmonischsten in Italien zählt. Der Dom ist noch weitgehend romanisch, eine der Ausnahmen bildet der frühgotische, 63 Meter hohe Campanile (13. Jahrhundert). Innen überrascht die dreischiffige Pfeilerbasilika mit großzügigen Emporen über einer geräumigen Krypta. Die Kuppel zeigt das berühmte Fresko der Himmelfahrt Mariens (1530) von Correggio. Ebenfalls von Correggio stammt das Kuppel-

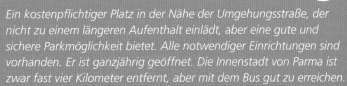

AREA SOSTA CAMPER, PARMA

Ein kostenpflichtiger Platz in der Nähe der Umgehungsstraße, der nicht zu einem längeren Aufenthalt einlädt, aber eine gute und sichere Parkmöglichkeit bietet. Alle notwendiger Einrichtungen sind vorhanden. Er ist ganzjährig geöffnet. Die Innenstadt von Parma ist zwar fast vier Kilometer entfernt, aber mit dem Bus gut zu erreichen.

Largo 24 Agosto 1942, 43126 Parma
GPS: 44.80844, 10.28464

PARCHEGGIO QUESTURA, PIACENZA

Einfacher, asphaltierter, kostenpflichtiger Parkplatz ohne Ver- und Entsorgungseinrichtungen. Das Zentrum der Stadt lässt sich zu Fuß in 10 Minuten erreichen.

Via Sforza Pallavicino 4, 29121 Piacenza
GPS: 45.05026, 9.68571

fresko in der Kirche San Giovanni. Nicht versäumen sollte man einen Besuch des Antikenmuseums mit Funden aus der Römerstadt Veleia und der Galleria Nazionale mit Gemälden ab dem 14. Jahrhundert. Das romanische Baptisterium hat einen achteckigen Grundriss, präsentiert sich im Inneren aber als sechzehnseitiges Vieleck. Es ist ein selten schönes Beispiel für das Zusammenspiel von Architektur und Raumschmuck. Erbaut wurde es vom lokalen Bildhauer Benedetto Antelami aus rötlichem Veroneser Marmor. Sein Inneres verrät viel über den Kunstsinn des 13. Jahrhunderts. Die eleganten Galerien entsprechen den Schmuckelementen der Außen-

fassade. Der achteckige Kuppelbau unterteilt sich in 16 Segmente mit jeweils einer Nische. Portale, Nischen und Kuppel sind reich mit Figuren und Fresken geschmückt, die Episoden aus dem Leben Johannes des Täufers, Szenen des Jüngsten Gerichts, Christus als Weltenrichter, Sodom und Gomorrha und viele andere biblische Themen darstellen. Bis heute sind an dem Bauwerk kaum Umbauten vorgenommen worden. Berühmt ist Parma aber nicht nur wegen seiner zahlreichen Sehenswürdigkeiten, sondern auch aufgrund seiner einzigartigen Spezialitäten. »Wenn sich ein Käse mit dem Namen einer großen Stadt schmücken darf, dann muss er nicht nur

Links oben: Ein wahres Bilderbuch offenbart die Kuppel des Doms von Parma.

Links: Kunstbegeisterte werden in der Galleria nazionale di Parma fündig.

Rechts: Bei all den Spezialitäten, die Parma zu bieten hat, liegt es auf der Hand, dass man in der Stadt die besten Restaurantadressen findet.

gut schmecken, sondern auch überregionale Bedeutung haben. Beide Voraussetzungen erfüllt der Parmesankäse auf perfekte Weise: Der würzige, halbfette Hartkäse begeistert mit seinem Aroma alle Welt und lässt sich hervorragend reiben. Damit ist der Parmigiano unverzichtbarer Bestandteil vieler Gerichte. Kaum weniger berühmt ist der echte Parmaschinken, der sein feines Aroma zum einen einer speziellen Beize, zum anderen aber der langen Reife in frischer Luft verdankt. Zu den bekannten Schinkensorten zählen Culatello di Zibello (der geschnürte Schinken ohne Knochen wird ausschließlich über die Wintermonate in feuchter Luft getrocknet und bildet eine Edelschimmelschicht aus), Coppa di Parma (lang gereifter, luftgetrockneter und gepresster roher Schweineschinken) oder Spalla cotta (gekochter Schulterschinken). Dass zu all dem eine große Auswahl an passendem Wein gehört, ist bei der Vielfalt des Angebots geradezu selbstverständlich.

13 Fidenza

Der römische Name war den Stadtvätern von Fidenza nahezu ein Jahrtausend lang nicht gut genug, deshalb nannten sie ihre Stadt nach einem römischen Märtyrer Borgo San Donnino. Erst Anfang des 20. Jahrhunderts besann man sich wieder auf den eigentlichen Ursprung. Der Dom allerdings blieb weiterhin San Donnino geweiht. Der Bau aus dem 12. Jahrhundert entspricht noch ganz der lombardischen Romanik mit ihren schönen Fassadenportalen. Von Fidenza lohnt ein Ausflug nach Busseto, das mit einem Museum an den berühmten Komponisten Guiseppe Verdi erinnert. Nächster Halt ist Piacenza.

14 Piacenza

Gründerväter der Stadt am Po waren einmal mehr die Römer, die hier den Übergang der Via Emilia über den Po sichern wollten. Ihre Blüte erlebte die Stadt im Mittelalter als freie Stadtkommune. Die Altstadt gruppiert sich um die ehemalige Via Emilia. Ihre aus Backstein errichteten Wehrmauern sind gut erhalten. Im Zentrum erhebt sich der Palazzo del Comune, ein Ziegelbau im Stil der lombardischen Gotik. Der etwas abseits gelegene Dom (1122–1233) ist ein schönes Beispiel des lombardischen Stils. Im Inneren manifestiert sich von unten nach oben der Übergang von der Romanik zur Gotik. Die eindrucksvollen Kuppelfresken stammen großteils von Guercino.

Abseits der Via Emilia liegt Cremona am Nordufer des Po.

15 Cremona

Am Platz einer gallischen Siedlung gründeten im 3. Jahrhundert v. Chr. die Römer eine Kolonie. Im 17. und 18. Jahrhundert wurde Cremona berühmt durch seine Geigenbauer

(Stradivari, Guarneri, Amati) – eine Tradition, die von der hiesigen internationalen Geigenbauschule bis heute fortgesetzt wird. Mittelpunkt der interessanten Altstadt ist die Piazza Roma mit dem Stadtpark. Der schönste Platz aber ist die Piazza del Comune, einer der harmonischsten Plätze in Italien. Den Platz flankieren der Palazzo del Comune aus dem 13. Jahrhundert (mit vier Geigen der berühmtesten Geigenbauer), der Dom und der Glockenturm Torrazzo. Der Dom vereint Elemente der Romanik,

Oben links: Der Palazzo Comunale in Piacenza überrascht mit vielen verschiedenen Stilelementen.

Oben: Unter seinen Arkaden lässt es sich herrlich umherwandeln.

AUSFLUGSZIELE

Parco Fluviale Regionale del Taro

Nur wenige Kilometer von Parma entfernt, lockt der Parco Fluviale Regionale del Taro mit einer eindrucksvollen Natur, die ganz vom Fluss Taro geprägt wird, der aufgrund seines unregelmäßigen Laufes die umgebende Landschaft im Wechsel der Jahreszeiten verändert. Weidenbüsche, Sträucher, große Wiesen, bewaldete Flächen und kultivierte Felder bestimmen die Flora des gesamten Gebietes, in dem rund 800 verschiedene Pflanzenarten gedeihen.

Jedes Jahr machen mehr als 250 Vogelarten – wie der Seidenreiher, der Nachtreiher mit schwarzer Krone, die Flussseeschwalbe, der Steinbrachvogel und die Ufer-schwalben in dieser grünen Lunge Station, um zu nisten, während viele Säugetiere das Gebiet durchqueren, um den Apennin oder die umliegende Ebene zu erreichen. Aus diesem Grund gilt das gesamte Gebiet als besonderes Schutzgebiet.

Entlang der 20 Kilometer langen Naturoase verlaufen an beiden Ufern zehn gut ausgestattete und gut erschlossene Wege, auf denen man den Park bestens erkunden kann: eine ideale Umgebung für leichte Wanderungen, Rad- und Mountainbike-Touren, aber auch nur für unvergessliche Vogelbeobachtungen.

emiliaromagnaturismo.it
GPS: 44.75969, 10.18111

Cremonas Geigenbauer

Um 1500 wurde Andrea Amati in Cremona geboren, arbeitete dort um 1530 und entwickelte in dieser Zeit die heute übliche Form der Geige. Die Kunstfertigkeit blieb in der Familie erhalten: Sein Enkel Nicolò Amati wurde Lehrer von Antonio Stradivari (1644–1737). Stradivari war es dann, der 1715 die berühmte Cremonese schuf. Da der Geigenbaumeister 93 Jahre alt wurde und weit über 1000 Streichinstrumente gebaut hat, verdankt ihm die Welt heute noch etwa 400 original erhaltene Exemplare. Der zweite große heimische Geigenbauer war Giuseppe Guarneri (1698 bis 1744), dessen Geigen mit denen von Stradivari durchaus mithalten konnten. Das Holz für ihre Geigen holten sich die Geigenbauer in den Wäldern der Dolomiten. Von allen Geigenbaumeistern werden bedeutende Instrumente im Geigenbaumuseum im Palazzo del Comune ausgestellt.

Dass die Tradition bis heute weiterbesteht, beweisen die Internationale Geigenbauschule (Scuola Internazionale di Liuteria) und die in Cremona ansässige Europäische Geigenbauerunion.

der Gotik und der Renaissance und hat eine reich geschmückte Marmorfassade. Im Inneren sind Chor und Mittelschiff mit zahlreichen Fresken verschiedener Meister (16. Jahrhundert) geschmückt, die Pfeiler mit prächtigen Wandteppichen (17. Jahrhundert) verkleidet. Das architektonische Ensemble vervollständigen das achteckige Baptisterium und die Loggia dei Militi, eine Arkadenhalle aus dem 13. Jahrhundert. Das Stradivari-Museum im Museo Civico zeigt wertvolle Exponate der berühmten Geigenbauschule. Von Cremona fährt man über die S415 Richtung Mailand bis Crema und von dort auf der S235 nach Lodi.

16 Lodi

Das hübsche mittelalterliche Städtchen im Südosten Mailands, seit alters auch Bischofssitz, beeindruckt vor allem durch seinen 1158 begonnenen romanischen Dom San Bassiano an der Piazza della Vittoria. Seine Fassade entstand in der zweiten Hälfte des 13. Jahrhunderts, die eindrucksvollen Reliefs am Mittelportal waren bereits 1190 fertiggestellt. Sehenswert sind auch die Renaissancekirche Incoronata mit einem achteckigen Kirchenraum und die Reste des Visconti-Schlosses aus dem Jahre 1370. Auf der Straße S235 strebt man nun der Provinzhauptstadt Pavia zu.

17 Pavia

Die am unteren Ticino gelegene Stadt hieß zur Römerzeit Ticinum, war die Lieblingsresidenz von Theoderich dem Großen, dann die Hauptstadt des Ostgotenreiches und bis 774 als Papia Hauptstadt der Langobarden. Zentrum der Stadt ist die Strada Nuova. An ihr liegt die Universität, die ab 1490 errichtet wurde. Der Zentralbau des Doms wurde 1488 im Stil der Frührenaissance begonnen. Zu den sehenswertesten Kirchen Pavias gehört ferner San Michele, die Krönungskirche der Langobardenkönige. Das vor 642 gegründete Gotteshaus wurde in seiner heutigen Form zur Krönung von Friedrich I. Barbarossa 1155 vollendet. Besonders eindrucksvoll sind die romanischen Figurenreliefs der drei Portale. Im Inneren sind noch Reste des originalen Fußbodenmosaiks erhalten. Die ältesten Fresken gehen auf 1250 zurück.

Die Klosterkirche San Pietro in Ciel d'Oro war ursprünglich eine langobardische Basilika, der heutige Bau wurde im Jahr 1132 geweiht. Das Marmorgrabmal für den heiligen Augustinus ist ein Hauptwerk der langobardischen Plastik des 14. Jahrhunderts und zeigt in drei Geschossen einen ganzen Kosmos spätmittelalterlicher Figuren. Sehenswert auch die überdachte Brücke Ponte Coperto über den Ticino, sie ist allerdings eine Rekonstruktion, das Original wurde im Zweiten Weltkrieg zerstört. Knapp zehn Kilometer nördlich von Pavia liegt die berühmte Certosa di Pavia. Das größte Kartäuserkloster Italiens zählt zu den Meisterwerken der Renaissance.

Über die S596 und die S494 erreicht man Vigevano.

CAMPING PARCO AL PO, CREMONA

Großer, weitgehend schattenloser, kostenpflichtiger Stellplatz in der Nähe einer Parkanlage. Der Po ist nicht weit entfernt, durch den Hochwasserdeich allerdings nicht sichtbar. Die Anlage verfügt über alle notwendigen Einrichtungen, ist etwa zwei Kilometer vom Zentrum entfernt und kann ganzjährig angefahren werden.

Via del Sale 60, 26100 Cremona
GPS: 45.12492, 10.00789

18 Vigevano

Die Industriestadt am Ticino verfügt über einen interessanten historischen Kern. Das Castello Sforzesco wurde bis 1350 als befestigtes Residenzschloss über dem Stadtzentrum errichtet und dann für den Hof der Sforza bis 1494 auf den jetzigen Umfang erweitert. Der Hauptturm prägt bis heute das Stadtbild. Zur gleichen Zeit wurde auch die Piazza Ducale nach Entwürfen von Leonardo da Vinci angelegt. Der Dom Sant'Ambrogio stammt aus dem 16. Jahrhundert und erhielt 1673 seine konkave Barockfassade. Die Pfeilerbasilika aus der Hochrenaissance weist eine barocke Vierungskuppel auf und an ihrer Südseite einen romanischen Turm. Vor uns liegt nun die letzte, rund 30 Kilometer lange Etappe der Tour ins wirtschaftliche und kulturelle Zentrum Norditaliens, nach Mailand.

19 Mailand

Mailand ist das wichtigste Wirtschaftszentrum Oberitaliens mit einer jahrhundertealten Tradition und Geschichte, die ihren Ausdruck in prächtigen Kirchen und Palästen findet. Kunstliebhaber, Opernenthusiasten und Freunde des eleganten Lebens sind begeistert. Von hier aus wurde in der Spätantike zeitweise das römische Weltreich regiert, im Mittelalter war die Stadt Kristallisationspunkt des neuen Italien. Die erste Blütezeit begann im 11. Jahrhundert. Zum Zentrum für Kunst und Kultur wurde die Stadt unter den Visconti- und Sforza-Herzögen. Die Blütezeit endete 1500, als die Selbstständigkeit des Stadtstaats endete. Den Mailänder Dom, die drittgrößte Kirche der Welt, mit all seinen kleinen Winkeltürmchen sollte sich niemand entgehen lassen, der nach Mailand reist. Der Dom ist ein Meisterwerk der italienischen Gotik. Nicht weniger als 2245 einzelne Sta-

Bildleiste von oben:
Piazza Cavalli von Piacenza;
Figurenschmuck in Cremona;
Werkstatt eines Geigenbauers in
Cremona; Stärkung in einem
Restaurant in Lodi.

AUSFLUGSZIELE

Monza
Allein wegen der Rennstrecke der Formel 1 ist Monza wohl ein Begriff. Aber daneben bietet es historische Kirchen, einen märchenhaften Park und die Villa Reale. Vor allem der Dom mit seiner beeindruckenden zweifarbigen Marmorfassade ist ein Highlight.

Certosa di Pavia
Neun Kilometer nördlich von Pavia liegt die wunderschöne Klosteranlage Certosa (dt. Kartause) di Pavia, die noch heute von Zisterziensermönchen bewohnt wird. Die ausgedehnte Anlage umfasst einen Kreuzgang, eine Klosterkirche und 23 Klosterzellen.
GPS: 45.25702, 9.14811

tuen zieren seine Fassade aus weißem Marmor. Selbst wer sich nicht für Kirchen interessiert, wird auf ihrem Vorplatz auf seine Kosten kommen: Das rege Treiben versprüht italienisches Flair. Auch Santa Maria delle Grazie gehört zu den Mailand-Klassikern. Die Kirche, eine Stiftung des Grafen Gaspare da Vimercate, entstand von 1463 bis 1490 als dominikanische Klosterkir-

che. Im einstigen Refektorium malte Leonardo da Vinci im Auftrag von Ludovico il Moro von 1495 bis 1497 sein weltberühmtes, neun Meter breites und 4,50 Meter hohes Gemälde »Das letzte Abendmahl«. Lust auf Shopping? Immer am letzten Sonntag im Monat verwandeln sich die Uferpromenaden des Naviglio Grande zu einem großen Antiquitätenmarkt, dem Mercatone dell'Anti-

Das Schöne am Campen ist, man kann einfach dort stehen bleiben, wo man will. Und wenn es auch nur dazu dient, die letzten Sonnenstrahlen des Tages bei einem guten Gläschen Wein zu genießen.

CAMPING TICINO, PAVIA

Angenehmer schattiger Komfortplatz am Ticino. Ein Platz, der zum mehrtägigen Verweilen einlädt. Auf dem Gelände stehen den Campinggästen ein Pool und ein Solarium zur Verfügung. Ein Badestrand am Flussufer ist nicht weit entfernt. Der Ticino-Naturschutzpark lässt sich mit dem Fahrrad, zu Fuß oder mit dem Kanu durchstreifen. Die Innenstadt ist 2,5 Kilometer entfernt und mit dem Bus oder dem Fahrrad bequem zu erreichen. Von Mitte April bis Ende September geöffnet.

**Via Mascherpa 16, 27100 Pavia, www.campingticino.it
GPS: 45.19487, 9.12214**

CAMPING CITTA DI MILANO, MAILAND

Er ist der Campingplätze, die an Komfort nichts zu wünschen übrig lassen. Die Einrichtungen wollen wir hier gar nicht alle aufzählen, er ist einfach komplett ausgestattet. Als besonderen Komfort bietet er dem Wohnmobilisten auf Wunsch ein eigens Bad mit Dusche, Waschbecken und WC. Der Acquatica Park, ein Freizeit- und Erlebnisbad, befindet sich direkt neben der Anlage. Es bietet mit allerlei Rutschen und diversen Becken Badevergnügen pur. Einziger Nachteil dieses Platzes: Er ist fast zehn Kilometer vom Zentrum entfernt. Mit öffentlichen Verkehrsmitteln benötigt man fast 45 Minuten bis zum Dom.

**Via Gaetano Airaghi 61, 20153 Milano, www.campingmilano.it
GPS: 45.47387, 9.08101**

quariato. An über 400 Ständen können Antiquitäten, Möbel aus den 1950er-Jahren, Schmuck und Kleidung erstanden werden. Ein Shopping-Palast der Extraklasse mit kunstvollen Fresken und noch mehr Marmor ist die Galleria Vittorio Emanuelle II gleich neben der Scala und dem Domplatz.

Oben: Das Refektorium birgt Leonardo da Vincis »Das letzte Abendmahl«

Rechts: Die berühmte Galleria Vittorio Emanuele II nördlich des Doms ist die prunkvollste Einkaufspassage Mailands

ROUTE 2

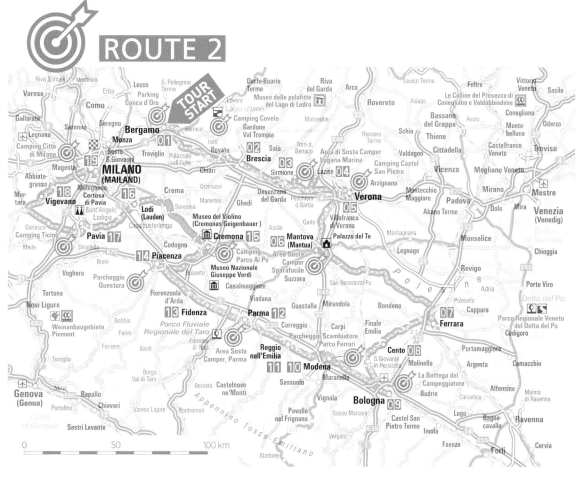

Von der Sonne geküsst

Wie Schwalbennester sitzen die fünf Dörfer der Cinque Terre in den steilen Klippen über dem Meer. Westlich davon erstreckt sich die Riviera de Ponte mit ausgedehnteren Buchten.

LIGURIEN

Der von der Sonne verwöhnte Küstenstrich zwischen Monaco und La Spezia ist für viele der Inbegriff des mediterranen Ambiente – Weingärten und Olivenhaine, mittelalterlich geprägte Ortskerne und pulsierende Städte, weit geschwungene Buchten und ausgedehnte Strände machen den Reiz Liguriens aus.

Entlang der Küste verläuft die Via Aurelia, eine gut ausgebaute Landstraße. Sie folgt der gleichnamigen Route, die bereits zur Römerzeit bestand und viel zur Entwicklung der Region beigetragen hat. Die Küste Liguriens gliedert sich in zwei Abschnitte – die östliche Riviera di Levante und die westliche Riviera di Ponente. Der Charakter der beiden ist sehr unterschiedlich. Die Riviera di Levante wird überwiegend von Steilküsten geprägt. Viele Orte sind mit dem Wohnmobil nicht zu erreichen und wenn, so haben sie wie zum Beispiel in Portovenere nur wenige Parkflächen.

Westlich der ligurischen Hauptstadt Genua erstreckt sich die Riviera di Ponente. Im Vergleich zur Riviera di Levante ist das Landschaftsbild ruhiger. Hier dominieren Buchten mit ausgedehnten Sand- und Kiesstränden, an denen traumhafte Stellplätze liegen. Die Städte sind reich an historischer Bausubstanz. Neben prunkvoll ausgestalteten Kirchen finden sich hier mächtige Festungen, stattliche Bürgerhäuser und hoch aufragende Geschlechtertürme. Die Riviera wird nicht nur von Italienern geschätzt, sondern ist auch Urlaubsziel internationaler Gäste. Als solches entdeckt wurde sie im 19. Jahrhundert von englischen Adligen, die vor den kalten Wintern in ihrer Heimat flohen. Im Lauf der Zeit entstanden herrschaftliche, oft von weiten Grünanlagen umgebene Villen, palmengesäumte Promenaden und mondäne Badeorte wie etwa Sanremo mit seinem Spielcasino. Die Metropole Genua ist allein schon eine eigene Reise wert und lohnt einen mehrtägigen Aufenthalt.

Die Kirche Santa Margherita d'Antiochia beherrscht die Silhouette des Städtchens Vernazza.

Auf Orange in allen Schattierungen trifft man in Lerici. Geht man über die engen Gassen den Berg hinauf, gelangt man zur Burg des Ortes.

ROUTE 03

Streckenlänge: ca. 300 km
Zeitbedarf: 10 bis 14 Tage
Routenverlauf (Hauptorte): Sarzana, La Spezia, Cinque Terre, Sestri Levante, Portofino, Genua, Savona, Imperia, Sanremo
Charakteristik: Die Cinque Terre direkt mit dem Wohnmobil anzufahren ist nur etwas für Wagemutige, denn die Straßen sind sehr steil und eng und Stellplätze bzw. Parkplätze rar. Am besten man quartiert sich westlich der Cinque Terre ein und besucht den Landstrich per Boot oder Zug.
Informationen:
www.cinqueterre.eu.com
www.visitgenoa.it
www.loveliguria.eu

Hier geht's
zum
GPS-Track

01 Sarzana

Die Kleinstadt mit dem lebhaften Zentrum blickt auf eine reiche Geschichte zurück. Kaiser, Päpste und Kaufleute brachten Sarzana frühen Ruhm, der sich noch immer im Stadtbild mit seiner Vielzahl kirchlicher und profaner Bauten ermessen lässt. Das von toskanischen Meistern gestaltete Innere des Doms Santa Maria (12. Jahrhundert) imponiert durch seine reiche Ausstattung mit Marmor aus Carrara. Teile der Stadtbefestigung sind noch erhalten, darunter die Fortezza di Sarzanello. Die Paläste um die Piazza Matteotti sind ebenso stilvoll wie die Villen, die zwischen den Olivenhainen auf den grünen Hügeln der Umgebung aufragen. Ein Fahrt nach Südosten führt zum Ausgrabungsgelände der antiken Stadt Luni, das dortige Museum zeigt Artefakte aus der Römerzeit. Zurück in Sarzana, geht es weiter an die Küste.

02 Lerici

Die Kulisse des Hafenstädtchens wird vom imposanten Castello geprägt, das auf einer Felsspitze thront. Die Festung beherbergt ein paläontologisches Museum mit Rekonstruktionen von Sauriern. Lerici liegt am östlichen Ende des Golfo di La Spezia, der auch Golfo dei Poeti genannt wird; diesen Namen erhielt die Bucht im 19. Jahrhundert, als sich hier zeitweise Percy Bysshe Shelley und Lord Byron niederließen. Im Hafen beeindruckt das Nebeneinander von alten Fischerbooten und modernen Jachten.

03 La Spezia

Entlang einer Bucht erstreckt sich La Spezia, die nach Genua wirtschaftlich bedeutendste Stadt Liguriens. Auf den ersten Blick wirkt die Hafenstadt wenig beeindruckend, doch verbergen sich im Zentrum Preziosen des Jugendstils. Das touristische Treiben konzentriert sich auf den Hafen. Doch die Stadt wartet mit kulturellen Attraktionen auf, darunter das Museo Amedeo Lia mit Gemälden und Skulpturen sowie das Museo Tecnico Natale. Die Kathedrale Santa Maria Assunta (15. Jahrhundert) birgt Terrakottaskulpturen von Bildhauer Andrea della Robbia.

Förmlich an die Steilküste hingeklebt ist Riomaggiore, einer der Orte der Cinque Terre. Die Häuser in erster Meereslinie sind der Brandung unmittelbar ausgesetzt.

04 Portovenere

Die Route führt an der Küste entlang des westlichen Teils des Golfo di La Spezia. Portovenere zählt zu den städtebaulichen Schmuckstücken an der Küste Liguriens. Über den Hausfassaden erheben sich auf einer Klippe die Kirche San Pietro aus dem 13. Jahrhundert mit ihrer schwarz-weißen Marmorfassade und eine Genueser Festung aus dem 12. Jahrhundert.

05 Cinque Terre

Hinter Portovenere beginnt dieser sich zwischen fünf Dörfern erstreckende, zwölf Kilometer lange imposante Landstrich der italienischen Riviera. Da er von einer einmaligen Steilküste mit engen, gewundenen Sträßchen beherrscht wird, ist die Anreise mit größeren Fahrzeugen eher schwierig. Am besten man quartiert sich westlich der Cinque Terre ein und besucht den Küstenabschnitt ganz entspannt per Zug oder Schiff, denn gesehen haben muss man die Cinque Terre mit ihren hübschen Städtchen auf jeden Fall (siehe auch »Ausflugsziele«, S. 65).

06 Levanto

Nordwestlich der Cinque Terre verlässt die Straße die Küste und erreicht sie wieder bei Levanto. Der Badeort hat einen langen Sandstrand und umfangreiche touristische Einrichtungen. Die Uferpromenade führt zum kleinen Hafen, von

CAMPEGGIO MARALUNGA, LERICI

Wenn man nur schnell mal Lerici besichtigen möchte, eignet sich der Parkplatz in der Via Giacomo Matteotti 16 (GPS: 44.08095, 9.91452). Für einen mehrtägigen Aufenthalt sollte man den Campingplatz von Lerici anfahren, der malerisch auf einem Felsen liegt. Er ist von Anfang Juni bis Ende September geöffnet und verfügt über einen eigenen Zugang zum Meer.

Via Carpanini 61, 19032 Lerici
campeggiomaralunga.it, GPS: 44.07214, 9.91020

PARCHEGGIO LOCALITÀ CAVO, PORTOVENERE

Stellplätze für Wohnmobile (nur 5 an der Zahl!) sind in Portovenere ein rares Gut, man muss also nicht nur das Glück haben, einen zu ergattern, sondern auch preislich tief in die Tasche greifen, denn mit drei Euro pro Stunde sind die Parkgebühren sehr hoch. Über eine Ver- und Entsorgungsanlage verfügt der Platz nicht. Der Weg hinunter in die Innenstadt ist etwa zwei Kilometer lang.

Via Olivo, 19025 Portovenere
GPS: 44.05866, 9.84114

dem aus Bootsverkehr zu den Cinque Terre oder nach Portofino besteht. Alljährlich Ende Juli erleuchten bei der Festa del Mare zahllose Lichter das Meer, ein Feuerwerk rundet das Spektakel ab.

Landeinwärts gelangt man zur Autobahn oder – empfehlenswerter – wieder zur Landstraße, von der Abstecher – teils durch längere Tunnels – zu weiteren Badeorten wie Moneglia führen. Die Weiterfahrt nach Nordwesten erfolgt entlang einer traumhaften Küstenlandschaft mit steil abfallenden Bergrücken, die stellenweise dicht bewaldet sind; auch Olivenhaine und Weingärten prägen die Szenerie.

07 Sestri Levante

Der Ort fasziniert nicht nur durch seine malerische Altstadt, sondern vor allem auch durch seine Lage zwischen zwei Badebuchten, die von einer Halbinsel getrennt werden. Diese Landspitze wird auch als »Isola« bezeichnet, ging sie doch aus einer Insel hervor, die durch Verlandung ab dem 15. Jahrhundert mit dem Festland verbunden wurde. Die beiden Buchten – die von Strandbetrieb geprägte Baia delle Favole im Westen und die beschaulichere Baia del Silenzio im Osten – werden durch Molen vor zu starkem Wellengang geschützt. Die Baia delle Favole verdankt ihren Namen dem Märchendichter Hans Christian Andersen, der hier oft zu Gast war. Das autofreie Zentrum von Sestri Levante erkundet man am besten von der Via XXV Aprile aus. In den Seitengassen stehen einige Paläste aus dem 17. und 18. Jahrhundert, die – wie auch die Grandhotels – Sestri Levante den Ruf eines mondänen Badeorts verleihen.

CAMPING ACQUA DOLCE, LEVANTO

Komfortabel ausgestatteter Platz in einer grünen Oase, auf dem es an nichts fehlt. Freunde der italienischen Küche werden das Restaurant lieben. Bis zum Strand sind es drei Minuten zu Fuß, bis zum Bahnhof etwas mehr als ein Kilometer, der auf dem Rückweg von einer Wanderung durch die Cinque Terre mit der Bahn angefahren werden kann. Der Platz ist ganzjährig geöffnet.

Via Guido Semenza 5, 19015 Levanto
www.campingacquadolce.com, GPS: 44.16673, 9.61339

Unten links: Die Qual der Wahl hat man in Sestri Levante bei der Strandauswahl. Der Spiaggia Baia del Silenzio ist einer der beiden Strände, die durch eine Halbinsel getrennt werden.

Unten rechts: Die Fahrt über die Küstenstraße ist in Ligurien eine fantastische Sache. Stets hat man das Meer frontal im Blick.

AUSFLUGSZIELE

Cinque Terre

Der Küstenabschnitt kurz vor La Spezia zählt zu den Höhepunkten an der Riviera di Levante. Fünf Dörfer präsentieren sich vor eindrucksvoller landschaftlicher Kulisse.

Hier enden die Ausläufer der Apenninen abrupt im Meer und formen Steilküsten von atemberaubender Schönheit. Die Namensgeber der Cinque Terre – die fünf Dörfer Riomaggiore, Manarola, Corniglia, Vernazza und Monterosso al Mare – wirken wie aus der Landschaft modelliert. Enge Gassen, steile Treppen und farbenfrohe Fassaden prägen die Orte. Mit ihren in das steile Gelände der Felsenküste gebauten hohen Häusern wirken sie wie Felsnester.

Riomaggiore, der am südlichsten gelegene Ort, verdankt seine Bekanntheit u.a. dem impressionistischen Maler Telemaco Signori, der sich hier im 19. Jahrhundert oft aufhielt. Die Via dell'Amore, die am Felsen direkt über dem Wasser angelegt ist, verbindet Riomaggiore mit Manarola, dessen gotische Kirche Natività di Maria Vergine an der Fassade eine Rose aus Carraramarmor aufweist. Corniglia liegt als einziger der fünf Orte etwa 100 Meter über dem Meer. Seine bedeutendste Sehenswürdigkeit ist die Kirche San Pietro aus dem Jahr 1334. Vernazza gilt als hübschester Ort der Cinque Terre. Blickfang ist die kleine Piazza am Hafen. Monterosso al Mare, der nördlichste und größte der fünf Orte, unterteilt sich in eine höher gelegene Altstadt mit den Relikten des alten Kastells und dem Aurora-Turm sowie in einen neueren Teil, wo ein relativ langer Strand Badetouristen anlockt. Die Kirche San Francesco birgt wertvolle Gemälde, darunter ein Werk von van Dyck. Die lange Isolation – erst seit dem 19. Jahrhundert sind die Dörfer durch eine vorwiegend durch Tunnels verlaufende Eisenbahnstrecke erschlossen – prägte den Charakter der Cinque Terre. Das Klima ist für den Weinbau ideal, das Gelände jedoch wegen der Hanglage schwer zu bearbeiten. So mussten die Landwirte in mühsamer Kleinarbeit Terrassen anlegen, um das Gefälle auszugleichen. Viele Besucher kommen im Rahmen eines Tagesausflugs von einem der lebhaften Küstenorte hierher. Doch der Landstrich bietet genügend Anreize für einen mehrtägigen Aufenthalt. Ein Küstenwanderweg verbindet die fünf Orte miteinander.

Nach einer Wanderung kann man auf einem der regelmäßig verkehrenden Schiffe bequem zum Ausgangspunkt zurückkehren. Seit 1997 ist die Kulturlandschaft der Cinque Terre UNESCO-Weltkulturerbe. **www.cinqueterre.eu**

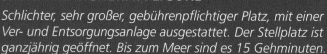

PARCHEGGIO COMUNALE, SANTA MARGHERITA LIGURE

Schlichter, sehr großer, gebührenpflichtiger Platz, mit einer Ver- und Entsorgungsanlage ausgestattet. Der Stellplatz ist ganzjährig geöffnet. Bis zum Meer sind es 15 Gehminuten.

Via G. A. Garibotti 26, 16038 Santa Margherita Ligure
GPS: 44.33563, 9.20244

08 Chiavari

Die Route führt nun in einen flachen Küstenabschnitt nach Chiavari. Für einen Strandurlaub ist der Ort ungeeignet, zu verbaut ist die Küstenlinie. Doch hinter den Betongebäuden erstreckt sich eine der malerischsten historischen Altstädte in Ligurien. Anders als die nobleren Küstenorte im Westen und Osten ist Chiavari noch nicht von den großen Touristenströmen entdeckt worden. Auffallend ist der rechtwinklige Grundriss, der sich hinter den Resten der Stadtbefestigung verbirgt. Chiavari war wegen seiner Ausdehnung in einer Ebene ein strategisch bedeutendes Ziel. Vor allem unter den Genuesen entwickelte es sich zu einem überregional wichtigen Handelszentrum. Zu seinem Schutz vor Angriffen vom Meer her errichteten die Genuesen Anfang des 15. Jahrhunderts die Cittadella, von der noch ein Turm erhalten ist. Von Chiavari lohnen sich Stippvisiten ins steile Hinterland mit seinen Bergdörfern und Waldgebieten. Eine Route führt durch das Val Graveglia. Dort bieten einige Orte auch kulturhistorisch bedeutende Baudenkmäler, darunter Cogorno mit der romanisch-gotischen Basilika San Salvatore di Fieschi. Eine weitere Tour ins Hinterland führt durch das Val Fontanabuona, das seit dem Mittelalter durch den Abbau von Schiefer bekannt ist. Dem Abbau und der Weiterverarbeitung des Gesteins widmet sich das sehenswerte Eco Museo in Chiapparino di Cicagna.

09 Rapallo

Bei der Weiterfahrt präsentiert sich die Riviera wieder von ihrer bis dahin gewohnten Seite. In Serpentinen windet sich die Küstenstraße von der Ebene von Chiavari hinauf, um dann in Rapallo wieder das Meer zu erreichen. Das Seebad umrahmt den Golfo di Tigullio mit seinem Jachthafen halbkreisförmig. Zu den Sehenswürdigkeiten gehört das Castello, das die Genuesen Mitte des 16. Jahrhunderts zum Schutz des Hafens errichteten.

10 Santa Margherita Ligure

Luxuriöse Hotels, stattliche Adelspaläste, schmucke Kunstgalerien, prächtige Uferpromenaden und erlesene Geschäfte für den gehobenen Bedarf machen Santa Margherita Ligure zu einem der elegantesten Badeorte an der Riviera. Monarchen und auch Kunstschaffende zog es in großer Zahl hierher. Die von schön gepflegten Grünanlagen umgebene, prunkvolle Villa Durazzo (16. Jahrhundert) steht stellvertretend für die Erhabenheit des Orts. Die vom Adelsgeschlecht der Durazzi im Stil der Renaissance errichtete Villa kann besichtigt werden, sie wird auch für kulturelle Veranstaltungen genutzt. Inmitten all des Glamours zeigt sich Santa Margherita Ligure jedoch auch als lebhafte Kleinstadt.

Oben, großes Bild: Portofino auf der gleichnamigen Halbinsel kann mit einer der meistfotografierten Ansichten Norditaliens aufwarten und diente schon des Öfteren als Filmkulisse.

Rechts: Hier ist immer etwas los – Piazza Garibaldi in Chiavari.

Ganz rechts: Die Burg von Rapallo wacht am Eingang des Hafens.

PARCHEGGIO CAMPER LA MARINA, GENUA

Innerstädtische Stellplätze sind leider oft durch den Verkehrslärm sehr laut. So ist es auch hier, wo außerdem noch die Geräusche vom Hafen herüberkommen. Dafür ist man nur 500 Meter vom Altstadtkern entfernt.

Via della Marina 6, 16128 Genova
GPS: 44.40337, 8.93152

11 Portofino

Der noble Küstenort befindet sich an der südlichen Spitze der gleichnamigen Halbinsel. Von Santa Margherita Ligure empfiehlt sich die Benutzung von Zug oder Bus, da in Portofino Parkplätze nur im Parkhaus zur Verfügung stehen. Autofahrer werden in Paraggi, einem kleinen Ort etwa zwei Kilometer vor Portofino, über eine elektronische Anzeigetafel informiert, wie weit sich der Stau vor Portofino hinzieht. Eine gute Alternative ist auch die Anreise mit dem Boot. Bei der Einfahrt in den Hafen bietet sich eine der meistfotografierten Ansichten Norditaliens. Das Leben in dem nur von Norden her zugänglichen pittoresken Hafenstädtchen spielt sich am Hafen um die mit Kieselsteinen gepflasterte Piazza Martiri dell'Olivetta ab. Kunstvoll bemalte Häuser mit Fassaden in Rosa, Orange und Gelb schaffen eine attraktive Szenerie, die auch diversen Kinofilmen als Kulisse diente. Die Halbinsel ist ein beliebtes Wandergebiet. Ein viel begangener Weg führt zum ehemaligen Benediktinerkloster San Fruttuoso di Capodimonte.

12 Camogli

Zurück in Santa Margherita Ligure, verläuft die Via Aurelia über gebirgiges Gelände in bis zu rund 600 Meter Höhe. Dann windet sie sich wieder auf Meeresniveau hinab, wo sie Camogli erreicht. Der Ort am Golfo Paradiso erstreckt sich zu beiden Seiten einer Landzunge, die zwei Buchten voneinander trennt. Auf der einen Seite verläuft eine lange Uferpromenade, auf der anderen liegt der Fischerhafen. Hier findet alljährlich im Mai die »Sagra del Pesce« statt, das größte Fischerfest Liguriens. Der gemütlich wirkende Fischerort hat eine Vergangenheit als strategisch wichtige Bastion hinter sich. Davon zeugen zahlreiche Bauwerke wie das genuesische Castello Dragone (16. Jahrhundert). Über Nervi und Boccadasse geht es anschließend auf die italienische Metropole Genua zu.

13 Genua

Einst Zentrum einer Seerepublik unter dem Geschlecht der Doria, ist die ligurische Metropole noch durch viele historische Gebäude geprägt. Genuas Altstadt bietet eine überwältigende Fülle an Baudenkmälern, welche die reiche und wechselvolle Geschichte von »La Superba« dokumentieren. Architektonische Meisterwerke sind Kirchenbauten wie die Kathedrale San Lorenzo mit ihrem kostbaren Domschatz und die Kirche San Matteo mit dem Grabmal des genuesischen Admirals und Staatsmanns Andrea Doria (1466–1560). Genua ist auch berühmt für die prachtvollen Stadtresidenzen der reichen Adelsgeschlechter, etwa in der Via Garibaldi oder der Via Balbi (darunter Palazzo Ducale und Palazzo Doria). Spannend ist auch der Kontrast zwischen den prachtvollen Flaniermeilen und dem Labyrinth von engen Gassen in der Altstadt. Genua musste in der jüngeren Vergangenheit einen massiven Strukturwandel bewältigen (u.a. Schließung von Stahlwerken und Werften). Befeuert

AUSFLUGSZIELE

Castello dei Clavesana

Zunächst einmal erleben Touristen eine kleine Enttäuschung. Da das Castello dei Clavesana in Castelvecchio di Rocca Barbena von einem Rechtsanwalt aus Turin gekauft wurde, ist es von innen nicht zu besichtigen. Dennoch ist das schlossartig wirkende, aus dem 12. Jahrhundert stammende Bauwerk selbst von außen betrachtet sehr beeindruckend. Auch das Wehrdorf, das sich fast schon skurril an den mächtigen Burgfelsen schmiegt, fasziniert die Besucher durch seine engen Gässchen und Wege. Der positive Aspekt an dem Verkauf der Burg und der dadurch nicht mehr möglichen Besichtigung ist, dass der heutige Besitzer das 1672 bei der Belagerung von genuesischen Soldaten stark beschädigte Gemäuer renovieren ließ und es somit wohl auch für das nächste Jahrhundert vor dem Verfall rettete.
Via Roma, 20, 17034 Castelvecchio di Rocca Barbena SV,
GPS: 44.129830, 8.117030

Links: In der Mittagshitze wie ausgestorben – die Piazza San Michele in Albenga.

Bilder ganz unten: Insbesondere in der Vor- und Nachsaison sind die Strände rund um Finale Ligure oft noch leer.

Rechts unten: Meerblick garantiert – Stellplatz in Imperia.

wurde der Wandel auch durch die Feierlichkeiten im Jahr 1992 aus Anlass des 500. Jahrestags der Entdeckung Amerikas durch den Genuesen Christoph Kolumbus sowie den Status als Kulturhauptstadt Europas 2004. Die Hafenanlagen erstrahlen seither in neuem Glanz. Das Acquario beherbergt einen der größten Meerwasserzoos Europas. Einen schönen Ausblick von oben genießt man vom sogenannten Bigo, einer 40 Meter hohen Metallkonstruktion mit Panoramaaufzug.

14 Savona

Hinter kleinen Ferienorten wie Varazze und dem für seine Tonwaren bekannten Albisola erreicht man Savona, die Hauptstadt der gleichnamigen Provinz. Auf den ersten Blick mag das Städtchen nüchtern wirken, doch wer sich näher auf es einlässt, wird es als gelungene Abwechslung zu bekannteren Orten schätzen. Nach einem Hafenbummel gelangt man zur Festung Priamar, die im 16. Jahrhundert zur mächtigsten Wehranlage der Genuesen ausgebaut wurde. Auch die Geschlechtertürme und die prächtigen Palazzi (u. a. Palazzo Pozzobonello in der Via Quadra Superiore), in denen reiche Kaufleute residierten, dokumentieren die frühere Bedeutung Savonas.

15 Finale Ligure

Der Ort setzt sich aus den drei Teilen Finalpia, Finalmarina und Finalborgo zusammen, die völlig unterschiedlich sind. Von Savona aus erreicht man zunächst Finalpia; dieser Teil entwickelte sich um das sehenswerte Kloster Santa Maria di Pia (15. Jahrhundert) herum mit seiner Kirche (18. Jahrhundert), deren Rokokofassade aufwendig mit Stuck verziert ist. Touristisches Zentrum von Finale Ligure ist Finalmarina mit seinem Sandstrand, hinter dem eine prächtige palmengesäumte Promenade verläuft. Jenseits dieser Straße befindet sich die an drei Seiten von schmucken Bürgerhäusern umrahmte Piazza Vittorio Emanuele II mit monumentalem Triumphbogen.

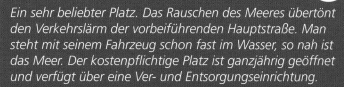

CAPRAZOPPA, FINALE LIGURE

Ein sehr beliebter Platz. Das Rauschen des Meeres übertönt den Verkehrslärm der vorbeiführenden Hauptstraße. Man steht mit seinem Fahrzeug schon fast im Wasser, so nah ist das Meer. Der kostenpflichtige Platz ist ganzjährig geöffnet und verfügt über eine Ver- und Entsorgungseinrichtung.

SS 1 Via Aurelia, 17024 Finale Ligure
www.finaleambiente.it, GPS: 44.40337, 8.93152

AREA CAMPER »LE TRAVERSINE«, SAVONA

Ein ebener Platz mit gut eingerichteter Ver- und Entsorgungsanlage sowie Stromanschlüssen. Er ist gebührenpflichtig und ganzjährig geöffnet. Der Badestrand ist 200 Meter entfernt.

SS1 Aurelia km 579, 17047 Vado Ligure
GPS: 4427857, 8.44123

Der von alten Stadtmauern umgebene Ortsteil Finalborgo erstreckt sich etwa zwei Kilometer landeinwärts. Das Auto lässt man am besten außerhalb stehen und betritt Finalborgo durch eines der Stadttore wie die Porta Reale. Die Häuser in den Gassen um die Piazza Garibaldi wurden restauriert und erstrahlen wieder in altem Glanz.

Vorbei an weiteren Badeorten führt die Route nach Borghetto Santo Spirito, wo man nach einer Abzweigung ins Landesinnere zu den Grotte di Toirano kommt, einer der Hauptsehenswürdigkeiten der Riviera. Die faszinierende Höhlenlandschaft umfasst nicht nur bizarre Tropfsteinformen, sondern weist auch Spuren früher menschlicher Besiedlung (u. a. Abdrücke von Händen und Füßen) auf. Ein etwa ein Kilometer langer Rundgang erschließt die bezaubernde Höhlenwelt.

16 Albenga

Zurück auf der Via Aurelia, gelangt man nach Albenga, dessen historisches Zentrum noch gut erhalten ist. Die architektonischen Spuren weisen sogar bis in die Römerzeit zurück, einige Häuser sind auf römischen Fundamenten errichtet. Das zehneckige Baptisterium – von außen ein schlichter Bau, innen aber mit byzantin-

Imperia wird vom größten Kirchenbau Liguriens überragt, der neoklassizistischen Basilica di San Maurizio.

Casino Sanremo

Das Casino Sanremo ist schon aus architektonischer Sicht einen Besuch wert. Im Jugendstil gestaltet, ist das 1905 eröffnete Gebäude sowohl tagsüber als auch abends beeindruckend. Luxuriös wirkt der große Saal mit den riesigen Leuchtern und den Spielautomaten. Gut 500 davon sind in dem Komplex untergebracht. An zahlreichen Tischen wird amerikanisches sowie französisches Roulette, Poker und Black Jack gespielt. Die Kleidungsvorschriften sind lässig. Nur bei Live-Spielen wird auf ein entsprechendes Äußeres Wert gelegt.

Corso Inglesi 18, Sanremo
www.casinosanremo.it
GPS: 43.815268, 7.771950

ischen Mosaiken umso glanzvoller – stammt aus dem 5. Jahrhundert. Doch das Zentrum von Albenga wird vornehmlich von mittelalterlichen Bauwerken geprägt, darunter die Kathedrale San Michele (13. Jahrhundert). Einige Geschlechtertürme aus der Zeit vom 12. bis zum 15. Jahrhundert erreichen Höhen von bis zu 60 Metern.

Auf der Straße entlang der Küste erreicht man nach etwa zehn Kilometern den Ferienort Alassio, der wegen seiner kilometerlangen feinen Sandstrände ein Dorado für Sonnenanbeter und Wassersportler ist. Im weiteren Verlauf befindet sich weit oberhalb der Straße Cervo, ein malerisches Dorf mit engen und winkligen Gassen sowie steilen Treppen.

16 Imperia

Die Hauptstadt der Provinz Imperia entstand aus zwei Teilen. Porto Maurizio ist von alter Bausubstanz geprägt, Oneglia weist eine hohe Dichte an Industriebetrieben auf. Die Silhouette Imperias wird von der in ihren Ausmaßen imposanten Basilica di San Maurizio bestimmt. Die Geschichte der ligurischen Seefahrt wird im Museo Navale veranschaulicht. Die Hauptattraktion von Oneglia ist das Olivenmuseum, in dem die Geschichte des Anbaus der Ölbaumfrucht dokumentiert wird. Kein Wunder, dass in der Umgebung von Imperia ausgedehnte Olivenhaine das Landschaftsbild dominieren. Bei der Weiterfahrt nach Westen erreicht man Arma di Taggia, wo man ins Landesinnere abzweigt und nach wenigen Kilometern nach Taggia kommt. Von dort führt eine landschaftlich reizvolle Strecke durch das Valle Argentina.

17 Sanremo

In dem mondänen Badeort ist der Glanz vergangener Zeiten noch immer sichtbar. Prachtvolle Villen, von Palmen gesäumte Strandpromenaden, das Spielkasino und noble Einkaufsstraßen machen den Charme Sanremos aus. Wahrzeichen der Stadt ist das Anfang des 20. Jahrhunderts errichtete Casino mit seiner eindrucksvollen Stuckfassade. Hier beginnen auch Einkaufsstraßen wie der Corso Matteotti. Einige Villen, etwa die im Stil des Neoklassizismus erbaute Villa Ormond, sind öffentlich zugänglich. Von Sanremo, dem Endpunkt unserer Traumroute, ist es nicht mehr weit zur französischen Grenze. Wenige Kilometer vorher lohnt einer der schönsten botanischen Gärten Europas einen Abstecher – die an einem Küstenhang angelegten Giardini Botanici Hanbury.

PARCO VACANZE GREEN VILLAGE, ALBENGA

Komfortabler Platz mit allen notwendigen Einrichtungen. Ruhig gelegen, ausreichend große, zumeist schattige Stellflächen. Die Anlage ist von Anfang April bis Anfang Oktober geöffnet. Bis zum Strand sind es nur wenige Meter.

Viale Ernesto Che Guevara 17, 17031 Albenga
www.greenvillagealbenga.it
GPS: 44.05795, 8.22503

CAMPING ANGOLO DI SOGNO, IMPERIA

Dieser ganzjährig geöffnete Platz besticht durch seine traumhafte Lage am Meer. Viel Raum bietet er allerdings nicht, bei voller Belegung geht es in dieser komplett ausgestatteten Anlage recht eng zu.

Viale Torino, 18013 Diano Marina, Imperia
www.angolodisogno.com
GPS: 43.90073, 8.07680

CAMPER AREA »PIAN DI POMA«, SANREMO

Riesige schattenlose Fläche mit Meerblick. Die Anlage ist ganzjährig geöffnet.

Corso Guglielmo Marconi 129, 18038 Sanremo
GPS: 43.80876, 7.75660

Der Vorteil an den Stellplätzen dieser Region – viele liegen direkt am Meer und man kann direkt von seinem Camper oder Wohnmobil aus die schöne Aussicht genießen. Auch auf dem Stellplatz in Sanremo ist das der Fall.

ROUTE 3

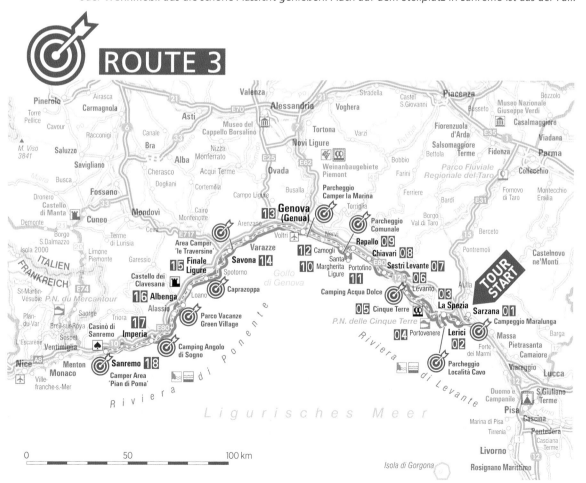

Vom Adriastrand ins Alpenland

Auf dieser Tour ist Abwechslung garantiert. Meer, Seen, Berge – und dazu noch eine Vielfalt an Kunstschätzen, die ihresgleichen sucht. Einmal am Ziel angekommen, würde man am liebsten gleich noch einmal zurückfahren, so schön ist die Strecke.

OBERITALIEN

Von der Lagunenstadt Venedig schweift die Traumroute aufs Festland und retour an die Gestade der Adria. Sie führt hinauf nach Friaul, gen Westen in die Dolomiten und wieder in den mediterranen Raum bis nach Padua in Venetien. Erinnerungen an Sehnsüchte tauchen auf, vom Märchenberg Schlern, den größten Almwiesen der Welt und dem gläsernen Wasser des Gardasees.

Mit dem Wohnmobil in Italien zu fahren ist genauso wenig ein Problem wie in den anderen Ländern Süd- und Westeuropas, die sich inzwischen an die mobilen Ferienwohnungen auf Rädern gewöhnt haben, und für die entsprechende Plätze eingerichtet wurden, um die »mobilen« Gäste willkommen zu heißen. Wie in Spanien und Portugal ist es auch hier notwendig, eine rot-weiß gestreifte reflektierende Warntafel am Heck zu befestigen, wenn man die Fahrräder oder eine Transportbox auf einem Heckträger dabeihat. Sie muss auch dann montiert werden, wenn man nichts auf dem Heckträger transportiert, da er über die Stoßstange hinausragt. Tagsüber ist mit Abblendlicht zu fahren, auf den Landstraßen gilt maximal mit 90 km/h bis 3,5t, und wenn das Fahrzeug schwerer ist, nur 80 km/h. Auf Autobahnen sind es 130 bzw. 100 km/h. Die Autobahnen sind fast alle gebührenpflichtig. Hier herrscht folgendes System: Ticket bei der Auffahrt ziehen und bei der Abfahrt mit der EC-Karte oder bar bezahlen. Die Grenze von 0,5 Promille sollte strikt befolgt werden. Da muss das Mittagessen auch mal ohne das sonst übliche Gläschen Wein auskommen. Die Strafen sind hart für denjenigen, der mit einem zu hohen Alkoholgehalt im Blut erwischt wird. Und noch etwas gilt es zu beachten: Übernachtungen auf Wanderpark- und anderen freien Plätzen sind nicht grundsätzlich verboten. Allerdings müssen Tische und Stühle im Fahrzeug verbleiben, und es dürfen auch keine Ausgleichskeile für die Nivellierung des Fahrzeugs benutzt werden.

Steil und kurvig schraubt sich die Straße die Alpenlandschaft hinauf – ein herrliches Fahrvergnügen!

Blick auf die Insel San Giorgio Maggiore, die dem Becken von San Marco in der Lagune von Venedig vorgelagert ist. Markant ragt der Turm der gleichnamigen Benediktiner-Abtei in die Höhe.

ROUTE 4

Streckenlänge: ca. 750 km
Zeitbedarf: ca. 3–4 Wochen
Routenverlauf (Hauptorte): Venedig, Treviso, Triest, Udine, Cividale dell'Friuli, Belluno, Cortina d'Ampezzo, Brixen, Ponte Gardena, Bolzano, Trient, Lago di Garda, Malcesine, Bardolino, Verona, Vicenza, Cittadella, Padua
Charakteristik: Diese Route bietet alles, was das Wohnmobilherz begehrt: Großstädte, traumhafte Landschaften und vielfältige Gewässer.
Informationen:
www.venediginformationen.eu; www.suedtirol.info

Hier geht's zum GPS-Track

01 Venedig

Ein Besuch der einzigartigen Lagunenstadt ist zu jeder Jahreszeit ein unvergessliches Erlebnis. Wer sich nicht gerade in der Hauptsaison mit Tausenden anderer Touristen in den engen Gassen rund um die Piazza San Marco drängt, wird von Venedig begeistert sein. Die traumhaft schöne Stadt im Meer – als Seemacht einst die Herrin des östlichen Mittelmeers – ist nicht zuletzt dank ihrer eigenständigen mittelalterlichen Architektursprache, einer Verschmelzung von byzantinischen, arabischen und gotischen Elementen, schlicht einzigartig. Die Hauptstadt der oberitalienischen Provinz Venetien liegt auf etwa 120 Inseln in einer Lagune, einem großen Strandsee der Adria. Mit dem Festland ist die UNESCO-Welterbestadt über Dämme und Brücken verbunden. Errichtet wurde Venedig auf Pfahlrosten. Die Stadt hat 160 Kanäle und 400 Brücken. Ursprünglich war die Siedlung eine Fluchtstätte, die nach dem Einfall der Hunnen angelegt wurde. Die Lagunenbewohner blieben in der anfangs abgeschiedenen Lage über die Jahrhunderte unabhängig. Es gelang ihnen im 8. Jahrhundert, das Erbe Ravennas anzutreten. Im 15. Jahrhundert verlagerte sich der Welthandel, und die Seemacht verlor ihre Grundlage, sodass Venedig im frühen Stadium einer Metropole stehen geblieben ist. Besonders sehenswert ist der Markusplatz, der seit 1000 Jahren das Zentrum der Stadt bildet. Außerdem ist die orientalisch inspirierte, kostbar ausgestattete Markusbasilika aus dem 11. Jahrhundert schön. Der Dogenpalast, ein Hauptwerk der venezianischen Gotik, der Canal Grande mit Rialtobrücke, die Kirche Santa Maria Gloriosa dei Frari, die Scuola Grande di San Rocco, die Galleria dell' Accademia mit umfassenden Sammlungen zur venezianischen Malerei des 14. bis 18. Jahrhunderts sind weitere Top-Sehenswürdigkeiten. Lohnend ist ferner der Besuch der Inseln Murano, Burano und Torcello.

02 Treviso

Auf der S13 geht es von Mestre nach Norden und unversehens befindet man sich im Mittelalter. Der autofreie Stadtkern Trevisos zwischen dem

Die berühmte Rialtobrücke ist eines der vielen Wahrzeichen von Venedig.

Duomo San Pietro und der Piazza dei Signori lädt zum Flanieren ein. Als eines der schönsten Rathäuser des Landes gilt der Palazzo dei Trecento.

03 Portogruaro

Ostwärts in Richtung Triest lohnt es sich, Portogruaro zu besuchen, das viel älter als Venedig ist. Von der Romanik bis ins 17. Jahrhundert wurde hier prächtig gebaut, ein großartiges Beispiel der Renaissance-Architektur ist der Palazzo Marzotto. Auf der S14 fährt man dann weiter nach Osten und biegt bei Cervignano del Friuli Richtung Aquileia ab.

04 Aquileia und Grado

Als Militär- und Handelszentrum im Jahr 183 v. Chr. gegründet, wurde Aquileia in christlicher Zeit Bischofssitz und war zeitweise so bedeutend wie später Venedig und Triest. Im Mittelalter verfiel die Stadt. Säulen des antiken Forums und die Kirche Santa Maria delle Grazie (500 n. Chr.) zeugen von vergangener Größe. Wenige Kilometer südlich liegt Grado, einst der Hafen von Aquileia. Das heutige Seebad und Fischerstädtchen

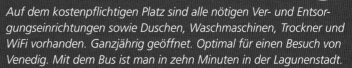

CARAVAN PARK SAN GIULIANO

Auf dem kostenpflichtigen Platz sind alle nötigen Ver- und Entsorgungseinrichtungen sowie Duschen, Waschmaschinen, Trockner und WiFi vorhanden. Ganzjährig geöffnet. Optimal für einen Besuch von Venedig. Mit dem Bus ist man in zehn Minuten in der Lagunenstadt.

Via San Giuliano 1, 30174 Venezia
www.sangiulianovenice.com, GPS: 45.46827, 12.27817

CAMPING VILLAGE MIRAMARE

Der Luxus-Campingplatz ist mit allen notwendigen Ver- und Entsorgungseinrichtungen und Sanitärbereichen sowie WiFi, Pool, Restaurant und Bar ausgestattet. Geöffnet von Anfang April bis Anfang November. Angemessene Preise. Mehrere Personenfähren verkehren nach Venedig; der Fährhafen ist 800 Meter vom Platz entfernt.

Lungomare Dante Alighieri, 29, 30013 Cavallino-Treporti
www.sangiulianovenice.com, GPS: 45.42649, 12.43157

CAMPING AL BOSCO

Inmitten eines schattigen Pinienwaldes liegt dieser Komfort-Campingplatz mit eigenem Strand. Er ist ausgestattet mit allen notwendigen Ver- und Entsorgungseinrichtungen, Duschen, Waschmaschinen, Wäschetrocknern, WiFi und Restaurant. Geöffnet von Mitte April bis Mitte September. Angemessene Preise.

Largo San Crisogono, 34073 Grado, campingalbosco.it
GPS: 45.68283, 13.40272

PARCHEGGIO COMUNALE

Auf dem gebührenpflichtigen Parkplatz am Jachthafen gibt es keinerlei Versorgungseinrichtungen. Der Platz ist ganzjährig geöffnet und eignet sich gut für einen Besuch der angrenzenden Altstadt. Für eine Übernachtung ist es hier eher zu laut.

Via Ottaviano Augusto, 1, 34123 Trieste
GPS: 45.64610, 13.75720

VIA PASQUALIGO

Der kostenlose Parkplatz liegt innerhalb der Festung von Palmanova. Durch seine hohen Bäume ist er angenehm schattig. Es gibt keinerlei Versorgungseinrichtungen. Ganzjährig geöffnet. Bis zur Piazza Grande sind es nur 300 Meter.

Via Pasqualigo, 33057 Palmanova
GPS: 45.90720, 13.31149

PARCHEGGIO SCAMBIATORE

Dieser kostenlose, sonnige Stellplatz ist mit allen notwendigen Ver- und Entsorgungseinrichtungen ausgestattet und ganzjährig geöffnet. Bis ins Zentrum von Udine sind es 2,5 Kilometer. Die Haltestelle der Buslinie 1 befindet sich in unmittelbarer Nähe. Der Bus fährt im 8-Minuten-Takt und benötigt zwölf Minuten bis in die Stadtmitte.

Via Chiusaforte 62, 33100 Udine
GPS: 46.08020, 13.22333

hat sein mittelalterliches Ortsbild bewahren können.

05 Castello di Miramare

Das weiße Traumschloss des österreichischen Erzherzogs Ferdinand Maximilian rückt auf der Küstenfahrt ins Bild, kurz bevor man Triest erreicht. Es ist von einem schönen Garten umgeben. Im Inneren des Schlosses können die Wohn- und Repräsentationsräume mit Originaleinrichtung aus dem 19. Jahrhundert bewundert werden.

06 Triest

Zwischen Gebirge und Golfo di Trieste behauptet die historische Hafenstadt ihren Platz seit über 2000 Jahren. Wäre Venedig nicht die Schönheitskönigin der Adria, zöge es schon längst viel mehr Touristen nach Triest. Vom 14. Jahrhundert bis zum Ende des Ersten Weltkriegs herrschte die Kaiser-Dynastie der Habsburger. Italienisch seit 1919, prunkt die Stadt mit den Prachtbauten ihrer Glanzära

um 1900, als der noch neue Suezkanal den Seehandel blühen ließ und Triest nach Genua der zweitwichtigste Hafen Italiens wurde, ein Zentrum der Banken und Versicherungen und auch der Literaten und Caféhäuser. Bis heute sind Triest und sein Umland reich an literarischen Erinnerungen, sei es von Rainer Maria Rilke, James Joyce oder von dem gebürtigen Triestiner Italo Svevo, der bürgerlich eigentlich Ettore Schmitz hieß. Zum repräsentativen Ensemble der Piazza dell'Unità, Piazza Verdi und Piazza Borsa mit ihren Brunnen und Statuen gehören das Opernhaus Teatro Verdi und die Alte Börse, beide um das Jahr 1800 erbaut. Als Wahrzeichen der Stadt gilt die romanische Kathedrale San Giusto auf ihrem dominanten Hügel. Kaffeehausliebhaber treffen sich im Caffè Tommaseo (seit 1830 am Lungomare), im Caffè degli Specchi (seit 1839) oder im Jugendstilcafé San Marco (seit 1914). Die Ausstellungen der zahlreichen Museen und Galerien reichen von Dinosaurierfun-

den bis zur Malerei des 20. Jahrhunderts. Naturfreunde erwandern im Hinterland das Karstgebirge mit seinen weißgrauen Kalkfelsen, dichtem Buschwald, Dolinen und Höhlen. Flüsse und Bäche verschwinden plötzlich in der Tiefe – der berühmteste ist der Timavo, der 35 Kilometer unterirdisch fließt, bevor er nördlich von Duino wieder sichtbar wird.

07 Duino

Hier entstand große Poesie: Rainer Maria Rilke verfasste an diesem Ort erste Teile der berühmten »Duineser Elegien«. Von Oktober 1911 bis Mai 1912 war er zu Gast bei seiner mütterlichen Freundin und Sponsorin Fürstin Marie von Thurn und Taxis. Der »Rilkeweg« führt in schönster Landschaft zwischen Duino und Sistiana durch einen Wald und an Steilklippen über dem Meer entlang. Das mittelalterliche Schloss ist samt Park zu besichtigen. Über die S14 und die S352 hält man sich anschließend Richtung Udine.

08 Palmanova

In der italienischen Renaissance baute man selbst Festungen nach ästhetischen Regeln. Die Anlage von Venedigs Festung Palmanova – ab 1593 gegen die Türken, aber auch zum Schutz vor den Österreichern erbaut – bildet ein streng geometrisches Neuneck als Idealstadt um die sechseckige Piazza Grande mit Skulpturen von Architekten und Generälen. Knapp 30 Kilometer weiter nördlich erreicht man Udine.

09 Udine

Die alte Hauptstadt Friauls, heute Zentrum der Provinz Udine, kann man sehr wohl als Tochter Venedigs bezeichnen, denn in fast vier Jahrhunderten der venezianischen Herrschaft (1420–1797) hat Udines Altstadt seine Gestalt gefunden. Viel älter noch ist der monumentale Dom Santa Maria Annunziata. Berthold von Andechs ließ ihn im 13. Jahrhundert erbauen. In älterer Vergangenheit war Udine ein römischer Stützpunkt an der Via Julia Augusta. Die elegante Geschäftsstraße Mercato-

Bildleiste von oben:
Spektakulär liegt das Castello di
Miramare über dem Meer.

Piazza della Libertà in Udine mit
Rathaus, Loggia, Portico
di San Giovanni und Uhrturm.

Majestätisch öffnet sich die
gigantische Piazza dell'Unità d'Italia
zum Meer hin und macht das
besondere Flair Triests – prunkvolle
Architektur gepaart mit einfacher
Meeresidylle – deutlich. Der Platz ist
eines der Wahrzeichen und zugleich
der Mittelpunkt der Stadt.

vecchio und die großartige Piazza della Libertà verleihen der Stadt einen festlichen Charakter – wie auf einer Bühne bewegen sich die Menschen zwischen Säulen und offenen Hallen, einem dekorativen Drei-Schalen-Brunnen sowie einem Uhrturm und den auf Freisäulen platzierten Göttinnen des Rechts und des Friedens. Meisterliche venezianische Spätgotik zeigen der Palast Loggia del Lionello, der Kastellhügel sowie etliche Paläste und Museen. Es lohnt, hier eine Reisepause einzulegen! Weiter geht es auf der S54 nach Osten.

10 Cividale del Friuli

Das Landstädtchen in den Colli Orientali, den Weinhügeln von Ost-Friaul, liegt malerisch über dem Steilufer des Natisone, der sich sein Flussbett tief eingegraben hat. Langobardische Fürsten, jahrhundertelang auch die Patriarchen von Aquileia, residierten einst in Cividale. Die Langobarden hinterließen so seltene wie kostbare Zeugnisse ihrer Kunst: Der »Tempiet-

to Langobardo« stammt mit seinen schönen Wandmalereien und Skulpturen vermutlich aus dem späten 8. Jahrhundert und der mehrmals erneuerte Dom Santa Maria Assunta aus dem 15. Jahrhundert. Prächtige Ausblicke gibt es zu den Bergen.

11 Pordenone

Unterwegs von der fruchtbaren Wein-, Weizen- und Obstlandschaft Friauls zu der dramatischen Bergschönheit der Dolomiten empfehlen sich mehrere Städte für einen Halt. Im historischen Stadtkern von Pordenone mit seinen Laubengängen und bilderreichen Fassaden flaniert man auf dem Corso Vittorio Emanuele, staunt über die kurios spätgotische Architektur des Palazzo Comunale und bewundert den Dom San Marco und seinen Glockenturm, wohl einer der schönsten Italiens. Der Renaissance-Maler Pordenone erhielt seinen Namen von der Stadt, eigentlich hieß er Giovanni Antonio de'Sacchi (1484–1539). Technik-

geschichte kann auf dem »Rundgang der industriellen Archäologie« in den Baumwollspinnereien des 19. Jahrhunderts nacherlebt werden.

12 Conegliano

Diese schmucke Weinstadt weiter westlich mit ihrer schönen Altstadt, der Hauptstraße Contrada Granda und schönen Palästen sowie einem zinnenbekrönten Kastell ist ein sehr guter Ort, um die beliebte »Strada del Vino Rosso«, die sich bis nach Oderzo erstreckt, zu erkunden. Hier können vielerorts Weine verkostet und gleich für den eigenen Keller eingekauft werden. Außerdem ist in Conegliano die Scuola dei Battut mit ihren Fresken sehenswert. Später geht die Fahrt weiter Richtung Alpen.

13 Vittorio Veneto

Beim Anschluss des Veneto an das junge Königreich Italien im Jahr 1866 wurde aus den zwei Städten Ceneda und Serravalle eine: Vittorio Veneto. Deshalb besitzt die Stadt zwei Dome:

CAMPING ROCCHETTA

Der Komfort-Campingplatz ist ausgestattet mit allen notwendigen Ver- und Entsorgungseinrichtungen, Duschen, Whirlpool, Waschmaschinen, Trocknern, einem Lebensmittelgeschäft und WiFi. Ganzjährig geöffnet. Angemessene Preise. Der Panorama-Fußweg zur Stadtmitte von Cortina dauert nur 20 Minuten.

Frazione Campo di Sopra, 1, 32043 Cortina d'Ampezzo
campingrocchetta.it, GPS: 46.51471, 12.14420

Santa Maria Nuova, im 18. Jahrhundert umgebaut, im Stadtteil Serravalle und den erst im 18. Jahrhundert erbauten Dom Santa Maria Assunta e Tiziano Vescovo im moderneren Stadtteil Ceneda. Der wohl kostbarste Kunstschatz befindet sich in der kleinen Kirche San Lorenzo in Seravalle. Er gehört zu den am besten erhaltenen Freskenzyklen venezianischer Malerei des frühen 15. Jahrhunderts.

🄸🄴 Belluno

Am Horizont erblickt man im Parco Nazionale delle Dolomiti Bellunesi die über 2500 Meter hohen Gipfel der Schiara-Gruppe, in der Stadt die Piave, die südlich in weitem Bogen der Adria zuströmt. So wunderbar liegt Belluno, die Hauptstadt der gleichnamigen Provinz – nah am Gebirge und dennoch mit dem Meer verbunden. Die verwinkelte Altstadt, die auf einer breiten Terrasse über dem Fluss liegt, entwickelte sich seit der Antike zu einem kirchlichen, politischen und wirtschaftlichen Zentrum. Die reiche Geschichte der Stadt ist in ihren Palästen – allen voran der Palazzo dei Rettori am Domplatz –, Kirchen und Patriziergebäuden noch heute anschaulich präsent.

🄸🄵 Cortina d'Ampezzo

Skisportler und Bergwanderer aus aller Welt kennen den waldumgebenen Bergort inmitten der drei Dolomiten-Gruppen Marmarole, Cristallo und Tofana mit ihren über 3000 Me-

Links oben: Beeindruckend spannt sich in Cividale del Friuli die mächtige Ponte del Diavolo über den Fluss Natisone.

Ganz oben: Auf der Piazza Duomo in Belluno befinden sich die zwei bekanntesten Türme der Stadt.

Oben: Die Fußgängerzone im Zentrum Cortinas lädt zum Bummeln ein. Im Hintergrund die Kirche Philippus und Jakobus.

ter hohen Gipfeln. Weiter nördlich beeindrucken die Sextener Dolomiten mit den Drei Zinnen. Die Olympischen Winterspiele von 1956 machten den Ort Cortina d'Ampezzo noch berühmter. Die Folge war ein regelrechter Hotelbauboom. Die im Kern gotische Dorfkirche überragt die Sporthotels dennoch mit ihrem 76 Meter hohen Turm.

16 Schlern (Monte Sciliar)

Mit seinen 2563 Metern ist der Schlern gewiss keiner der höchsten Berge in den Dolomiten, aber mit dem weithin sichtbaren rötlichen Steilabbruch über dem Eisacktal einer der markantesten und ein Wahrzeichen Südtirols. Im gleichnamigen Naturpark zwischen Grödnertal und Bozen ist die Seiseralm mit großartigen Fernblicken auch mit dem Auto und Wohnmobil zu erreichen, ebenso der Völser Weiher am Fuß des Gebirgsstocks mit dem Restaurant gleichen Namens. Schöne Wanderwege führen hinüber zum Rosengarten-Massiv, dem sagenhaften Reich des Zwergenkönigs Laurin.

Links oben: Das fruchtbare Etschtal ist eines der schönsten Täler Südtirols.

Links: Das Wahrzeichen Südtirols sind die markanten Felskronen der Drei Zinnen.

17 Dolomiten

Drei italienische Provinzen haben Teil an der gewaltigen Gebirgsszenerie der Dolomiten: Bozen (Südtirol), Trento (Trentino) und Belluno (Venetien). Gämsen und Gletscher, Bergbauern und Burgherren, Holzschnitzer, Alpinisten und Skiasse, doch auch Mountainbiker oder vielleicht eine Mondprinzessin trifft man in diesem so wunderbar abwechslungsreichen Gebirge. Le Corbusier nannte es »die schönste Architektur Europas«. Mit 3343 Metern erhebt sich die Marmolada als höchster Gipfel über dem Felsengetürm der Dolomiten, das von Weingärten und Edelkastanienhainen, von Burgen und alten Städten in den Tälern von Eisack, Rienz und Piave gesäumt wird. »Lis montes pàlyes«, die »bleichen Berge«, heißen die Dolomiten in der melodiösen Sprache der Ladiner. Doch sie sind nicht durchgehend hell, sondern in ihrer unterschiedlichen Farbgebung so faszinierend wie in ihren Formationen: von der Felsenburg Sella bis zu den schlanken Felsnadeln der Drei Zinnen.

Als dem jungen Wissenschaftler Déodat Gratet de Dolomieu 1789 auf einer Gebirgserkundung das kalkige Gestein auffiel, schickte er Proben nach Genf an den prominenten Geologen Nicolas Théodore de Saussure und bat um eine exakte Analyse. Dieser gab dem Gemenge aus Magnesium und Kalziumkarbonat nicht nur seine chemische Formel, sondern mit einer höflichen Geste für den jüngeren Kollegen auch den Namen: Dolomit. Falsch wäre es, auf dieses Gestein im ganzen Gebirge zu schließen. Aus Feuer und Wasser wurde es geboren. Vulkanisches Tuff- und Lavagestein, Porphyrmassive, Korallenatolle und Riffburgen im Tethys-Meer haben ihren Teil beigetragen. Vor etwa 218 Millionen Jahren, am Ende des Erdaltertums (der sogenannten Permzeit), ließen vulkanische Ausbrüche von gewaltigen Dimensionen Magma und Asche hervortreten. Sie erkalteten und bildeten die »Bozner Porphyrplatte«, rötliche Felsen. Einige Millionen Jahre später entwickelten sich in einem seichten tropischen Meer gesteinsbildende Kalkalgen in wohl nur 20 bis 100 Meter Tiefe. Wie aber konnten daraus viele 100 Meter hohe Felsnadeln und Türme entstehen? Dafür muss die Plattentektonik verantwortlich sein.

Die bäuerlichen Siedlungen in den Dolomiten sind älter als das antike Rom. Räter, Illyrer, Etrusker und Kelten siedelten mit ihren Höfen und Almen immer höher in die Seitentäler hinauf. Heute leben hier Menschen dreier Sprachen – der deutschen, italienischen und ladinischen – friedlich zusammen. So hart und arm das Leben der Bergbauern über Jahrhunderte war, die Dörfer und wenigen Städte der Region besitzen reiche Überlieferungen und Kunstschätze.

AUSFLUGSZIELE

Etschtal

»Reben raus, Äpfi eini«, lautete bei manchen Winzern im späten 20. Jahrhundert die Parole: So erfolgreich waren die Apfelbauern im Bozner Unterland um Kaltern und den Kalterer See und im Überetsch, so große Ernten wurden erzielt, dass sie insgesamt rund ein Zehntel der Apfelproduktion der EU einbrachten. Doch auch Südtirols Weinbau erholte sich, seit die Winzer nicht mehr auf Masse, sondern auf Klasse setzen. Neben dem dunklen Lagreiner, Blauburgunder und Gewürztraminer ist es vor allem die Vernatschtraube, eine dünnschalige rote Sorte, die einen bekömmlichen Wein mit wenig Gerbsäure hervorbringt und einen Löwenanteil des Südtiroler Weinbaus ausmacht. Aus dieser Traube werden die berühmten Weine »Kalterer See«, »St. Magdalener«, »Bozner Leiten« und »Südtiroler Vernatsch« gekeltert, die weit über Italiens Grenzen hinaus bekannt und geschätzt sind und zum großen Teil exportiert werden. Weinkenner und -liebhaber kommen am besten selbst zum Verkosten: Allein die Südtiroler Weinstraße von Bozen bis Salurn ist rund 40 Kilometer lang, mit fast 100 Burgen und Ansitzen am Weg. In manchen sind auch Logiergäste willkommen.

AUSFLUGSZIELE

Der Mann aus dem Eis der Alpen: Ötzi

Den sensationellsten alpinen Gletscherfund des 20. Jahrhunderts gab das Gletschereis am Hauslabjoch im Vinschgau 1991 frei: die mumifizierte und gefrorene Leiche eines Mannes, der vor über 5000 Jahren auf einer Bergwanderung in rund 3200 Meter Höhe ums Leben gekommen war. Italien und Österreich bestimmten mit genauen Messungen den Fundort, der exakt 92,55 Meter von der Staatsgrenze entfernt auf italienischem Territorium lag. 1998 wurde in Bozen das Südtiroler Archäologiemuseum eröffnet, mit dem nur 158 Zentimeter großen »Ötzi« in einem Kühlzellenblock als wichtigstem Ausstellungsobjekt, vom Besu

cher nur durch ein kleines Fenster zu sehen.

Für die prähistorische Forschung brachten die jahrelangen Untersuchungen des nicht gewaltsam getöteten, sondern erfrorenen »Mannes vom Hauslabjoch« eine Fülle von Erkenntnissen, von der Kleidung bis zu seiner Ausrüstung. So trug er über einem Lendenschurz einen Gras- und einen Ledermantel, dazu Mütze und Schuhe. Das Leder stammte von Ziege und Kalb, sein Beil war aus Kupfer gefertigt. Wegen der hohen Metallwerte im Haar vermutet man einen Beruf aus der Metallgewinnung oder -bearbeitung.
www.iceman.it

Unten links: Stellplatz mit Aussicht – Schlafen unter dem Sternenhimmel der Dolomiten.

Unten Mitte und rechts: In der Nähe des berühmten Doms von Brixen steht die Pfarrkirche St. Michael. Eine Brücke führt über den Eisack.

Und sie beherbergen rund ums Jahr Hunderttausende von Gästen, die sich in der Bergluft erholen und neue Energie tanken wollen.

Für die Norditalien-Runde schlagen wir von Cortina d'Ampezzo die Große Dolomitenstraße vor, die nach dem Pordoijoch ein Stück nordwärts an der Sellagruppe vorbei und weiter durchs vielbesuchte Grödnertal nach Klausen und Brixen führt.

18 Brixen (Bressanone)

Wo die Rienz von Osten aus dem Pustertal und der Eisack von Norden, vom Brennertal her zusammenfließen und das Eisacktal sich zu einem breiten Kessel weitet, wurde der Ort Brixen um 990 anstelle des südlich benachbarten Säben zum Bischofssitz bestimmt und zur ältesten städtischen Siedlung Südtirols erweitert. Brixen blieb fast 1000 Jahre Bischofs-

stadt (seit 1964 ist es Bozen für das damals neu geschaffene Bistum Bozen-Brixen). Brixens Stadtbild zählt bis heute zu den schönsten der gesamten Region. Mit seinem zumindest im Kern den Fußgängern überlassenen historischen Zentrum ist es ein Musterbeispiel gut erhaltener alpiner Stadtbaukunst: ein Ensemble drei- und vierstöckiger Fassaden, die fast alle dieselben Grundmuster von Toreinfahrten, Erkern und Giebeln zeigen und doch alle etwas charakteristisch Eigenes aufweisen. Die noch weithin erhaltene Stadtummauerung trennt die immer weiter ins Umland wachsenden Neubauviertel vom alten Kern. Für die Läden, die den Touristenscharen ihre Waren andienen, beschränkt sich die Rücksicht auf historische Bausubstanz freilich im günstigsten Fall darauf, dass keine riesigen Schaufenster in die Fassaden gebrochen werden. Die alten Gassendurchgänge zwischen den großen und kleinen Lauben sind oft nur handtuchschmal. Der eine oder andere baumbestandene Platz steigert noch die Freude an Brixens hüb-

scher Altstadt. Die architektonische Sehenswürdigkeit Nummer eins ist die barocke Domkirche, deren Zwillingstürme den weiträumigen, in den 1990er-Jahren umgestalteten Domplatz dominieren. Die Kunstschätze des Gotteshauses sind die Wand- und Deckenmalereien. Im Langhaus findet man ein barockes Riesenfresko des Pustertaler Meisters Paul Troger, im Domkreuzgang reiche Fresken aus dem 14. und 15. Jahrhundert. Sie gelten als die großartigste Folge mittelalterlicher Wandmalerei im gesamten Alpenraum. Vom Kreuzgang aus kommt man auch zum Domschatz mit byzantinischen Kostbarkeiten. Auf dem kleinen Friedhof hinter dem Dom befindet sich der 1408 geschaffene Gedenkstein für den Dichter und Minnesänger Oswald von Wolkenstein.

In der ehemaligen bischöflichen Hofburg locken die Schätze des Diözesanmuseums. Unter Brixens traditionsreichen Stätten kulinarischen Genießens – von »Fink« bis »Finsterwirt« – kam das Hotel und Restaurant »Elephant« auf besondere Wei-

se zu seinem Namen: durch einen echten indischen Elefanten nämlich, der 1552 im Tross von Erzherzog Maximilian auf dem Weg von Genua nach Wien nach Brixen kam. In den Stallungen des Wirtshauses am »Am hohen Felde« wurde der Elefant untergebracht. Der Wirt ließ daraufhin einen Dickhäuter an die Hausfassade malen – und gab seinem Wirtshaus einen neuen Namen.

Kloster Neustift, etwas nördlich von Brixen, ist die größte Klosteranlage Südtirols und wartet mit einer herrlichen barocken Kirche, einer berühmten Bibliothek, einer wertvollen Gemäldesammlung und einem freskengeschmückten Kreuzgang auf.

19 Villnösstal

Zu einem Abstecher von der Verkehrsachse Brenner-Verona in eines der reizvollsten Nebentäler des Eisacktals verlässt man die Autobahn E45 oder die Nationalstraße 12 bei Klausen (Chiusa) ostwärts. Mit dem Wohnmobil geht es dann an Weiden und Wäldern vorbei zum Bergdorf Sankt Magdalena und noch weiter bis zur

AREA CAMPERSTOP KLAUSEN

Auf dem autobahnnahen Campingplatz gibt es alle notwendigen Ver- und Entsorgungseinrichtungen. Ganzjährig geöffnet. Bis in die Ortsmitte sind es 800 Meter. Die Bahn nach Bressanone/Brixen benötigt acht Minuten, nach Bozen 24. Der Bahnhof ist nur 300 Meter vom Stellplatz entfernt.

**Griesbruck 10, 39043 Chiusa, www.camping-gamp.com
GPS: 46.64092, 11.57343**

CAMPING MOOSBAUER

Dieser Komfort-Campingplatz ist ausgestattet mit Ver- und Entsorgungseinrichtungen sowie Duschen, Waschmaschinen, Trocknern und WiFi. Außerdem gibt es ein sehr gutes Restaurant. Ganzjährig geöffnet. Der Radweg nach Bozen ist drei Kilometer lang.

**Moritzinger Weg, 83, 39100 Bozen, moosbauer.com
GPS: 46.50347, 11.29948**

Rechts: Besonders charmant wirkt die Landschaft des Villnösstals im Herbst.

Unten: Von üppig grünen Weinbergen umstanden liegt Kloster Neustift in einer malerischen Landschaft.

Zanser Alm. Mit Zirbenbäumen, Alpenrosen und Berg-Arnika lädt der Munkel-Weg zum Wandern ein. Im Naturpark Puez-Geisler kann man leichte Wanderungen ebenso wie anspruchsvolle Touren unternehmen. Der Extrembergsteiger Reinhold Messner, der alle Achttausender der Erde erstieg und dabei auf Sauerstoffgeräte verzichtete, stammt aus dem Villnösstal und wuchs hier im Angesicht der grandiosen Geislerspitzen als Sohn eines Dorfschullehrers auf.

20 Waidbruck (Ponte Gardena)
Über dem Eingang zum Grödnertal thront eine der am aufwendigsten restaurierten mittelalterlichen Burgen im Bergwald: die Trostburg, um 1150 erbaut mit Bergfried, Torbau, Kapelle und Hof. Eine gewölbte Stube blieb noch erhalten. Der Festsaal mit wappengeschmückter Felderdecke prunkt mit Nischenfiguren von acht wolkensteinischen Ahnen, darunter auch Oswald von Wolkenstein.

21 Bozen (Bolzano)
Nach einem deutschen Minnesänger, den man in Südtirol gern als Hiesigen eingemeinden möchte, hat die Hauptstadt ihren zentralen Platz benannt, und schon seit 1889 blickt Walther von der Vogelweide von seinem Podest auf den Waltherplatz. Seitdem hat sich Bozen zur Großstadt entwickelt. In der Mussolini-Ära kam ein italienisches Gesicht dazu mit imperialen Zügen und heroischen Denkmalen um die Piazza Vittoria. Darüber hinaus entstand auch ein wachsendes Industrieviertel. In der Stadt wird heute deutlich mehr Italienisch als Deutsch gesprochen. Beinahe jeder Besucher unternimmt einen Bummel durch die historische Altstadt. Auch lohnt sich ein Ausflug zur Burg Runkelstein mit ihren Fresken, die so lebendig vom höfischen Leben im Mittelalter erzählen. Die Straße A22 oder die S12 führen im Tal der Etsch anschließend weiter immer in Richtung Süden.

22 Trient (Trento)
Ein Stadtjuwel und alter Handelsplatz in breitem Talgrund, wo vom Etschtal

AUSFLUGSZIELE

Museum Ladin
Das im Jahre 2001 eröffnete Museum Ladin Ciastel de Tor bietet in St. Martin in Thur einen Einblick in Geschichte, Sprache, Kultur, Sagenwelt, Archäologie, Geologie, Handwerk und touristische Entwicklung der ladinischen Dolomiten-Täler. Die Ausstellung ist in den Räumen und im Innenhof eines im 13. Jahrhundert errichteten Schlosses untergebracht.
**museumladin.it
GPS 46.679190, 11.89531**

Sarner Speck
Südtiroler Speck ist ein gern gesehener Gast auf den Jausentellern. Dabei hat Südtirol ein eigenes Herstellungsverfahren entwickelt. Zuerst wird der Speck mit Gewürzen über Buchenholz angeräuchert, und im Anschluss reift er für mehrere Monate an der Luft. Natürlich hat jeder Produzent sein eigenes Familienrezept. Im Betrieb von Johann Stauder in Sarnthein kann man die verschiedenen Köstlichkeiten direkt vor Ort probieren und natürlich auch käuflich erwerben.
stofnerhof.it, GPS 46.63495, 11.3644

Bildleiste von oben:
Die gemütlichen Gassen der Bozener Altstadt laden zum Bummeln ein.

Der Domplatz in Trento mit Neptunbrunnen und Glockenturm.

Campingplätze gibt es am Gardasee zuhauf. Ist der eine voll, fährt man einfach zum nächsten weiter.

das Val Sugana in Richtung Bassano und Padua abzweigt: Das ist Trient, Hauptstadt des Trentino, mit seiner von der Renaissance-Architektur geprägten Altstadt. Im 16. Jahrhundert bereitete hier das »Tridentinum«, ein Kirchenkonzil, das sich in Etappen über fast 20 Jahre hinzog, die katholische Gegenreformation vor. Ab dem Jahr 1212 wurde der romanische Dom mit barocker Kuppel erbaut. Auf dem Domplatz sprudelt der barocke Neptunbrunnen.

PARKING SANSEVERINO

Der Parkplatz ist nicht schön und hat keinerlei Versorgungseinrichtungen, er hat aber zwei Vorteile: Er ist erstens kostenlos und liegt zweitens sehr dicht am historischen Zentrum von Trient (600 Meter). Ganzjährig geöffnet.

**Via Roberto da Sanseverino / Via Verdi, 38100 Trient
GPS: 46.31386, 11.60091**

23 Torbole

Das einstige Fischerstädtchen am Nordufer des Gardasees mit seinem noch immer malerischen kleinen Hafen hat sich zu Italiens wohl beliebtestem Surfertreff mit einer perfekten Infrastruktur gemausert. Nicht ohne Grund: Morgens treibt die Surfer die Tramontana, der kräftige Nordwind, südwärts, später sorgt die Ora, der starke Südwind, für eine verlässliche Rückkehr. Schwimmer sollten sich hier besser andere Reviere suchen: Der südliche Teil des Sees empfiehlt sich, hier gibt es auch höhere Wassertemperaturen.

Im Anschluss geht es zu Füßen des Monte Baldo am Gardasee entlang.

24 Gardasee

Gletschereis hobelte den einstigen Meeresarm eines tropischen Ozeans zu einem immer tieferen Becken aus. Der größte See Italiens hat 52 Kilometer Länge und bis zu 362 Meter Tiefe. Auf 370 Quadratkilometern

Wasserfläche tummeln sich Segel- und Motorschiffe, Tragflügelboote, Surfer, Wasserskifahrer und Schwimmer. Im Norden bringt die Sarca Frischwasser von den Alpen in den Gardasee, im Süden fließt sie mit dem Mincio zum Po ab und weiter ins Adriatische Meer. Drei italienische Regionen haben ihren Anteil am See: Zu Trentino/Alto Adige gehört der Norden, zur Lombardei der Westen, zum Veneto der Osten. Keine schlechte Lösung, meinen Gardasee-Kenner, denn so fühlen sich die drei Regionen zum Wetteifern herausgefordert, zum Beispiel beim Straßenbau oder der Pflege der Umwelt. Das wurde in den vergangenen zwei Jahrzehnten nicht leichter: Mit immer weiter wachsenden Gästezahlen – rund fünf Millionen jährlich! – erhöhte sich der Druck der Investoren, die auf Genehmigungen für immer größere Hotelanlagen drängten. Dass sich die drei Verwaltungen rasch einigen können, wenn es sein muss, bewiesen sie schon in den 1980er-Jahren. Damals geriet der Gardasee wegen seiner immer schlechteren Wasserqualität in

die Schlagzeilen. Daraufhin wurde eine aufwendige Ringkanalisation gebaut. Seither spiegelt sich der blaue Himmel wieder in sauberem Seewasser. Die großartig über den Seeufern aufsteigende Berglandschaft, die reiche mediterrane Vegetation mit ihrer Blütenpracht im Frühling und Sommer und mit Agaven und Palmwipfeln und dazu das immer noch bäuerliche Hinterland – all dies steigert das Gardasee-Erlebnis noch zusätzlich.

25 Malcesine

Vom Turm der Scaligerburg kann man den besten Blick auf die freundliche Altstadt von Malcesine am Ostufer des Sees genießen. Mittelalterliches Mauerwerk umschließt die Burg mit drei Innenhöfen; sie ist in einen unteren und einen oberen Palast geteilt und gibt im Museo del Garda e del Baldo anschaulich Aufschluss über die reiche Fauna und Flora rund um den Gardasee. Das veronesische Adelsgeschlecht der Scaliger, die in ihrem Wappen eine Leiter haben, herrschte vor allem im 14. Jahrhun-

AUSFLUGSZIELE

Seiser Alm

Ein absolut empfehlenswerter Abstecher ist die Seiser Alm, das größte geschlossenen Hochplateau Europas. Sie befindet sich inmitten der Dolomiten und ist über den Nigerpass zu erreichen. Insgesamt hat die Alm eine Größe von 56 Quadratkilometern und befindet sich auf Höhen zwischen 1680 und 2350 Metern. Grandiose Aussichten sind daher garantiert. Zur Einkehr stehen verschiedene Unterkünfte bereit.
seiseralm.it, GPS 46.540070, 11.62339

Messner Mountain Museum

Einer der bekanntesten Südtiroler ist der legendäre Extrembergsteiger Reinhold Messner. Geboren 1944 in Brixen, hat er nach seiner aktiven Zeit das Messner Mountain Museum initiiert. Es umfasst eine sechsteilige Museumsstruktur, wobei jedes Haus jeweils einem Teilthema gewidmet ist. Das Herzstück ist das MMM Firmian auf Schloss Sigmundskron bei Bozen. Es thematisiert die Auseinandersetzung Mensch-Berg.
**messner-mountain-museum.it
GPS 46.481040, 11.29893**

Der Lago di Cavedine in der Nähe von Trient eignet sich perfekt für ein Erholungspäuschen.

dert über Verona und große Teile des Veneto, bis es 1387 von den Visconti vertrieben wurde und schließlich in Bayern Zuflucht suchte, wo die letzten Nachfahren im 20. Jahrhundert starben. Von Malcesine führt eine Seilbahn bis zum Monte Baldo hinauf. Die Aussicht von hier ist einmalig.

Unten: Die wunderschöne, autofreie Altstadt von Sirmione liegt auf einer Halbinsel, die weit in den Gardasee hineinragt. Aber Achtung: Im Hochsommer kann es in den Gassen sehr voll werden.

Unten rechts: Auch Bardolino ist ein hübsches Hafenstädtchen am Gardasee.

26 Bardolino

Am Südteil des Gardasees tritt das Gebirge zurück und der Weinbau beginnt. Bardolino ist der Namensgeber dieses Landstrichs geworden, deren rote, zumeist leichte Weine weit über Italiens Grenzen hinaus geschätzt werden. Das Bild des im Sommer stark bevölkerten Ortes dominiert die romanische Kirche San Severo mit ihrem mächtigem Glockenturm; in der Krypta sind Säulen aus dem 9. Jahrhundert zu finden.

27 Sirmione

Zur Spitze der schmalen, rund vier Kilometer langen Halbinsel am südlichen Seeufer führt eine Pinienallee: an ihrem Ende ist das wohl schönste Altstadtzentrum des Gardasees zu erkunden. Schon die Römer genossen die Landschaft: Der Dichter Catull

zum Beispiel lobte sie in höchsten Tönen. Doch war er wohl nicht der Hausherr der weitläufigen Villen- oder Palastanlage, deren Ruinen heute als Grotten des Catull bezeichnet werden. Besser erhalten ist die mächtige, düstere Festung, die auch von den Scaligern errichtet wurde. Der nächste Routenhöhepunkt lässt nicht lange auf sich warten, auf der A4 wie der S11 ist Verona schnell erreicht.

28 Verona

Ein Pilgerort der Liebenden wurde Verona dank William Shakespeare – vor dem freilich schon ein halbes Dutzend anderer Autoren die melodramatische Geschichte des glücklich-unglücklichen Muster-Liebespaars erzählt hatte – nur kein Werk wurde so romantisiert wie das des

großen Briten. Zahllose Gäste besuchen Veronas »Casa Giulietta« und streichen der Bronzefigur der Julia über die rechte Brust in der Hoffnung auf Liebesglück. Doch nicht nur wegen Romeo und Julia kommen die Besucher nach Verona, sondern auch wegen der Opernfestspiele in der antiken Arena. Beides passt zueinander: Große Oper ist doch immer auch ein Fest der Fantasie, meist melodramatisch und nie ohne Liebesschmerz. Höchst bewundernswert sind aber auch Veronas Schätze der Architektur und der Kunst: die romanische Abteikirche San Zeno Maggiore mit ihren meisterlichen Bronzereliefs an den Türen, der Dom Santa Maria Matricolare, die majestätische gotische Kirche Sant'Anastasia, die Piazza delle Erbe, der schönste Marktplatz der Stadt und der Triumphbogen – ein

CAMPING CISANO SAN VITO

Inmitten eines schattigen Waldes liegt dieser Komfort-Campingplatz mit eigenem Strand direkt am See. Ausgestattet mit allen notwendigen Ver- und Entsorgungseinrichtungen sowie Duschen, Waschmaschinen, Wäschetrocknern, WiFi und Restaurant. Geöffnet von Ende März bis Anfang Oktober. Angemessene Preise. Das Zentrum von Bardolino ist 2,5 Kilometer entfernt.

Via Peschiera 48, Loc. Cisano, 37011 Bardolino
GPS: 45.54730, 10.72438

AREA COMUNALE PORTA PALIO

Der schattige, kostenpflichtige Platz in unmittelbarer Nähe der Stadtmauer ist videoüberwacht. Alle notwendigen Ver- und Entsorgungseinrichtungen sind vorhanden, jedoch keine Stromanschlüsse. Ganzjährig geöffnet. Bis zur Arena sind es 1,5 Kilometer. Trotz städtischer Lage ist der Platz in der Nacht sehr ruhig.

Via Gianattilio Dalla Bona, 37100 Verona
GPS: 45.43443, 10.97804

AUSFLUGSZIELE

Festspiele in Veronas Arena

Die Veroneser Opernfans feierten vor einigen Jahren hundertjähriges Jubiläum: Am 10. August 1913, dem 100. Geburtstag Giuseppe Verdis, ließ sich das Publikum zum ersten Mal in der römischen Arena zu Begeisterungsstürmen hinreißen, damals zu »Aida«. Tausende entzündeten bei Einbruch der Dunkelheit Kerzen und führten damit ein Lichterritual ein, das bis heute zu diesen Festspielen gehört, die ebenso Volksfest wie gesellschaftliches Ereignis sind. Jedes Jahr zwischen Juni und August faszinieren Opernaufführungen das Publikum. Das Oval der Arena – 152 Meter lang, 128 Meter breit – fasst bis zu 25 000 Menschen. Während es im Parkett bequem gepolsterte Sessel mit Lehne gibt, sitzt man weiter oben tatsächlich auf Stufen – Kissen, Decken, Picknickkorb und Getränke bringt man einfach mit.
www.arena.it

Augenschmaus für die Besucher! Wer Zeit hat, sollte über den Ponte Pietra zum nördlichen Etschufer gehen: Im ältesten Teil der Stadt gibt es ein römisches Theater und zahlreiche sehenswerte Kirchen.

29 Soave

Weißweintrauben reifen auf den Hügeln rund um die kleine Stadt, die dem Wein ihren Namen gab und ihn damit weltbekannt machte. Mittelalterliches konnte um den Hauptplatz bis heute überdauern: Das Rathaus (früher Palazzo di Giustizia) imponiert mit einer stattlichen spätgotischen Marmortreppe. Die Scaliger, eifrige Burgenbauer, hinterließen auch in Soave ein von ihnen erweitertes Kastell und – noch ansehnlicher, weil fast ganz erhalten – eine Wehrmauer mit 24 Türmen um die Stadt.
Auf dem Weg nach Vicenza führt eine kleine Stippvisite von der S11 nach Montecchio Maggiore.

30 Montecchio Maggiore

Der Maler Tiepolo lockt die Besucher zur Villa Cordellina-Lombardi – mit seinen großformatigen Wandgemäl-den, die er 1743 im hohen Mittelsaal schuf. Die Bilder sind Allegorien für Großmut und Milde, mit Motiven aus der damals immer gern zitierten griechisch-römischen Antike. Eines zeigt Alexander den Großen, wie er nach der Schlacht von Issos die Familie des besiegten Großkönigs Darius empfängt, das andere den römischen Feldherrn Scipio d. Ä., wie er ein Mädchen, das ihm als Kriegsbeute gehörte, ihrem Bräutigam zurückgab. Die Villa selbst ist ein Werk des Venezianers Giorgio Massari. Er baute im Stil Palladios: ein dominanter Mittelbau mit Säulenvorhalle, flankiert von Wirtschaftsgebäuden.

31 Vicenza

Die »Stadt Palladios« wird Vicenza oft genannt, und traumhaft schön mutet ihre Lage von den Höhen der einst vulkanischen Monti Berici an, mit dem Blick auf das weite Becken, in dem sich um die Türme und Kuppeln von Mittelalter und Renaissance die moderne Bebauung immer weiter ausbreitet. Zu architektonischem Ruhm kam die schon in römischer Zeit gegründete Stadt, als sie sich 1404 der Republik San Marco, also Venedig anschloss. Gotische Residenzen und Renaissancebauten blieben bis heute in der Altstadt erhalten, vor allem Werke Antonio Palladios. Überaus sehenswert sind die Kunstwerke im Museo Civico (in einem Palladio-Palast) und die Paläste am Corso Andrea Palladio. Den Durchbruch zum Ruhm schaffte Palladio als Sieger eines Wettbewerbs um die Neugestaltung des Palazzo della Ragione, des Rathauses. Der Baumeister umgab die beiden Geschosse des auch »Basilica« genannten Baus mit Arkadenreihen und dem später als Palladio-Motiv bezeichneten Fenster mit einem breiten Mittelbogen, der von zwei schmalen senkrechten Öffnungen bis zur Höhe des Bogenkämpfers flankiert wird.
Eine Rarität von allerhöchstem Rang ist das Teatro Olimpico, Palladios letztes Werk. Es war sein bis heute faszinierender Versuch, das antike Theater zu rekonstruieren und zugleich zu erneuern. Auftraggeber war Vicenzas Olympische Akademie (daher auch der Name des Theaters), und – mag man es glauben oder

---

Links oben: Blick auf die Kirche San Vincenzo von der Basilica Palladiana aus. Die Neugestaltung des ehemaligen Marktgebäudes verschaffte Palladio den Durchbruch zu seinem Ruhm.

Links: In der Arena von Verona werden Opern von Weltrang aufgeführt.

nicht – dieser Bau gilt als das erste ständige Theatergebäude nach denen der Antike. Palladio entwarf die Pläne, starb darüber im Sommer des Jahres 1580, und sein Sohn Silla führte sie mit Vincenzo Scamozzi in den folgenden drei Jahren aus. Der Zuschauerraum zeigt stufenartig stark ansteigende Sitzreihen in einem Halboval, im Hintergrund eine Säulenreihe mit Balustrade. Die Statuen wurden erst später hinzugefügt. Imposant und figurenreich ist die hölzerne Schauwand der Bühne, dahinter öffnen sich Portale und die Gassen einer Kulissenstadt.

Im Umkreis von Vicenza führen Wanderwege zu Höhlen und einstigen Einsiedeleien, zu Bauerngütern und Weilern in den Colli Berici. Auf der S53 gelangt man anschließend nach Cittadella.

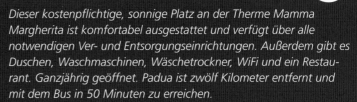

32 Cittadella

Wie zwei Feinde von ehedem, die ihre Waffen ins Museum gelegt und sich zu umgänglichen Nachbarn gemausert haben, begrüßen einen die Städtchen Cittadella und Castelfranco. Die Festungsstadt Cittadella wurde um 1220 von den Paduanern als Antwort auf den Bau der Festung Castelfranco (1199–1209) seitens der Stadt Treviso errichtet, ein Beispiel für mittelalterliches Wettrüsten. Cittadellas elliptische Wehrmauer mit ihren 32 Türmen, dem Wehrgang und Wassergraben blieb über die Jahrhunderte erhalten. An den Innenseiten der vier Toranlagen sind sogar noch einige Reste von Fresken Jacopo Bassanos zu entdecken.

Nach Norden abzweigend auf die S47 geht die Route weiter zur Hochburg des Grappa.

33 Bassano del Grappa

Im Tal der Brenta, die bei Trient entspringt und südlich von Chioggia in die Adria mündet, ist Bassano del Grappa die größte Stadt bis Padua und sehr malerisch zu Füßen des Monte Grappa gelegen. Kein Geringerer als Andrea Palladio konstruierte die überdachte Holzbrücke Ponte Vecchio über die Brenta, die deshalb auch nach jeder Zerstörung durch Hochwasser getreu dem Palladio-Vorbild rekonstruiert wurde. Die Stadt erwarb sich durch die Malerfamilie Bassano, die eigentlich da Ponte hieß, kunsthistorisch einen Ruf. Heute ist sie der Hauptort norditalienischer Keramiker. Bewohner wie Besucher erfreuen sich an der Architektur Bassanos, an einer Platzsinfonie in drei Sätzen: Piazzotto Monte Vecchio mit bemalten Renaissancefassaden und Marmortafeln am Staatsgefängnis, Piazza Libertà mit den beiden Säulen, die den Markuslöwen und den Stadtheiligen Santo Bassiano tragen, und Piazza Garibaldi, wo der bunte Wochenmarkt abgehalten wird, überragt vom mittelalterlichen Stadtturm. An der Piazza Garibaldi steht auch die Kirche San Francesco, die mit ihrer schlichten hohen Halle wohl die schönste der Stadt ist. Durch den Kreuzgang des angrenzenden Franziskanerklosters gelangt man in das Museo Civico. Dort sind Werke des marmorkühlen Klassizisten Antonio Canova ausgestellt, der im nahen Possagno geboren wurde. Bilderdrucke der im 18. Jahrhundert in ganz Europa berühmten Druckerei Remondini und Kostüme des Opernsängers Tito Gobbi aus Bassano del Grappa sind hier ebenfalls zu bewundern. Der Grappa, den man in der Distelleria Poli oder in der Nachbar-Grapperia Nardini an der Ponte Vecchio seit 1779 in besten Qualitäten brennt und ausschenkt, ist mit der Stadt nicht verwandt. Sie erhielt ihren Namen vom Monte Grappa, der Tresterbrand aber von dem italienischen Wort für Weintraube.

Wieder zurück auf der S53, fährt man auf der Straße ein Stück weiter in östliche Richtung und erreicht die Kleinstadt Castelfranco.

34 Castelfranco

Heute ein freundliches Landstädtchen, wurde Castelfranco einst zur Abwehr von Paduanern erbaut. Das regelmäßig, nach dem Muster eines römischen Legions-Castrums angelegte Kastell und die Wehrmauer befinden sich heute im Zentrum der Stadt. Am Kreuzungspunkt der Straßen von Padua, Vicenza, Treviso und Asolo entwickelte sich Castelfranco zum Handelsplatz und erhielt im 18. Jahrhundert einen großen Dom, nach Vorbilderbauten Palladios. Hierhin wurde aus einer Familienkapelle der Familie Costanzo das als »Madonna von Castelfranco« weltbekannte Gemälde von Giorgione gebracht. Dieses ist ein guter Grund für einen Besuch Castelfrancos, ist doch die Zahl gesicherter Giorgione-Werke extrem klein. Nahe dem Dom steht auch das vermutliche Wohnhaus des

Bildleiste von oben:
Das Teatro Olimpico in Vicenza entwarf kein Geringerer als Andrea Palladio. Es war das letzte große Projekt des genialen Bauherrn.

Auch heute noch bestens erhalten – die Festungsmauer von Cittadella.

In Bassano del Grappa ist die im 13. Jahrhundert nach Entwürfen von Palladio erbaute Ponte degli Alpini über die Brenta ein tolles Fotomotiv.

AUSFLUGSZIELE

Stadtplätze in Padua

Im Zentrum von Padua laden zahlreiche Plätze zum Entspannen und Flanieren ein. Der überdimensional großzügig angelegte Prato della Valle ist ein ovaler Platz inmitten der Stadt. Er gilt als einer der größten öffentlichen Plätze Europas. Bei Anwohnern wie Besuchern ist er zum Verweilen und Flanieren sehr beliebt. Im Hintergrund dominiert die Renaissance-Basilika Santa Giustina, die ebenfalls auf der Größentabelle ganz oben steht. Hinter dem Justizpalast befinden sich die Piazzi della Frutta und delle Erbe, auf denen regelmäßig Märkte stattfinden. In der Nähe davon besticht die Piazza dei Signori mit ihrem historischen Uhrturm. Wer etwas mehr Grün sucht, der sollte sich den Orto botanico ansehen.

berühmten Malers, die Casa del Giorgione, mit Wandfriesen in Grisailletechnik.

35 Padua

Kurz und schlicht »Il Santo« nennen die Paduaner ihr gotisches Gotteshaus, das ihre Vorfahren einst um das Grab des heiligen Antonius bauten.

Unten: Der Prato della Valle in Padua ist einer der größten Plätze Europas.

Oben rechts: Die weltberühmte Arena-Kapelle in Padua wurde von Giotto di Bondone ausgemalt.

Der hochgeschätzte Helfer bei vielerlei Körper- und Seelenleiden hat Padua zum Pilgerziel werden lassen. Die Universität, eine der ältesten Europas, machte die Stadt zum Ziel zahlloser Studenten. Berühmt ist Padua auch, weil Giotto hier einen seiner großartigsten Gemäldezyklen schuf, weil der Architekt Palladio in der Stadt geboren wurde und weil Galilei hier einmal lehrte. Demnach verwundert es kaum, dass das Centro Storico von Padua zu den schönsten Italiens zählt. Als Erstes sollte man die Giotto-Fresken in der Arena-Kapelle, auch Cappella degli Scrovegni genannt, bewundern. Ihre feierliche Zartheit schildert das Leben von Maria und Jesus. Der Palazzo della Ragione, das mittelalterliche Rathaus, erhielt um 1435 nach einem Brand den riesigen, fast 80 Meter langen und 27 Meter hohen Saal im Obergeschoss – eine so eindrucksvolle Architektur, dass seither der gesamte Bau »Il Salone« genannt wird. In der nahe gelegenen Universität kann man das Teatro Anatomico sehen, wo schon um das Jahr 1600 Medizinstudenten ihre Vorlesungen hörten. In Padua ist es auch, wo unsere Oberitalien-Tour schließlich endet. Von hier kann man weiter in Richtung Süden starten. Zum Beispiel immer an der Adria entlang (siehe Route 6, Seite 126).

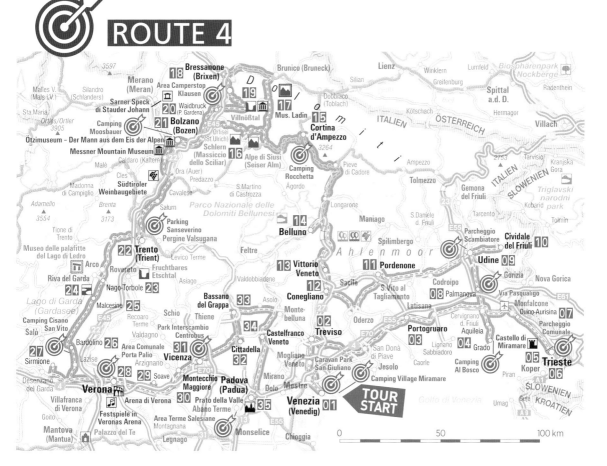

ROUTE 4

TOSKANA

Die in Florenz beginnende Reise ist ein Streifzug durch das Mittelalter und die Renaissance. An der Küste laden zahlreiche Strände zu Zwischenstopps ein, bevor die Fahrt weiter ins Inland Richtung Siena führt. Die verträumten Nebenstrecken geben Gelegenheit, die toskanische Landschaft in all ihren Schattierungen kennenzulernen.

Wie in Deutschland auch, gibt es in Italien Umweltzonen. Hier werden sie mit »ZTL« abgekürzt, was ausgeschrieben »Zona a traffico limitato« heißt. Auch ausländische Fahrzeuglenker haben sich daran zu halten. In die Innenstadt von Florenz darf man zum Beispiel grundsätzlich nicht hineinfahren. Es empfiehlt sich, den hier vorgestellten Platz für einen Besuch der Stadt anzufahren und dann auf öffentliche Verkehrsmittel umzusteigen.
Die anderen Städte der Toskana haben keine einheitlichen Regelungen in Bezug auf Umweltzonen. Mit der grünen Plakette hat man normalerweise keine Probleme. Die Innenstädte sind ohnehin tabu für die Einfahrt mit dem Wohnmobil: Die Fahrzeuge sind einfach zu groß, zu breit und zu lang für die verwinkelten Gassen. Es ist besser, den fahrbaren Untersatz am Stadtrand auf einem Parkplatz abzustellen und die malerischen Kleinode dieser Region mit öffentlichen Verkehrsmitteln, dem Fahrrad oder zu Fuß aufzusuchen. Versorgungseinrichtungen finden Sie in der Toskana zur Genüge. Italien ist ein wohnmobilfreundliches Land, und die Toskana ein stark frequentiertes Reiseziel von Wohnmobilurlaubern aus ganz Europa. Die Straßen lassen sich in dieser Region sehr gut befahren. Je weiter man jedoch ins Landesinnere vorstößt, desto schmaler werden die Straßen, vor allem in den Bergen. Doch mit ein wenig Übung und der gebotenen Vorsicht ist das Fahren auch hier kein Problem.

Das Val d'Orcia gilt als idealtypische Landschaft der Toskana. Im Bild: Felder bei Pienza.

Italien wie aus dem Bilderbuch

Sanft geschwungenes Hügelland, Pinienhaine und Zypressenalleen, unermessliche Kunstschätze und leckeres Essen – diese Tour ist ein Paradies für Kulturliebhaber und Genießer.

Der Ponte Vecchio, der in der Altstadt von Florenz den Fluss Arno überquert, ist seit dem Mittelalter mit kleinen Ladenlokalen bebaut.

ROUTE 5

Streckenlänge:
ca. 1200 km
Zeitbedarf: ca. 3 Wochen
Start: Florenz
Routenverlauf (Haupt-orte): Florenz, Fiesole, Prato, Pistoia, Montecatini Terme, Lucca, Pietrasanta, Viareggio, Pisa, Livorno, Piombino, Massa Marittima, San Galgano, Siena, Asciano, Pienza, Montepulciano
Charakteristik: Wer das echte Italien sucht, wird auf dieser Rundreise fündig. Zypressen, hügelige Lan-schaft, pittoreske kleine Orte – und nicht zu vergessen die zahlreichen Kunstschätze.
Informationen:
www.agriturismo.it
www.italia.it
turismo.intoscana.it

Hier geht's
zum
GPS-Track

01 Florenz

Die Rundfahrt durch die Toskana be-ginnt in Florenz. Wie keine andere prägte diese Stadt die Geschichte des Abendlandes: Hier ist der Geburtsort der Renaissance. Entsprechend reich ist das kulturelle Angebot – und die Zahl der Touristen pro Jahr. Wer die Stadt erst einmal von oben betrach-ten möchte, der geht zur 104 Meter über der Altstadt liegenden Piazzale Michelangelo. Von hier genießt man einen unvergleichlichen Blick über Florenz, das sich malerisch zu beiden Seiten des Arno erstreckt. Und das Beste – beinahe alle Sehenswürdig-keiten der Altstadt sind bequem zu Fuß erreichbar.

Die Innenstadt wird vom Dom Santa Maria del Fiore (1296–1436) mit der achteckigen Kuppel von Brunelleschi dominiert. Gegenüber befindet sich die Taufkirche San Giovanni (11. bis 13. Jahrhundert) mit den drei Bronze-türen von Pisano und Ghiberti; vor allem die »Paradiestür« ist von ein-zigartiger Lebendigkeit. Die Uffizien beherbergen eine der bedeutendsten Gemäldesammlungen der Welt mit Werken von Giotto, Botticelli und an-

deren. Ganz in der Nähe spannt sich der Ponte Vecchio über den Fluss. Auf der ältesten Brücke der Stadt kon-zentrieren sich seit dem 16. Jahrhun-dert Läden mit Juwelieren und Gold-schmieden. Zurück auf dem Domplatz, empfiehlt sich ein Bum-mel entlang der Via Calzaiuoli zur Piazza della Signoria – dem schöns-ten Platz der Stadt. Hier ragt der Pa-lazzo Vecchio (14. Jahrhundert) auf. Mit seinem schlanken Turm und der wehrhaften Fassade wirkt das Rat-haus wuchtig.

In nur acht Kilometern Entfernung befindet sich im Norden der Stadt der Ort Fiesole.

02 Fiesole

Die etruskische Gründung aus dem 6. Jahrhundert v. Chr. wartet – weit entfernt vom Trubel der Großstadt – mit einem wunderschönen Panora-mablick über Florenz auf. Hier fand der Florentiner Adel in den vergan-genen Jahrhunderten Schutz vor der Hitze der Hausmauern. Im Zentrum des Ortes öffnet sich die Piazza Mino da Fiesole mit dem Dom San Romo-lo (Baubeginn 1028). Nordöstlich des

Abseits der großen Routen – die Toskana ist das Top-Reiseziel in Italien für Wohnmobilisten. Viel Entspannung findet man auf den Nebenstrecken.

Doms wurden sehr gut erhaltene römische Siedlungsreste entdeckt, darunter die Ruinen eines Theaters. Die Weiterfahrt über Florenz führt ins lebhafte Prato.

03 Prato

Mit seiner gewagten Mischung aus mittelalterlichen Bauten und moderner Architektur könnte Prato nicht gegensätzlicher sein. In der Metro-

pole der Textilfabrikanten – heute eine der reichsten Städte der Gegend – siedelten sich schon im Mittelalter Wollweber an. Der historische Ortskern ist noch von einer mittelalter-

AUSFLUGSZIELE

Badia a Coltibuono

Östlich von Greve in Chianti befindet sich mit Badia a Coltibuono eines der ältesten Klöster der Toskana. Errichtet wurde es im Jahre 1051 von Vallombrosaner-Mönchen, Mitgliedern eines Zweigordens der Benediktiner. Die Blütezeit erlebte das Kloster im 15. Jahrhundert, als es unter dem Schutz von Lorenzo di Medici stand. Heute gehört die Anlage der Familie Stucchi Prinetti, die die altehrwürdigen Klostermauern im Laufe der Jahrzehnte zu einem renommierten Weingut umfunktionierte. Übernachten und gut essen kann man hier übrigens auch.
Badia a Coltibuono, 53013 Gaiole in Chianti
coltibuono.com, GPS: 43.494440, 11.451220

Archäologisches Museum von Populonia

Das Archäologische Museum von Populonia ist in einen riesigen Park eingebettet. Für den kompletten Rundweg muss man Zeit einplanen. Das eigentliche

Museum befindet sich innerhalb einer befestigten Zitadelle. Von hier hat man einen atemberaubenden Blick auf das Meer und die Insel Elba.
www.castellodipopulonia.it
GPS 42.92334, 10.52223

Berühmteste Zypressenallee

Südwestlich von Montepulciano gelegen, lohnt sich ein Abstecher in das kleinste Dorf der Toskana: Gerade einmal 213 Menschen leben in Monticchiello. Dieses kleine charmante mittelalterliche Dorf ist, wie fast alle Orte der Toskana, auf einem Hügel gebaut und daher bei der Anfahrt schon weithin sichtbar. Es ist mit einer Stadtmauer und Wehrtürmen umgeben und über den Dächern der Häuser thronen Reste der alten Festung. Hier beginnt die Cipressi di Monticchiello, eine der berühmtesten Zypressenalleen der Region.
GPS 43.063167, 11.733949

Wer in der Toskana unterwegs ist, sollte unbedingt ein oder mehrere Tage für Florenz einplanen.

Leonardo Da Vinci: Museum und Geburtshaus

Fährt man von Florenz durch die hügelige Landschaft der Toskana ein Stückchen Richtung Westen, so gelangt man in einen eher unscheinbaren Ort mit großer Geschichte. Nur wenige Häuser zählt das drei Kilometer von Vinci entfernte Anchiano, wo Leonardo da Vinci am 15. April 1452 geboren wurde. Hier steht Besuchern sein Geburtshaus zur Besichtigung offen. In Vinci selbst ist dem Genie und Universaltalent ein Museum gewidmet. Einige Skizzen, Zeichnungen und Modelle sowie Drucke und nachgebaute Maschinen sind hier zu sehen. Auch im Ort selbst sind die Spuren Leonardos deutlich erkennbar: Die Biblioteca Leonardina dient als Hauptdokumentationsstätte seines künstlerischen Schaffens, in der Pfarrkirche Santa Croce wurde der Wissenschaftler getauft. Außerdem sind dem Künstler zwei Statuen im Ort gewidmet.
www.museoleonardiano.it
GPS: 43.79765, 10.93187

lichen Stadtmauer umgeben; hier befindet sich der Dom, der nach seinen Vorbildern in Pisa und Lucca erbaut wurde. Herausragend ist das eindrucksvolle Castello dell'Imperatore, das Kaiser Friedrich II. hier zwischen 1237 und 1248 errichten ließ.

Weiter geht es durch das breite und flache Tal des Torrente Ombrone nach Pistoia.

04 Pistoia

Die traditionsreiche und quicklebendige Stadt liegt im grünen Ombrone-Tal und ist umgeben von Baumschulen und blumenreichen Gärtnereien. Neben den vielen bunten Märkten lohnt eine Besichtigung der Kirche Sant'Andrea mit ihrer legendären Kanzel von Giovanni Pisano von 1298. Herzstück der Altstadt ist der weite Domplatz mit seinen mittelalterlichen Bauten und dem romanischen Dom.

05 Montecatini Terme

Etwa 15 Kilometer westlich von Pistoia liegt eines der bekanntesten Thermalbäder Europas, das von Prominenz und Adel aus aller Welt besucht wird. Heilquellen mit Soda und Sulfat, Trinkkuren, Wannenbäder und Fangopackungen schaffen Linderung bei Beschwerden aller Art. Schon im 18. Jahrhundert wurde der Kurbetrieb von Erzherzog Pietro Leopoldo I. gefördert. Zu den schönsten Anlagen zählt die neoklassizistische Terme Tettuccio. Neben den zahlreichen Kuranwendungen bietet Montecatini, das auf rund 600 Jahre Tradition und Erfahrung zurückblickt, erlesene

Unterhaltungsmöglichkeiten wie Filmfestivals oder Modenschauen. Eine Zahnradbahn befördert die Gäste bequem in das mittelalterliche Montecatini Alto. Von der Rocca hat man eine wunderbare Aussicht über das hügelige Umland.

06 Lucca

Wer wissen möchte, wie eine italienische Stadt zur Zeit der Renaissance von oben ausgesehen haben mag, der sollte nach Lucca fahren. Hier kann man ein Wahrzeichen der Stadt besteigen: den Torre dei Guinigi – einen Geschlechterturm, auf dessen 44 Meter hoher Plattform große Steineichen stehen. Schöne Ansichten der Stadt gewährt auch ein Spaziergang über die zwölf Meter hohe und mehr als vier Kilometer lange Stadtmauer. Beispiele italienischer Jugendstilarchitektur finden sich in der Via Fillungo mit ihren eleganten Cafés. Zwei Plätze verweisen auf die antike Stadtgeschichte: Die Piazza San Michele mit der Kirche San Michele in Foro wurde auf dem ehemaligen Forum errichtet, und die ova-

FLORENCE PARK SCANDICCI

Dieser ist ein kostenpflichtiger, sicherer Platz mit allen notwendigen Ver- und Entsorgungseinrichtungen sowie Internetzugang. Ganzjährig geöffnet. Der Park ist ein guter Standort für eine Besichtigung der Stadt. Mit dem Bus der Linie 6 gelangt man in 25 Minuten ins Zentrum von Florenz.

Via di Scandicci, 241–243, 50143 Firenze
GPS: 43.75878, 11.20184

CAMPING BELSITO

Dieser Komfort-Campingplatz ist mit allen notwendigen Ver- und Entsorgungseinrichtungen, Duschen, Waschmaschinen, Wäschetrocknern, WiFi und großem Freibad ausgestattet. Angemessene Preise. Geöffnet Anfang April bis Ende September. Die Terrassenlage bietet eine schöne Aussicht auf die Berglandschaft der Toskana.

Via Delle Vigne, 1, 51016 Montecatini Terme
www.campingbelsito.it, GPS: 43.90712, 10.79037

Unten links: Der Dom Santo Stefano mit seiner ungewöhnlichen Außenkanzel von Donatello ist in Prato ein echter Blickfang.

Unten: Hier lässt sich in neoklassizistischem Ambiente kuren – Terme Tettuccio in Montecatini Terme.

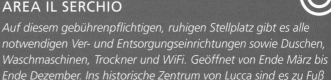

Links: Autoverkehr gibt es innerhalb der Stadtmauern von Lucca kaum. Umso entspannter kann man hier die vielen Sehenswürdigkeiten genießen.

Unten: Die Piazza dei Miracoli in Pisa ist tatsächlich ein Wunderwerk der Architektur.

AREA IL SERCHIO

Auf diesem gebührenpflichtigen, ruhigen Stellplatz gibt es alle notwendigen Ver- und Entsorgungseinrichtungen sowie Duschen, Waschmaschinen, Trockner und WiFi. Geöffnet von Ende März bis Ende Dezember. Ins historische Zentrum von Lucca sind es zu Fuß etwa 20 Minuten.

Via Del Tiro a Segno 704, 55100 Lucca
www.camperilserchio.it, GPS: 43.84593, 10.48639

PARCHEGGIO RISTORANTE LUNEZIA

Dieser gebührenpflichtige, sonnige Parkplatz liegt in der Nähe des Strandes unweit von Pietrasanta. Er ist mit allen notwendigen Ver- und Entsorgungseinrichtungen ausgestattet und ganzjährig geöffnet. Der Strand ist in den Sommermonaten sehr belebt.

Viale Cristoforo Colombo, 54036 Marina di Carrara
GPS: 44.03605, 10.04358

le Form der Piazza dell'Anfiteatro entstand durch den Bau von Häusern rund um ein nicht mehr vorhandenes, im 2. Jahrhundert errichtetes Amphitheater.

Von Lucca führt die S439 ins »Land des Marmors« nach Pietrasanta.

07 Pietrasanta

In den Ateliers der Altstadt von Pietrasanta kann der Besucher den Steinmetzen bei ihrer Arbeit zusehen – oder den Dom San Martino, der aus dem 13. Jahrhundert stammt, und seinen reizvollen Backstein-Campanile bewundern.

Nach einem gemütlichen Bummel durch den alten Ortskern geht die Fahrt weiter bis Massa auf der S1 und von dort zu den weltberühmten Steinbrüchen von Carrara. Danach führt die Route zunächst zurück nach Massa und weiter Richtung Süden nach Viareggio an der Versiliaküste.

08 Viareggio

In diesem Seebad leben die Menschen, wie die Einwohner von Carrara, noch von der Marmorverarbeitung. Weitere Einnahmequellen sind der Schiffsbau und vor allem der Tourismus. Im 19. Jahrhundert wurde das einstige Fischerdorf von der europäischen Oberschicht entdeckt, wovon noch heute zahlreiche Jugendstilvillen und Cafés im Zuckerbäckerstil zeugen. Entlang des Parco Naturale Migliarino-Massaciuccoli geht es von hier aus 21 Kilometer in Richtung Süden, nach Pisa.

09 Pisa

Weltweit verbindet man Pisa stets mit dem Schiefen Turm, der seit dem 12. Jahrhundert auf dem Campo dei Miracoli, einem einzigartigen Bauensemble, steht. Ein wahres Wunderwerk besitzt die Stadt mit diesem Platz. Doch Pisa hat noch viel mehr zu bieten. In der Altstadt befindet sich mit der Piazza dei Cavalieri einer der schönsten Renaissanceplätze Europas: Hier steht auch der Palazzo della Carovana. Ebenso ist die Kirche Santo Stefano (1567) einen Besuch wert. Die Eingangshalle der heutigen Stadtverwaltung, des gotischen Palazzo Gambacorti (1370–1392), kann ebenfalls besichtigt werden. Entspannen kann man im verträumten botanischen Garten. Ebenfalls lohnend ist

AUSFLUGSZIELE

Castello di Volpaia

Ein fahrerisches Highlight für Genießer ist die gut 20 Kilometer lange Strecke von Panzano zum Weingut Castello di Volpaia. In diesem Gut aus dem 11. Jahrhundert, das einem mittelalterlichen Burgdorf gleicht, kann man leckere Panini essen – und natürlich die eine oder andere gute Flasche als Souvenir erwerben.
volpaia.com
GPS 43.51664, 11.381070

Gelato-Weltmeister

Bei einem Spaziergang durch den Ortskern von San Gimignano sollte man die Piazza della Cisterna 4 keineswegs auslassen, denn hier befindet sich mit der »Gelateria Dondoli« nicht irgendeine Eisdiele, sondern die eines echten Weltmeisters. Der Besitzer heißt Sergio Dondoli und hat bereits mehrere Preise eingeheimst, vor allem für sein Schokoladeneis.
gelateriadondoli.com
GPS 43.467450, 11.044120

ein Bummel durch das Stadtviertel Borgo Stretto. Und stets begegnet man der Geschichte: Einst war der Einfluss der Handelsstadt Pisa sehr groß – sie galt als Königin der Meere. Doch schließlich unterlag sie den mächtigen Rivalen Genua und Venedig, und ihr Hafen versandete. Einzig die Universität blieb führend im Land und zeugt von einer tief verwurzelten Bildungstradition. Etwas außerhalb des Zentrums steht die Basilika San Piero a Grado aus dem 10. Jahrhundert, in deren Innerem schöne farbige Fresken aus dem 13. Jahrhundert zu bestaunen sind.

🔟 Livorno

Kaum zu glauben, dass Livorno zur Toskana gehört, so sehr unterscheidet sich seine Stimmung von der des Umlands. Dies liegt an der späten Entstehung des Ortes: Erst Cosimo I. ließ das kleine Fischerdorf 1571 zum Hafen ausbauen, als der von Pisa zu verschlammen drohte. Der Deich, der die Hafenanlage schützt, wurde 1607 bis 1621 gebaut. Heute ist Livorno die wichtigste Hafenstadt der Toskana. Am Meer ragen die Alte (1521 bis 1523) und die Neue Festung (1590) auf. Südlich von Livorno geht die Fahrt entlang der Steilküste mit einigen Sandbuchten bis nach San Pietro in Palazzi. Hier empfiehlt sich ein Abstecher ins Inland: Die S68 führt 33 Kilometer weit ins hoch über dem Umland thronende Volterra und von dort weiter nach San Gimignano. Hier stehen noch 15 historische Geschlechtertürme.

Auf gleicher Strecke geht es wieder zurück an die Küste und auf der S1 Richtung Süden bis San Vincenzo. Hier biegt eine kleine Küstenstraße nach Piombino ab; unterwegs laden zahlreiche Strände zu Zwischenstopps ein.

1️⃣1️⃣ Piombino

In der Hafen- und Industriestadt legen die Fähren nach Elba ab. Reizvoll sind vor allem die Ausblicke von der Hafenpromenade hinüber nach Elba und auf den alten Hafen. Sehenswert in der Nähe ist Populonia, eine ehemalige etruskische Hafenstadt. Danach geht es auf kleinen Straßen weiter bis Follonica; hier zweigt die S439 ins Inland Richtung Massa Marittima ab.

1️⃣2️⃣ Massa Marittima

Am Rande der Maremma, einem ausgedehnten Sumpfgebiet, das im 20. Jahrhundert trockengelegt wurde, liegt das Städtchen Massa Marittima in 26 Kilometer Entfernung zum Meer. Von der Oberstadt – vor allem vom Torre del Candeliere – hat man einen herrlichen Rundblick auf die roten Dächer der Altstadt und das toskanische Umland. Im 12./13. Jahrhundert wurde der Ort Bischofssitz, wovon noch mittelalterliche Prachtbauten wie der sehenswerte Dom San Cerbone (13./14. Jahrhundert) zeugen. Die schönste Piazza und das Herz des alten Stadtkerns ist die von mittelalterlichen Gebäuden umgebene Piazza Garibaldi: Logge del Comune, Palazzo Comunale, Palazzo Pretorio und Dom bilden ein prächtiges Ensemble.

Über die S441 und S73 geht es nun in das 75 Kilometer entfernte Siena, auf halber Strecke dorthin lohnt aber

Bildleiste von oben:
San Gimignano nennt man auch das »Manhattan des Mittelalters«.

Das alte Etruskerstädtchen Volterra mit seinem markanten, kuppelüberwölbten Baptisterium.

Auf dem Stellplatz von San Gimignano steht man sehr idyllisch.

AUSFLUGSZIELE

Volterra

Gut 550 Meter über dem Meeresspiegel thront Volterra spektakulär auf einem Felsen und blickt auf eine karge, zerklüftete Mondlandschaft herab. Das Herz der Altstadt markiert das Rathaus Palazzo dei Priori, von seinem Turm bietet sich ein weiter Ausblick auf das hügelige Umland – an klaren Tagen reicht die Sicht bis zum Meer. Sehenswert sind auch der Dom Santa Maria Assunta, das Baptisterium sowie einige Palazzi und Wohntürme. Die Altstadt mit ihren dunklen Gassen und Häuserschluchten ist von einem mittelalterlichen Mauerring umgeben. Pflicht für historisch Interessierte ist das Etruskische Museum mit seiner reichen Sammlung von Urnen und Sarkophagen. Die Unversehrtheit des Städtchens hat übrigens einen dramatischen Grund: Volterra ist vom Einsturz bedroht, denn der Steilhang, auf dem es steht, ist durch Erdrutsche gefährdet – und macht so das Städtchen für alle Bauspekulanten uninteressant.
GPS 43.40034, 10.86002

San Gimignano

Einst herrschte Bürgerkrieg in San Gimignano, daher ließen reiche Händler hier 72 Türme errichten, die über die verträumte Piazza della Cisterna im Zentrum der Altstadt wachten. Vormals war San Gimignano ein wichtiger Handelspunkt: Hier führte die Frankenstraße vorbei, auf der die Händler von Nordeuropa bis Rom reisten. Als die Handelsstraße schließlich an Bedeutung verlor, hatte dies nachhaltigen Einfluss auf das Städtchen – doch nicht nur in negativer Hinsicht. Auch für Eroberer war der Ort uninteressant geworden, und so blieb das mittelalterliche Stadtbild bis heute so gut erhalten und fasziniert die Besucher.
GPS 43.46780, 11.04321

noch ein Halt bei der südlich der S441 gelegenen Abbazia San Galgano.

13 Abbazia San Galgano

Etwa 35 Kilometer vor Siena ragt ein Bauwerk eindrucksvoll gen Himmel: Das Zisterzienserkloster San Galgano, einstmals das mächtigste Kloster der südlichen Toskana, wurde im Jahr 1224 von einem frommen Ritter gegründet. Es erlebte mit dem 15. Jahrhundert jedoch einen unaufhaltsamen Niedergang und wurde 1652 endgültig aufgegeben. Einen überwältigenden Anblick bietet die einsam im Grünen stehende Ruine trotzdem: Unvergesslich ist der Kontrast zwischen dem wenigen Zierrat des großen Gebäudes – Säulenkapitelle, der Türstock des Portals mit einer steinernen Rosette, die Spitzbögen der Fenster – und dem Anblick des weiten Himmels über sich. Mitte des 16. Jahrhunderts wurde das Schutzblei des Kirchendaches verkauft und somit der Verfall beschleunigt.

14 Siena

Viele halten Siena mit ihren roten Backsteinpalästen und dem außergewöhnlichen Flair für ursprünglicher als ihre ewige Konkurrentin Florenz. Über drei Höhenrücken erstreckt sich die »Stadt der Gotik« im Herzen der toskanischen Hügellandschaft. Im historischen Ortskern liegt die von gotischen Palazzi gesäumte muschelförmige Piazza del Campo, der vielleicht schönste Stadtplatz Italiens.

AREA COMUNALE

Im Nordosten von Pisa liegt dieser gebührenpflichtige, sonnige Parkplatz. Dort gibt es alle nötigen Ver- und Entsorgungseinrichtungen sowie Stromanschlüsse. Ganzjährig geöffnet. Bis ins Stadtzentrum sind es mit dem Bus zwölf Minuten.

Via di Pratale 78, 56100 Pisa
GPS: 43.72361, 10.41136

CAMPING VILLAGE LE ESPERIDI

Auf diesem Komfort-Campingplatz gibt es alle notwendigen Ver- und Entsorgungseinrichtungen, Duschen, Waschmaschinen, Wäschetrockner und WiFi. Der Platz liegt direkt am Strand in einem Pinienwald. Geöffnet von Mitte Mai bis Mitte Oktober.

Via Dei Cavalleggeri Nord, 25 – 57020 Marina di Bibbona
www.esperidi.it, GPS: 43.24499, 10.53299

PARCHEGGIO PER CAMPER SANTA LUCIA

Dieser gebührenpflichtige Wohnmobilstellplatz ist videoüberwacht, verfügt allerdings über keinerlei Ver- und Entsorgungseinrichtungen. Es besteht eine regelmäßige Busverbindung in die Stadt.

Loc Santa Lucia, 53037 San Gimignano
GPS: 43.46780, 11.04321

Hier findet auch der legendäre Palio statt, der die Stadt alljährlich für Tage in einen Hexenkessel verwandelt. Neben einer Besichtigung des Duomo Santa Maria Assunta (12. Jahrhundert) – einem eindrucksvollen Hauptwerk der Gotik – lohnt ein Besuch des Palazzo Publico (1288 bis 1309). Er ist ein gotisches Bauwerk aus Backstein und Travertin. In den gut erhaltenen Innenräumen gibt es

Bildleiste von oben:
Toskana wie aus dem Bilderbuch – Zypressenallee bei Siena.

Herzstück von Siena ist die Piazza del Campo. An heißen Tagen glühen die Steine noch weit in den Abend hinein nach.

Das Kloster Abbazia San Galgano umgibt eine mystische Aura.

AUSFLUGSZIELE

Maremma

Lange Zeit galt die Maremma – die Küstenregion zwischen Livorno und dem Monte Argentario – als eine der geplagtesten Regionen der Toskana. Seltsam genug, denn immerhin ist das Land seit der Zeit der Etrusker besiedelt. Mit ausgeklügelten Entwässerungssystemen machten diese das Sumpfgebiet urbar. Auch die Römer wussten das Land zu nutzen, doch mit dem Zusammenbruch des Römischen Reichs gerieten die Entwässerungsanlagen in Vergessenheit. Die Folge waren Malaria und bittere Armut. Erst ab 1930 begann eine erneute Blütezeit: Mit der Trockenlegung der Region wurden Getreide-, Obst- und Gemüseanbau sowie Viehwirtschaft ermöglicht. 1975 entstand der Parco Naturale della Maremma. Eine Wiederaufforstung mit Pinien, Pappeln und Korkeichen sorgte für einen gesicherten Wasserkreislauf und schuf einen Lebensraum für Damhirsche, Rehe, Dachse, Füchse, Wildschweine – und die wild lebenden Maremma-Pferde. Von den Butteri, den Cowboys dieser Region, werden die Langhornrinder durch die Maremma getrieben. Grosseto ist die Provinzhauptstadt der Region und ein wohlhabendes landwirtschaftliches Zentrum.

Herzstück der Toskana ist das schöne Siena.

zahlreiche Fresken der Sieneser Schule und andere Kunstwerke zu bewundern. Sehenswert ist auch der schlanke Torre del Mangia, der mit einer Höhe von 102 Metern einer der gewagtesten Turmbauten des Mittelalters ist (Aufgang vom Palazzo Publico aus).

Nach einem ausgedehnten Kultur- und Städteprogramm empfiehlt sich ein Abstecher in die anmutige Hügellandschaft der Chianti-Region zwischen Siena und Florenz, wo man köstlichen Wein verkosten kann.

Zurück in Siena geht es schließlich weiter zur letzten Etappe: Dafür verlässt man Siena zunächst in Richtung Perugia auf der S326 und biegt nach wenigen Kilometern auf die S438 Richtung Asciano ab. Die Crete südlich von Siena gehört zu den eindrucksvollsten Landschaften der Toskana. Starke, wechselnde Farben bestimmen das Bild: Je nach Jahreszeit herrschen kräftige Erdfarben oder auch helle Grüntöne, durchsetzt mit Gelb, vor. Allgegenwärtig ist jedoch der Eindruck einer überwältigenden Mondlandschaft aus Lehmhügeln, verursacht durch radikale Abholzung und Erosion. Nach langer Trockenheit fühlt man sich beinahe in die Wüste versetzt. Lediglich als karge Weidefläche und an vereinzelten Stellen zum Weizenanbau ist der Boden nutzbar. Die spezielle Vegetation ermöglicht andererseits die Herstellung eines besonderen Produkts: Den hiesigen Pecorino zeichnet ein unvergleichliches Aroma aus.

15 Asciano

Im oberen Tal des Ombrone liegt 25 Kilometer südöstlich von Siena das mittelalterliche Städtchen Asciano. Es

AUSFLUGSZIELE

Palio in Siena

Am 2. Juli und am 16. August jedes Jahres findet das berühmte Pferderennen um die Piazza del Campo in Siena statt: einmal zu Ehren der Madonna di Provenzano, das andere Mal zu Ehren der heiligen Jungfrau. Insgesamt 17 Contrade (Stadtbezirke Sienas) treten an diesen Tagen in einem Pferderennen gegeneinander an – dabei angefeuert von bis zu 50 000 begeisterten Zuschauern. Der siegreichen Contrada wird dann der Palio, die Marienfahne, als Trophäe überreicht. Für den Tag des Rennens wird rings um die Piazza del Campo eine Tuff-Sand-Mischung gestreut, damit die Pferde das Oval der Piazza umrunden können. Insgesamt drehen die Pferde nur drei Runden in nicht mehr als 100 Sekunden, in denen sich die über den Tag aufgebaute Spannung entlädt, während die Reiter unter frenetischem Jubel in halsbrecherischem Tempo in die Kurven gehen. Vor allem die Kurve von San Martino ist berüchtigt, da sich an dieser Stelle häufig spektakuläre Stürze ereignen. Ein wesentlicher Bestandteil des Palio sind neben dem Rennen diverse feierliche Umzüge und Feste.

hat eine noch weitgehend intakte Befestigungsmauer. Lohnend ist der Besuch der romanischen Collegiata Sant'Agata (11.–14. Jahrhundert) sowie des Etruskermuseums. Es befindet sich in der Kirche San Bernardino und zeigt Fundstücke aus der Region. Sie stammen aus der Nekropole von Poggiopinci (Necropoli di Poggiopinci) und dem Tumulus von Molenello (Tumulo di Mulinello).
Nun geht es auf kleinen, landschaftlich reizvollen Sträßchen nach Pienza. Zunächst auf der S438 nach Buonconvento, dann weiter über die S2 bis San Quirico d'Orcia, wo man auf die S146 abzweigt.

Links: Zwei Mal im Jahr wird die Piazza del Campo in Siena zur Pferderennbahn. Mitte: Wohnhaus in Pienza. Rechts: Viele der Landgüter in der Toskana bestechen durch eine einmalige Alleinlage.

16 Pienza
Dicht an der Grenze zu Umbrien liegt malerisch auf einem Hügel die Musterstadt der Renaissance: Das exakt durchgeplante Pienza wurde ab 1459 von nur einem einzigen Mann in drei Jahren erbaut. Papst Pius II. beauftragte den Architekten Bernardo Rosselino, seinen Geburtsort Corsignano zur Kunststadt umzugestalten. Den neuen Namen erhielt die Stadt vom Papst persönlich. Besucher sind überwältigt vom Anblick des Palazzo Piccolomini, von der Kathedrale, vom

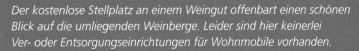

PANZANELLO AZIENDA AGRICOLA
Der kostenlose Stellplatz an einem Weingut offenbart einen schönen Blick auf die umliegenden Weinberge. Leider sind hier keinerlei Ver- oder Entsorgungseinrichtungen für Wohnmobile vorhanden.

Via Case Sparse, 86, 50020 Panzano
GPS: 44.72641, 10.83528

PARCHEGGIO COMUNALE
Relativ ruhiger, kostenloser Parkplatz im Nordwesten der Stadt. Keinerlei Versorgungseinrichtungen, ganzjährig geöffnet. Mit dem Bus fährt man 10 Minuten in die Altstadt.

Via delle Province [SR 222], 53100 Siena
GPS: 43.34234, 11.30493

PARCHEGGIO COMUNALE
Etwas staubiger, kostenloser Platz mit schöner Aussicht auf die hügelige Zypressenlandschaft der Südtoskana. Keinerlei Versorgungseinrichtungen vorhanden. Der sehr ruhige Platz ist ein idealer Übernachtungsort und ein guter Standort, um die Sehenswürdigkeiten des Val d'Orcia zu erkunden. Ganzjährig geöffnet.

Strada di Bagno Vignoni, 53027 Bagno Vignoni
GPS: 43.02808, 11.61882

Auf dem Weg nach Montepulciano werden die Crete durchquert – eine sanft gewellte Hügellandschaft.

Auf einer sanften Anhöhe liegt der berühmte Weinort Montalcino.

Volpaia, fünf Kilometer nördlich von Radda gelegen, gehört zu den schönsten Dörfern im südlichen Chianti.

Einen ganz eigenen Reiz hat die kahle, nur mit einigen Zypressen bestandene Hügellandschaft der Crete Senesi. Hier steht auch die Benediktinerabtei Monte Oliveto Maggiore.

AREA COMUNALE P5

Dieser ist ein gebührenpflichtiger Stellplatz mit Panoramablick auf Montepulciano. Alle notwendigen Ver- und Entsorgungseinrichtungen sind vorhanden, jedoch keine Stromanschlüsse. Der Fußweg ins Zentrum beträgt einen Kilometer (100 Meter Höhenunterschied).

Viale delle Lettere, 53045 Montepulciano
GPS: 43.09613, 11.78625

Kanonikerhaus und vom Bischofspalast. Überall in der Stadt wird übrigens der in der Umgebung produzierte, köstliche Pecorino, ein harter Schafskäse, angeboten.

Von Pienza geht es weiter auf der S146 ins 15 Kilometer entfernte malerische Montepulciano, dem letzten Halt auf dieser Rundfahrt.

17 Montepulciano

Etwa 70 Kilometer südöstlich von Siena liegt der Ort malerisch auf einem Tuffsteinhügel über dem Orcia- und dem Chianatal. Das Städtchen mit seinem einzigartigen Renaissance-Stadtbild und den malerischen Backsteinbauten ist ein Mekka für Weinliebhaber und Kunstfreunde und wird dementsprechend stark frequentiert. Überall in der Stadt verleiten Weinstuben und unterirdische Weinkeller zum Probieren des berühmten Vino Nobile di Montepulciano – einem trockenen, etwas herben Rotwein, der mindestens zwei Jahre lang in Fäs-

AUSFLUGSZIELE

Unterwegs im Land des Chianti

Nördlich von Siena liegt das Zentrum des Chianti-Gebiets, von hier aus führen schmale Straßen zu den Gütern des Chianti Classico, dessen Emblem Gallo Nero – der schwarze Hahn – Garant für Qualität ist. Weingüter werben mit dem Hinweis »Vendita diretta« für Weinproben und Direktverkauf.

Ursprünglich stammt das Wort Chianti aus dem Etruskischen: Es bezeichnete ein Produkt von hoher Qualität – bis es in der Gegenwart schließlich zum Synonym für die gesamte Weinregion wurde. Ausschlaggebend dafür war das Jahr 1841, als Bettino Ricasoli auf Schloss Brolio seine Vorstellung eines »Original«-Chianti entwickelte: eine Mischung aus der Sangiovese-Traube (75–90 Prozent), Canaiolo und Malvasia. Mit durchschlagendem Erfolg, denn heute zählt der Chianti Classico zu den besten der italienischen Weine. Einen ganz besonderen Status genießt das Chianti-Classico-Gebiet, da der Kernbereich bereits 1716 als Chianti-Weinland festgelegt wurde. Hier herrschen seit Jahrhunderten strenge Regeln für die Produktion.

Die Chiantigiana – die legendäre Weinstraße zwischen Florenz und Siena – zieht sich über 70 Kilometer durch die malerische Chianti-Region. Wer die Nebenstrecken S222, S429 und S408 im Uhrzeigersinn entlangfährt, trifft links und rechts der Hauptstraße auf die sehenswerten Ortschaften und Dörfer Castellina in Chianti,

Greve in Chianti und Radda in Chianti sowie das Castello di Brolio. Erste Station der Rundfahrt ist Castellina in Chianti: Das Weindorf bezaubert durch seinen mittelalterlichen Ortskern mit Häusern aus dem 15. bis 16. Jahrhundert. Nächster Halt auf der S222 ist Greve in Chianti. Das Städtchen mit seiner asymmetrischen, von Loggien gesäumten Piazza Matteotti ist das Zentrum des Chianti. Zahlreiche Enoteche und Trattorien an der Piazza laden dazu ein, den fabelhaften Wein der Region kennenzulernen. Auf der S222 geht es nun wieder neun Kilometer auf gleicher Strecke zurück, um schließlich auf die S429 Richtung Radda abzubiegen.

Radda in Chianti ist eine verträumte Stadt, durch die es sich herrlich bummeln lässt. Sehenswert ist der mit Wappen verzierte Palazzo del Podestà aus dem 15. Jahrhundert mit einem wunderbaren Bogengang. Die feinsten DOCG-Weine stammen aus dieser sonnigen Gegend. Ein weiterer Höhepunkt erwartet den Reisenden beim Castello di Brolio – dem Ort, an dem das Konzept des Chianti entwickelt wurde. Aus 530 Meter Meereshöhe thront das Castello, das zum Wahrzeichen der Chianti-Schlösser wurde. Um 1860 ließ Bettino Ricasoli die Burg im neogotischen Stil erneuern. Auf der S484 und der S326 kehrt man von diesem Abstecher zurück nach Siena.

Links und unten: Ausflug nach Elba – wunderschöne Buchten warten auf den Reisenden; am Kanal von Piombino liegt der kleine Ort Rio Marina. Im Hafen dümpeln bunte Fischerboote.

Ganz unten: Montepulcianos Zentrum bildet die von Renaissance- palästen umgebene Piazza Grande.

AUSFLUGSZIELE

Elba

Dieser Name! Elba. Man hört ihn und hat schon Assoziationen im Kopf. Türkisblaues Wasser. Schroffe Felsen. Hübsche, toskanische Häuser und verträumte Dörfer. Und dazu immer wieder das Bild des französischen Herrschers Napoleon, dessen 300 Tage auf Elba der Insel verholfen haben, in die Weltgeschichte einzugehen. Elba sehen, ohne Napoleons Spuren zu begegnen, ist fast unmöglich. Eine Mineralwasserquelle trägt seinen Namen und sein [...] wichtigste Sehenswürdigkeit d[...] auch eine Reminiszenz an Nap[...] nur unter diesem Stempel zu v[...] recht, denn die liebliche Schö[...] duftenden Wiesen und Wäldern verbreitet, ist betörend. Elba bleibt ein nachhaltiges Erlebnis für die Sinne. **www.infoelba.net**

sern lagern muss, bevor er das begehrte Qualitätszeichen DOCG erhält. Neben den großen Kellereien, die alle Verkaufsstellen in Montepulciano unterhalten, sollte man unbedingt auch bei den kleineren Fattorie Wein kosten. Auch der Grappa und das Olivenöl sind von hervorragender Qualität.

Bei einem Spaziergang durch das größtenteils mittelalterliche Städtchen passiert man herrliche Paläste wie den Palazzo Comunale, der wie eine kleine Ausgabe des Palazzo Vecchio in Florenz wirkt. Von seinem Turm kann man bei gutem Wetter eine fantastische Aussicht genießen. Am dreigeschossigen Palazzo Contucci aus dem 16. Jahrhundert wird man schon wegen seines wunderschönen Weinkellers einen Halt machen. Der bis 1630 errichtete barocke Dom an der Piazza Grande wartet mit einem reich geschmückten gotischen Triptychon von Taddeo di Bartolo auf, seine Fassade wurde jedoch nicht vollendet. Am Palazzo del Capitano del Popolo sind noch die von Siena beeinflussten gotischen Stilelemente sichtbar.

Im Juli und August hält beim renommierten Festival »Cantiere internazionale dell'Arte« moderne Musik des Komponisten Hans Werner Henze Einzug. Traditionell geht es am letzten Augustsonntag beim »Bravio« zu: Bei diesem Wettbewerb rollen die Bewohner der einzelnen Stadtteile, gekleidet in historischen Kostümen, rund 80 Kilogramm schwere Weinfässer hinauf zur Piazza Grande. Beim an-

schließenden Festessen werden die Fässer dann schnell um den Inhalt erleichtert. Mit einem Besuch der Wallfahrtskirche Tempio di San Biagio von Antonio da Sangallo d. Ä. endet unsere Toskana-Reise. Die au-

ßerhalb der Stadt gelegene Wallfahrtskirche besteht aus goldgelb leuchtendem Travertingestein. Ihr Grundriss hat die Form eines griechischen Kreuzes. Ihre Kuppel ist schon bei der Anfahrt zu sehen.

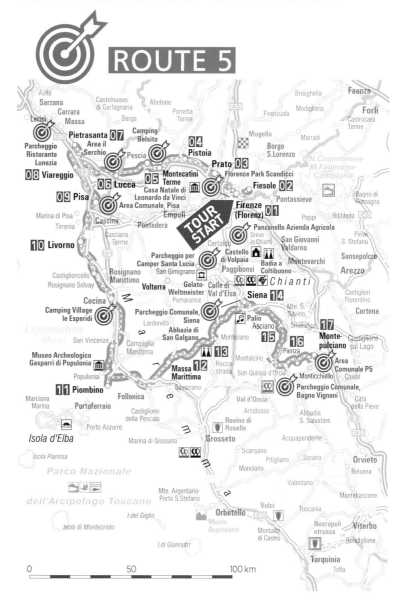

ADRIAKÜSTE

Eine Reise an die italienische Adria ist zu jeder Jahreszeit verlockend, selbst dann, wenn die Witterung und die Wassertemperaturen Badefreuden unmöglich machen. Die Küste und ihr Hinterland bergen eine Fülle von Sehenswürdigkeiten, die auch außerhalb der üblichen Reisesaison nichts von ihrer Attraktivität einbüßen. Diese Route führt fast am gesamten Schaft des italienischen Stiefels entlang. Naturschönheiten wie das Po-Delta und der Nationalpark Gargano mit seiner Felsenküste wechseln sich ab mit Bauten von größter kultur- und kunstgeschichtlicher Bedeutung.

Den Blick auf die Straße zu halten und sich auf den Verkehr zu konzentrieren, fällt auf dieser Tour zuweilen schwer. Das Meer und die schönen Strände machen doch den einen oder anderen Zwischenstopp nahezu unumgänglich: Da ist dann ein Strandspaziergang, ein erfrischendes Bad oder eine Portion Spaghetti ai frutti di mare in einem der zahlreichen Restaurants am Wegesrand angesagt. Das gehört zum Urlaub an der Adria einfach dazu. Immer nur Kirchen, Klöster und Städte anzuschauen, wird auf Dauer ein wenig eintönig. Am Strand kann man auch einfach einmal die Seele baumeln lassen. Wir haben dazu einige schöne Plätze ausgesucht.

Für den Weg in den Süden stehen die Haupt- und Landstraßen unmittelbar entlang der Küste zur Verfügung oder – wenn es schnell gehen soll – die gebührenpflichtige Autobahn. Wenn Sie in Brindisi angekommen sind, können Sie sogar mit der Fähre nach Griechenland fahren und dort die Urlaubsreise fortsetzen.

Das mittelalterliche Städtchen Vieste verzückt durch seine traumhafte Lage. Die historische Altstadt mit ihren weiß schimmernden Häuschen und einem Labyrinth aus Treppchen und Gassen erstreckt sich auf einem Felsvorsprung aus zerklüftetem Kalkstein bis weit in die türkise Adria hinein.

Immer am Meer entlang

Mal karge, mal üppig-mediterrane Vegetation – und immer der Blick aufs Meer: Entlang der Adria begegnen dem Reisenden mittelalterliche Städte und viel Kunst und Kultur.

Der Canale Grande ist die Hauptwasserstraße der Lagunenstadt Venedig. Zahlreiche Gondeln ankern hier direkt vor den angrenzenden Restaurants und Lokalen.

ROUTE 6

Streckenlänge: ca. 2125 km
Zeitbedarf: 3–4 Wochen
Routenverlauf (Hauptorte): Grado, Venedig, Ravenna, Rimini, Urbino, Ancona, Ascoli Piceno, Halbinsel Gargano, Castel del Monte, Bari, Brindisi
Charakteristik: Wer baden möchte, wählt natürlich die Sommermonate, doch von Juni bis August herrscht an der Küste Hochbetrieb, zu Ostern starker Ausflugsverkehr. Eine sehr empfehlenswerte Zeit sind die Monate Mai und September.
Informationen: www.italien.de

Hier geht's zum GPS-Track

01 Grado

In Grado, am Nordende der Adria, beginnt die Fahrt. Das Städtchen, das sich über eine langgestreckte Laguneninsel hinzieht, war schon zu römischer Zeit Seebad, im Mittelalter sogar Sitz eines bedeutenden Patriarchen. Heute ist Grado einer der meistbesuchten Badeorte im Norden der italienischen Adria. Durch den großen Fischereihafen, das mittelalterliche Gepräge der Altstadt, die gepflegten Thermal- und Kuranlagen hebt sich Grado wohltuend von vielen anderen Badeorten der Adria ab.

02 Aquileia

Eine Gründung der Römer ist diese Stadt nördlich von Grado. Als sie noch eine Verbindung zum Meer hatte, war sie ein wichtiger Hafenplatz. Dank der günstigen Lage entwickelte sie sich zum Mittelpunkt der gesamten Region zwischen Adria und Alpen. Zahlreiche Ausgrabungen, wie zum Beispiel das Amphitheater, zeugen heute noch von der früheren Bedeutung der Stadt. Ihrer Stellung entsprechend wurde Aquileia schon im 3. Jahrhundert Sitz eines Bischofs bzw. Patriarchen und damit auch kulturelles Zentrum. Zu den großartigsten Schätzen gehören die wunderbaren Mosaikarbeiten, wie sie den Fußboden der Basilika zieren.

Auf der S14 Richtung Mestre biegt man zur Weiterfahrt in San Donà di Piave zum Meer ab.

03 Jesolo

Die Stadt, die dem weltbekannten Lido di Jesolo den Namen gab, hat durch Verlandung der Küste schon vor Jahrhunderten ihren Meereszugang verloren und ist fast zur Bedeutungslosigkeit abgesunken. Am Lido hingegen ist dank des Zustroms von Badegästen eine Touristenstadt entstanden, die sich auf 15 Kilometern Länge parallel zum Strand erstreckt. Restaurants, Diskotheken, Surfschulen und Sportanlagen reihen sich aneinander. Die Via Andrea Bafile wird allabendlich zur Flaniermeile. Die weitere Fahrt führt zurück nach San Donà di Piave und von dort nach Mestre. Hier geht es weiter Richtung Venedig, wo das Wohnmobil auf einem Stellplatz vor den Toren der Stadt abgestellt werden kann.

In den Sommermonaten ist es in Jesolo nur selten so leer wie auf diesem Bild. Im Bild: Strandwachturm.

04 Venedig

Venedig ist nicht nur Hauptstadt der Region Veneto und der gleichnamigen Provinz, sondern zusammen mit den Vororten Mestre und Marghera auch ihr bedeutendstes wirtschaftliches Zentrum und mit Hafen und Flughafen wichtiger Verkehrsknotenpunkt. Doch nicht als Wirtschaftsmetropole, sondern als »Stadt auf dem Wasser« ist Venedig weltberühmt geworden. Schon im Mittelalter wurden benachbarte Inseln in die Bebauung einbezogen, woanders wurden Pfähle in den schlickigen Meeresboden gerammt, die als Fundament für den Bau großartiger Paläste, Kirchen oder Wohnhäuser dienten. So entstanden allseitig von Wasser umgebene Baublöcke, zwischen denen eine Verbindung nur mit dem Boot möglich ist. An die 160 Kanäle sollen die Stadt durchziehen, ihre genaue Zahl lässt sich kaum bestimmen. Hauptverkehrsader ist der 35 bis 70 Meter breite und 3,8 Kilometer lange Canale Grande. Das monumentale Zentrum der Stadt bildet die Piazza San Marco mit der gleichnamigen Basilika und dem Dogen-

palast. Der Reichtum der Stadt an Bau- und Kunstdenkmälern ist Zeugnis der großartigen Vergangenheit Venedigs als mächtigste Handelsstadt des Mittelmeerraumes.

Nördlich des Stadtkerns liegen die »Friedhofsinsel« San Michele, die durch ihr Glasgewerbe bekannte Insel Murano sowie einige weitere Eilande wie Burano, Torcello und San Erasmo. Der langgestreckte Lidodient als Erholungsgebiet und Seebad. Über die S309 geht es noch weiter Richtung Süden.

Schloss Duino

Auf einem steilen Felsen thront das Schloss Duino an einer Bucht über dem Meer. Seine Entstehung geht auf das 14. Jahrhundert zurück. Der Sage nach wollte ein eifersüchtiger Ritter seine Frau von den Mauern in die Tiefe stürzen. Sie soll den Himmel um Hilfe angefleht haben und daraufhin im Fall in einen weißen Stein verwandelt worden sein. Heute wird das Schloss von Mitgliedern der Adelsfamilie von Thurn und Taxis bewohnt. Inspiriert von diesem Ort, soll hier Rainer Maria Rilke die »Duineser Elegien« verfasst haben. Nach ihm ist auch der Rilke-Weg benannt, der an der Steilküste entlang bis nach Sistina verläuft, heute allerdings nur noch teilweise begehbar ist.

GPS 45.77182, 13.60370

05 Chioggia

Die auf Inseln errichtete Lagunenstadt wird von zahlreichen Kanälen durchzogen. Malerische Brücken und alte Paläste – das alles erinnert an Venedig, und doch hält Chioggia den Vergleich mit der an Kunstschätzen so reichen Metropole nicht aus. Dafür ist Chioggia weniger von Touristen überlaufen und weist die Atmosphäre eines lebendigen Fischerhafens auf. Die Stadt hat zwei parallel zueinander verlaufende Achsen: Der breite Corso del Popolo, der die Stadt vom Dom bis zum Ponte Vigo durchzieht, ist die Flaniermeile. Parallel dazu verläuft der von neun Brücken gequerte Canale Vena mit seinen bunten Booten.

06 Porto Levante

Ein schmales Sträßchen, das kurz hinter Rosolina von der Hauptroute nach Osten abzweigt, führt parallel zum Po di Levante, einem nördlichen Arm des Flusses, weit in die flache Deltalandschaft hinein. Ein Gewirr von Schilfgürteln, Brackwasserseen, Hochwasserdämmen und Altwasserarmen gibt der Deltalandschaft ihr eigenes Gepräge. Zahlreiche seltene Vogelarten können hier beobachtet werden. An der Mündung des Flussarms liegt auf der Isola Albarella der Jachthafen von Porto Levante, wo auch Hausboote für mehrtägige Rundfahrten durch das Po-Delta gemietet werden können. Die »Insel« ist durch Anschwemmung von Flusssedimenten über schmale Landzungen längst mit dem Festland verbunden. Noch heute ist die amphibische Landschaft des

Po-Deltas in stetem Wandel begriffen. Größere Teilgebiete wurden in der Zwischenzeit als Nationalpark unter Schutz gestellt.

Wieder zurück an der Küstenstraße S309 liegen weiter südlich die Orte wie Perlen auf einer Kette aufgereiht.

07 Abbazia di Pomposa

Die Abtei von Pomposa ist eine Gründung von Benediktinermönchen. Das genaue Datum des Beginns ist unbekannt, doch um 1000 war die Abtei bereits ein blühendes Zentrum des Geistes- und Kulturlebens. Als der Po im 13. Jahrhundert seinen Lauf veränderte, die Felder durch Überschwemmungen verwüstet wurden und die Malaria mehr und mehr Opfer forderte, verließen die Mönche die Abtei, die offiziell erst im Jahr 1652 aufgelöst wurde. Was die Kunsthistorik angeht, ist der wertvollste Bau des Klosterkomplexes wohl die Abteikirche, deren älteste Teile aus dem 7. Jahrhundert stammen. Der kunstvolle Mosaikboden

PARCHEGGIO COMUNALE

Dieser ruhige, nur in den Sommermonaten gebührenpflichtige Platz im Po-Delta besitzt Ver- und Entsorgungseinrichtungen und ist ganzjährig geöffnet. Etwa 200 Meter sind es bis zum Strand. Das Fischrestaurant hat nur im Sommer geöffnet.

Lungomare, 45018 Boccasette
GPS: 45.00146, 12.42210

MARINA CAMPING VILLAGE

Der Komfort-Campingplatz ist ausgestattet mit allen nötigen Ver- und Entsorgungseinrichtungen, einem großen Schwimmbad mit Whirlpool sowie Waschmaschinen, Wäschetrocknern, Lebensmittelgeschäft und Internetzugang. Geöffnet von Mai bis September. Nur 200 Meter sind es bis zum Strand. Es gibt auch eine Busverbindung nach Ravenna (10 Kilometer, Fahrzeit ca. 20 Minuten).

Via dei Campeggi, 8, 48122 Punta Marina Terme
www.marinacampingvillage.com, GPS: 44.43177, 12.29813

Links unten: Der alte Fischerort Chioggia liegt am südlichen Ende der Lagune von Venedig.
Unten: Die Abbazia di Pomposa ist einer der bedeutendsten romanischen Gebäudekomplexe Oberitaliens.

AUSFLUGSZIELE

Strände der Adria

Auch wenn die Region zahlreiche Kulturschätze beherbergt: Gepflegte Sandstrände sind das Kapital der Adria. Kilometerlang erstrecken sich vor allem zwischen Rimini und Ancona flache Strände mit ihren einheitlichen »ombrelloni e lettini« (Sonnenschirmen und Liegen). Namen wie Cattolica, Gabbice Mare oder Senigallia sind Synonyme für einen unbeschwerten Strandurlaub in Gesellschaft vieler anderer Menschen.

Dabei hat sich die Region ihre Qualitäten wie gutes Essen beibehalten. Südlich von Ancona reichen Ausläufer des Berglands bis ans Meer und formen eine schwer zugängliche Steilküste, etwa an der Riviera del Conero. Hier hat sich an den von Felsen eingerahmten Buchten eine relativ ursprüngliche Landschaft erhalten, die noch nicht vom Massentourismus dominiert wird.

wurde im 11. Jahrhundert verlegt. Großartig ist auch die Freskenmalerei, die die Wände und das Gewölbe der Kirche schmückt. Teilweise sind auch in den übrigen Klostergebäuden noch solch schöne Fresken zu finden.

08 Comacchio

Nicht nur Ravenna, sondern auch mehrere andere Städte verloren durch die Abschnürung vom Meer ihre einstige Bedeutung. Die Überreste der etruskischen Hafenstadt Spina, die im 6. Jahrhundert. v. Chr. im Norden der Valli di Comacchio gegründet worden war, befinden sich heute zwölf Kilometer vom Meer entfernt. Unter meterdicken Schichten von Schlamm und Schlick begraben, wurde die Stadt erst 1953 mithilfe von Luftbildern entdeckt. Die auf 13 Inseln erbaute und durch Salzgewinnung reich gewordene Stadt Comacchio, deren Flotte einmal sogar die venezianische besiegte, behielt ihre Funktion als Fischereihafen nur, weil ein künstlich offengehaltener Durchlass die Ausfahrt aus dem Strandsee auf das offene Meer ermöglicht.

Außer der Kathedrale, dem Uhrturm und dem Fischmarkt ist der Trepponti als besondere Sehenswürdigkeit des Stadtzentrums zu nennen. Dieses aufwendig gemauerte Bauwerk von 1634 besteht aus fünf Treppenaufgängen, die sich zu einer Brücke über dem Kanal vereinigen. Zurück auf der S309 sind es etwa 30 Kilometer bis Ravenna.

09 Ravenna

Der Besuch Ravennas ist einer der absoluten Höhepunkte der Adriaroute. Die wichtigsten Kunstwerke liegen etwas abseits vom Zentrum der Altstadt und der Piazza del Popolo. Im Nordwesten nahe der Stadtmauer befinden sich die Kirche San Vitale mit ihren großartigen Mosaiken und das gleichfalls mit Mosaiken geschmückte Mausoleum der Prinzessin Galla Placidia. Nicht minder beeindruckend sind die Mosaiken in der Basilica Sant'Apollinare Nuovo, die südöstlich der Piazza del Popolo liegt. Hier füllen Heiligengestalten in zwei langen Prozessionen die Wände des Gotteshauses. Die byzantinischen Mosaiken kamen erst nach dem Sturz

Theoderichs hinzu, als manches, was an die Herrschaft des Gotenkönigs erinnerte, beseitigt wurde. Das Mausoleum Theoderichs, ein wuchtiger, von einer Kuppel gekrönter Bau aus Kalksteinblöcken, liegt bereits außerhalb der historischen Altstadt. Es beeindruckt durch seine schlichte Monumentalität.

Weiter geht es auf der S16 immer an der Küste entlang.

10 Cesenatico

Das einstige Fischerdorf entstand im 14. Jahrhundert als Hafen der landeinwärts liegenden Stadt Cesena. 1502 beauftragte der Landesherr Cesare Borgia Leonardo da Vinci mit dem Ausbau des Porto Canale. Eine ganz neue Entwicklung setzte 1878 ein, als in Cesenatico nach dem Vorbild anderer Adriaorte eine erste Badeanstalt eingerichtet wurde. Seitdem hat sich der Badetourismus stetig fortentwickelt. Für die Touristen, die sich an den weiten Stränden vergnügen können, entstanden schon früh große Hotelpaläste, die zusammen mit den Alleen dem Stadtbild einen besonderen Charme verleihen.

Bildleiste von oben:
Die Kirche Sant'Apollinare in Ravenna wirkt von außen eher unscheinbar. Umso prächtiger gestaltet ist der Innenraum.

Die Trepponti-Brücke ist das Wahrzeichen von Comacchio.

Hafen von Cesenatico.

Die Kirche San Vitale von Ravenna überrascht innen durch mosaik- und freskengeschmückte Wände und Kuppeln.

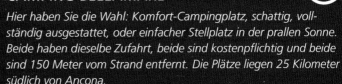

CAMPING BELLAMARE

Hier haben Sie die Wahl: Komfort-Campingplatz, schattig, vollständig ausgestattet, oder einfacher Stellplatz in der prallen Sonne. Beide haben dieselbe Zufahrt, beide sind kostenpflichtig und beide sind 150 Meter vom Strand entfernt. Die Plätze liegen 25 Kilometer südlich von Ancona.

Viale Scarfiotti 13, 62017 Scossicci
www.bellamare.it, GPS: 43.45060, 13.65305

11 Rimini

Das älteste der großen Seebäder an der italienischen Adria kann mit einem wundervollen Sandstrand und einer riesigen Auswahl an Hotels, Restaurants und Diskotheken aufwarten. Doch bietet die Stadt, deren Geschichte bis in römische Zeit zurückreicht, auch eine Reihe architektonischer Sehenswürdigkeiten. Die beiden wichtigsten finden sich an den Enden des Corso d'Augusto: die im Jahr 27 v. Chr. eingeweihte Tiberiusbrücke über die Marecchia und der wenig später errichtete Triumphbogen zu Ehren des Kaisers Augustus. Daneben gibt es auch Paläste, Brunnen und Denkmäler aus der wechselvollen Zeit zwischen dem 13. und 16. Jahrhundert. Von Rimini lohnt sich ein Abstecher ins Landesinnere in die Republik San Marino.

12 Cattolica

Dieser Ort gehört wie Rimini zur Generation der älteren Seebäder Italiens, die bereits um die Mitte des 19. Jahrhunderts entstanden. Daneben ist die traditionsreiche Fischerei eine wichtige Erwerbsquelle geblie-

ben. Der belebte Fischereihafen ist aber auch eine Attraktion für Touristen. Darüber hinaus bietet Cattolica alles, was man von einem großen Badeort erwarten kann: eine Strandpromenade, ein Delfinarium und den Themenpark »Le Navi«, der auf unterhaltsame Weise über die Entstehung der Erde informiert.
Die Route verlässt kurz vor Pesaro die Küstenstraße und wendet sich dem Apennin zu. Ziel ist das in 451 Metern Höhe in den Randbergen des Apennins gelegene Urbino, das nach 40 Kilometern erreicht wird.

13 Urbino

Die Stadt gehört zu den eindrucksvollsten Kulturstätten Italiens und wurde von der UNESCO auf die Liste des Weltkulturerbes gesetzt. Urbino verdankt seine geschlossene Baugestalt einigen der kunstsinnigen Landesherren der Renaissance. Die prachtvolle Altstadt umgibt noch heute ein Mauerring. Der Dom wurde allerdings erst im 19. Jahrhundert an der Stelle eines bei einem Erdbeben zerstörten Vorgängerbaus errichtet. Der von außen recht wuchtig

wirkende Palazzo Ducale, die Residenz der Herzöge von Urbino, lässt seine kunstvolle Ausgestaltung erst im Innenhof erkennen. Er ist umgeben von Arkaden, über die der Zugang zu den Gemächern erfolgt. Untrennbar verbunden ist Urbino mit dem Maler Raffael (1483–1520), dessen Geburtshaus in der Via Raffaello 57 steht. In der Galleria Nazionale delle Marche sind einige Bilder von ihm zu sehen.

14 Pesaro

Die zweitgrößte Stadt der Region Marken wurde 184 v. Chr. als römische Bürgerkolonie gegründet. Die Großstadt hat sich mit ihrem historischen Zentrum, der Altstadt um die Piazza del Popolo mit dem zinnengekrönten Palazzo Ducale (15./16. Jahrhundert), einen architektonischen Schatz bewahrt. Am Hof der kunstsinnigen Herzöge della Rovere verkehrten die berühmtesten Dichter ihrer Zeit. Lange war die Stadt eines der wichtigsten Zentren der Majolikaproduktion in Italien. Das Museo Civico präsentiert eine bemerkenswerte Sammlung italienischer Kera-

AUSFLUGSZIELE

Faenza

Das etruskische Faoentia wurde zur römischen Stadt Faventia und im Mittelalter schließlich zu Faenza. In der Renaissance rühmte ganz Europa seine Keramikkunst. Die Handwerker profitierten vom Lehmreichtum der Umgebung und der über die Zeit entwickelten Expertise, Tonwaren mit einer weißen Zinnglasur zu versehen, diese farbig zu bemalen und durch erneutes Brennen gebrauchsfähig zu machen. In den prosperierenden Städten der Umgebung gab es im 15. und 16. Jahrhundert auch genügend Kaufkraft für die Majolika aus Faenza, und der Ortsname wurde über die Grenzen hinaus zum Synonym für ihre Kunst: Faience – Fayencen. Die langgestreckte Piazza del Popolo begrenzen zwei doppelstöckige, attraktive Paläste mit Laubengängen und luftigen Loggias.
GPS 44.28556, 11.88321

AZIENDA AGRITURISTICA SPECA

Der sehr saubere, schattige Platz befindet sich bei einem Bauernhof inmitten einer Obst- und Gartenbaulandschaft. Alle notwendigen Ver- und Entsorgungseinrichtungen sind vorhanden. Im Hofladen gibt es frisches Obst und Gemüse. 500 Meter bis zum Strand. Bis nach Ascoli Piceno sind es 36 Kilometer, nach Pescara 60.

Via degli Orti 1, 64014 Villa Rosa
GPS: 42.85099, 13.92155

AREA VILLAGGIO LA TORRE

Dieser ist ein naturbelassener Stellplatz auf einer kleinen Anhöhe über der Spiaggia Risacca mit freiem Blick aufs Meer. Er ist mit den notwendigen Ver- und Entsorgungseinrichtungen ausgestattet. Geöffnet Juni bis September. In zehn Kilometern ist man in Termoli.

SS16 km 16.5, 86038 Petacciato
GPS: 42.01144, 14.86093

mik aus Renaissance, Barock und Moderne. Festspiele und ein kleines Museum erinnern an den bedeutendsten Sohn der Stadt, den Komponisten Gioacchino Rossini, der hier 1792 geboren wurde. Auch das Opernhaus, ein fünfstöckiges Logentheater, trägt seinen Namen.

15 Fano

Die zwölf Kilometer weiter südlich gelegene Stadt wurde unter dem römischen Kaiser Augustus als Veteranenkolonie gegründet. Viele bauliche Überreste wie die imposanten Ruinen der römischen Mauer und ein Stadttor zeugen noch von jener Zeit. Auch Mittelalter und Renaissance haben ihre Spuren im Stadtbild hinterlassen. Der Palazzo della Ragione aus dem Jahr 1299 ist der älteste Palast der Stadt. Im 19. Jahrhundert wurde er als Theater eingerichtet. Diese enge Verzahnung der Jahrhunderte zeigt sich auch an der Loggia San Michele, einem Renaissancegebäude mit zweigeschossigem Innenhof, das mit dem römischen Stadttor baulich verbunden wurde.

16 Corinaldo

Das Städtchen bildet ein reizvolles Ziel für einen Abstecher von der Küstenstraße ins hügelige Hinterland. Man biegt in Marotta landeinwärts ab und folgt dem Cesanotal (22 Kilometer). Zwischen dem Cesano und Nevola gelegen, nimmt es die für solche Landstädtchen typische Höhenlage ein. Sie lässt die gut erhaltene Stadtmauer gebührend zur Geltung kommen. Die Mauer bietet die Möglichkeit zu einem Spaziergang hoch über den Dächern der mittelalterlichen Stadt.

Bevor es zurück an die Adriaküste geht, empfiehlt sich ein Besuch von Jesi, das über kleine Straßen durch das Hügelland, vorbei an Ostra und San Marcello, zu erreichen ist.

17 Jesi

Auch Jesi liegt auf einem Bergrücken und ist vollständig von mittelalterlichen Mauern umgeben. Der Palazzo della Signoria, ein 1498 vollendeter Bau im Stil der Frührenaissance mit schönem Innenhof, ist das architektonische Glanzstück der Stadt. Weiter nordöstlich mündet die Via Pergolesi in die Piazza Federico II. Der Komponist Giovanni Battista Pergolesi wurde ebenso wie Kaiser Friedrich II. hier geboren. Zurück an der Küste, ist bald Ancona erreicht.

18 Ancona

Die Hauptstadt der Region Marken wurde 390 v. Chr. als Ankón von Syrakusern gegründet. Zu römischer Zeit war es ein bedeutendes Handelszentrum. Der 115 n. Chr. errichtete Tra-

jansbogen erinnert an den Ausbau des Hafens. Im Mittelalter bildete Ancona eine unabhängige Stadtrepublik, die weitreichende Handelskontakte unterhielt. Im Jahr 1532 kam die Stadt unter päpstliche Herrschaft. Aus dieser Zeit stammt der Arco Clementino, ein Triumphbogen zu Ehren von Papst Clemens XII. Das weithin sichtbare Wahrzeichen Anconas ist der romanische Dom auf dem Monte Guasco. Zwei auf das Meer blickende Löwen, die den Zugang flankieren, tragen einen baldachinartigen Portalvorbau (um 1200). Sehenswert ist auch die romanische Kirche Santa Maria della Piazza (12. Jahrhundert), die in der unvollendet gebliebenen Blendfassade einen deutlich byzantinischen Einfluss aufweist. Der Ausbau der Fährverbindungen von Ancona zur dalmatinischen Gegenküste und vor allem nach Griechenland hat zur Entwicklung der heute über 100 000 Einwohner zählenden Stadt wesentlich beigetragen.

19 Monte Conero

Kurz hinter Ancona wird das sonst überwiegend flache Küstenland der Adria durch den schroff aufragenden Kalkklotz des Monte Conero unterbrochen. Seine Felshänge reichen fast bis ans Meer und trennen eine Reihe reizvoller Buchten ab. Sie geben der Riviera del Conero ihre besondere Note. Um eine einmalig weite Aussicht über das Adriatische Meer, die Küstenebene und das bergige Hinterland genießen zu können, biegt man kurz hinter Portonovo nach links zum Gipfel des Monte Conero ab. Der markante Felsklotz ist ein isolierter Vorposten des Apennin, dessen Jura-Kalkschichten hier noch einmal bis 572 Meter Höhe aufragen.

20 Loreto

Am Ortsausgang der alten Handelsstadt Numana, heute ein viel besuchtes Seebad, zweigt die Route nach Westen von der Küstenstraße ab. Ein kleines Sträßchen führt bergan, bis nach acht Kilometern die Straße nach Loreto erreicht ist. Nach wenigen Kilometern erblickt man das hoch ge-

Bildleiste von oben:
Panoramablick aufs Meer.

Alter Brunnen
im Herzen von
Corinaldo.

Italienisch beflaggt –
historischer Wehrturm an der
Riviera del Conero.

legene Ossarium, in dem die Gebeine der in der Schlacht von Castelfidardo (1860) Gefallenen aufgebahrt sind. Nach Überquerung des Flüsschens Musone erreicht man den Wallfahrtsort Loreto. Der Überlieferung nach soll die »Santa Casa«, das Haus der Jungfrau Maria, in dem Jesus seine Jugendjahre verbrachte, im Jahr 1295 auf geheimnisvolle Weise von Engeln hierher gebracht worden sein. Vermutlich ist die Tradition der Wallfahrt nach Loreto allerdings älter. Um die Basilika, mit deren Bau 1486 begonnen wurde, entstand ein Ort, der im Jahr 1586 von dem päpstlichen Landesherrn Sixtus V. zur Stadt erhoben wurde. Das ganze Jahr über, vor allem aber an den diversen Marienfeiertagen und am 9. Dezember, dem Tag der Ankunft des Hauses, kommen die Pilger nach Loreto. Die Wallfahrtskirche, an deren Bau und aufwendiger Ausschmückung so bedeutende Renaissancekünstler wie Bramante beteiligt waren, steht im Zentrum des schönen Städtchens. In der Nachbarschaft befindet sich der Palazzo Apostolico, der mit seinen zweigeschossigen Arkaden die Piazza della Madonna säumt und durchaus sehenswert ist.

Von Loreto führt die Route wieder zurück auf die Küstenstraße, die in Porto Recanati erreicht wird. Rund 15 Kilometer weiter südlich liegt schließlich der nächste Halt: die Stadt Civitanova.

21 Civitanova

Der Ort besteht aus zwei Siedlungen: Civitanova Alta thront auf einem Hügel etwa vier Kilometer vom Meer

entfernt und ist über ein in Fontespina von der Küstenstraße abzweigendes Sträßchen erreichbar. Die reizvolle Kleinstadt mit dem Palazzo Ducale aus dem 13. Jahrhundert umgibt ein Mauerring. Besonders eindrucksvoll sind die Stadttore, die Porta Zoppa und die Porta Marina. Die Lage abseits des Meeres diente einst dem Schutz der Bürger vor Überfällen, war jedoch auch mit manchen Nachteilen verbunden. Im 17. Jahrhundert legte man deshalb Porto Civitanova als Hafenplatz am Meer an. Heute liegt hier das geschäftige Zentrum Civitanovas. Wie das lebhafte Treiben am breiten Strand zeigt, spielt der Badetourismus eine wichtige Rolle. Weitere Erwerbsmöglichkeiten für die Bewohner bieten die Fischerei und vor allem die Herstellung eleganter Schuhe in zahlreichen, meist kleinen Betrieben.

Rund fünf Kilometer südlich von San Benedetto verlässt man die Küstenstraße und biegt nach Westen auf die »Via Salaria« ab. Wie die parallel verlaufende Schnellstraße und die Eisenbahnlinie führt sie durch das Tal des Tronto zur Provinzhauptstadt Ascoli, die nach dem Volksstamm der Picener den Beinamen Piceno trägt.

22 Ascoli Piceno

Die Stadt liegt in nur 153 Metern Höhe, wird jedoch im Norden und besonders im Süden von den über 1000 Meter hohen Berggipfeln des Apennins überragt. Ihre Entwicklung verdankt sie der Lage an einer wichtigen Verkehrsachse. Die vom Fluss Tronto und seinem Nebenfluss Castel-

AUSFLUGSZIELE

Nationalpark Monti Sibillini

Auf der Höhe von Civitanova im Landesinneren liegt der 70 000 Hektar große Nationalpark, der das Gebirgsmassiv der Sibilliner Berge sowie den höchsten Gipfel des Gebiets, den Monte Vettore mit 2479 Meter umfasst. Der Park ist von einem umfangreichen Wanderwegenetz durchzogen, auch zahlreiche Kletterdestinationen gibt es. Besonders die Hochebene Fosso di Mergari eignet sich für schöne Wanderausflüge. Der kleine Ort Castelluccio ist ein beliebtes Ziel für Gleitschirm- und Drachenflieger. Und sogar im Winter ist hier was los, dann zieht es Langläufer und Alpinfahrer auf die Loipen und Skipisten des Hochlandes. Beliebt ist auch das Nera-Tal, das zu großen Teilen unter Naturschutz steht. **www.sibillini.net**

Bildleiste von oben:
Mittelpunkt von Loreto ist die
Wallfahrtskirche Santuario Basilica
Pontificia della Santa Casa di Loreto.

Das Städtchen Vieste liegt auf einer
weits ins Meer hinausragenden
Halbinsel.

Mittagspäuschen an der schönen
Steilküste des Gargano.

lano umrahmte Stadt weist zahlreiche interessante bauliche Überreste aus der Antike und dem Mittelalter auf. Die Piazza del Popolo, an deren Westseite sich der im 13. Jahrhundert erbaute Palazzo dei Capitani erhebt, bildet das Zentrum der Stadt. Kunstfreunde dürfen einen Besuch der Pinacoteca an der Piazza Arringo nicht versäumen. Unter den alten Meistern, deren Gemälde hier zu sehen sind, ragt vor alllem der Venezianer Carlo Crivelli (um 1430–1500), der ab 1469 in Ascoli lebte, mit zahlreichen Werken hervor. Von ihm stammt auch der Flügelaltar im benachbarten Dom. Am ersten Sonntag im August findet in Ascoli alljährlich das farbenprächtige Quintana-Turnier statt, bei dem die verschiedenen Stadtviertel um den Sieg streiten. Ein ganz anderes Erlebnis bietet das Caffè Meletti, dessen originale Jugendstil-Ausstattung einen besonderen Charme ausstrahlt. Von Ascoli aus lassen sich reizvolle Halbtagesausflüge unternehmen. Im Süden (Ausfahrt von Ascoli über die Viale Marconi) führt eine interessante Route in das Gebiet der Montagna dei Fiori, deren 1676 Meter hoher Monte Piselli von San Giacomo aus mit einer Kabinenbahn erreicht werden kann. An klaren Tagen lässt sich von hier aus die gesamte Adria bis hin zur dalmatinischen Küste überblicken.

Ein weiteres Ziel ist Civitella del Tronto südlich von Ascoli, eine der größten Festungsanlagen Italiens aus dem 16./17. Jahrhundert. Von Civitella del Tronto kann man über eine schöne Strecke nach Teramo fahren, von wo die S80 wieder an die Küste führt.

23 Termoli

Dieser Ort liegt malerisch auf einer ins Meer vorstoßenden Halbinsel. Die alte Bischofsstadt zeigt noch manche bauliche Überreste aus dem Mittelalter, darunter die im Zerfall begriffene Burg der Hohenstaufen aus dem 13. Jahrhundert. Mehr aber als die Stadt selbst bezaubert die Aussicht, die sich bei klarem Wetter von hier auf die Bergwelt der Abruzzen bietet. Der Hafen von Termoli ist wich-

tigster Ausgangspunkt für den Ausflugsverkehr zu den Tremitischen Inseln. Über die S16 und 89 erreicht man die Halbinsel Gargano.

24 Peschici

Das Städtchen, auf einem steilen Felsen über dem Hafen gelegen, befindet sich am nördlichsten Punkt der Halbinsel Gargano und zugleich Apuliens. Im Sommer verkehren von hier aus Ausflugsboote zu den Tremitischen Inseln. Der Ort geht auf die Ansiedlung einer slawischen Bevölkerungsgruppe zurück. Im Sommer ist Peschici mit seinen Souvenirläden, in denen einheimische Arbeiten angeboten werden, ein beliebtes Ausflugsziel bei Touristen.

25 Vieste

Etwa 27 Kilometer südlich thront Vieste auf einem Felsvorsprung in 43 Metern Höhe über dem Meer. Der Pizzomunno, ein markanter Kreidefelsen, der sich wenige Meter vor der Küste aus dem Wasser erhebt, ist das Wahrzeichen der Stadt. Die Geschichte von Vieste lässt sich bis in die Zeit der griechischen Kolonisation zurückverfolgen. Das alles beherrschende Bauwerk, die Burg aus dem 13. Jahrhundert, wurde im 16. Jahrhundert in der Substanz stark verändert. Vom Burgberg hat man einen herrlichen Blick auf den langen Sandstrand, die Altstadt und den Hafen. Gut zu Fuß sollte sein, wer die engen Gassen und steilen Treppen erkunden will.

Südlich von Vieste beginnt der sicherlich schönste Abschnitt der berühmten Küstenstraße des Gargano. In unzähligen Windungen führt die Strecke mit überraschenden Ausblicken auf die Küste und das Meer nach Süden. Hinter Mattinata biegt nach etwa fünf Kilometern eine Straße nach rechts ab und führt in vielen Kurven steil bergauf nach Monte Sant'Angelo.

26 Monte Sant'Angelo

Mit 12 500 Einwohnern ist es die größte Stadt des Gargano. Berühmt ist Monte Sant'Angelo als Wallfahrtsort, an dem der Erzengel Michael verehrt wird. Ihm wurde hier eine Grottenkirche geweiht, von der lediglich der achteckige Turm und die Empfangshalle aus dem engen Gassengewirr ragen. Der eigentliche Kirchenraum, der schon seit dem 5. Jahrhundert von Pilgern aufgesucht wird, ist unterirdisch angelegt. Eine in Konstantinopel gestaltete Bronzetür aus dem 11. Jahrhundert bildet den Zugang zur weitläufigen Grotte, die man über 89 Stufen erreicht und in der mehrfach täglich Messen für die zahlreichen Pilger abgehalten werden. Weitere sehenswerte Sakralgebäude in der Nähe des Heiligtums sind die Chiesa di San Pietro und das Baptisterium Tomba di Rotari. Eine Grotte und die über ihr errichtete Kirche des Erzengels Michael sind das Ziel der Pilger. Auch die Kirche Santa Maria Maggiore mit einem schönen Portal ist hervorzuheben. Die Stadt ist Ausgangspunkt für Touren in den sehenswerten Gargano-Nationalpark. Das 120 000 Hektar große Areal ist bekannt für seine alten Pinienwälder.

27 Barletta

Auf kurvenreicher Straße geht die Fahrt von Monte Sant'Angelo zurück zur Küste und weiter nach Manfredonia, einer im Jahr 1256 von König Manfred angelegten Stadt mit großem Kastell. Im Süden des Golfs von Manfredonia wird eine Lagune seit Langem zur Gewinnung von Meersalz genutzt. Über eine Strecke von 16 Kilometern begleitet Salz, aufgehäuft in Becken und zu Hügeln, die Straße. In Margherita di Savoia informiert ein Salzmuseum über die Geschichte und Technik der Salinen.

Wenige Kilometer weiter wird der Ofanto, die Grenze zur Provinz Bari, überquert. In fruchtbarer Umgebung liegt Barletta, seit alters ein wichtiger Hafen und Umschlagplatz für Wein. Bereits im 3. Jahrhundert v. Chr. erwähnt, gewann Barletta erst ab dem 11. Jahrhundert so richtig an Bedeutung, als sich die Kreuzfahrer hier zur Reise ins Heilige Land einschifften. Zeitweilig war es sogar wichtigster Stützpunkt des deutschen Ritterordens in Italien, und unter König Manfred zweite Hauptstadt seines Herrschaftsbereichs. An die einstige Bedeutung Barlettas erinnern das Kastell und die Paläste bedeutender Familien.

Von Barletta lohnt ein Abstecher in das südwestlich gelegene Canne della Battaglia. Archäologen haben Überreste einer mittelalterlichen und einer römischen Siedlung freigelegt. Hier soll 216 v. Chr. die berühmte Schlacht von Cannae stattgefunden haben, in der die Karthager unter Hannibal die Römer vernichtend

AGRICAMPEGGIO BREZZA TRA GLI ULIVI

Dieser Platz ist auch zum Überwintern geeignet. Hier stehen die Wohnmobile zwischen schattenspendenden Feigen- und Olivenbäumen. Alle notwendigen Ver- und Entsorgungseinrichtungen sind in dieser videoüberwachten Anlage vorhanden. Ein Pool und ein ausgezeichnetes Restaurant runden das Angebot ab. Ganzjährig geöffnet. Es sind etwa 200 Meter bis zum Strand.

Via Imbriani, 441, 70052 Bisceglie
www.brezzatragliulivi.it, GPS: 41.23954, 16.50363

AREA SOSTA NEL VERDE

Auf diesem gebührenpflichtigen und videoüberwachten Stellplatz gibt es Ver- und Entsorgungseinrichtungen, Stromanschlüsse und Internetzugang. Die Stellplätze befinden sich zwischen Olivenbäumen. Ganzjährig geöffnet. 500 Meter bis in die Innenstadt.

Via Cadore, 70011 Alberobello
http://www.areasostaalberobello.it, GPS: 40.78192, 17.23442

---

schlugen. Eine anderer Abstecher führt von Barletta über Andria zum 28 Kilometer entfernten Castel del Monte, der sicher eindrucksvollsten mittelalterlichen Burg Süditaliens.

28 Castel del Monte

Weithin sichtbar überragt das aus hellem Kalkstein in 540 Metern Höhe erbaute Kastell die kahle Hügelland-schaft der Murgia. Kaiser Friedrich II. ließ es ab 1240 erbauen. Die wuchtige, von acht Türmen umschlossene Anlage war als Jagdschloss geplant. Soweit sich aus dem erhaltenen Bauwerk erschließen lässt, war das Kastell mit allem Luxus jener Zeit ausgestattet. Seit dem Jahr 1996 ist es UNESCO-Weltkulturerbe.

29 Ruvo di Puglia

Rund 20 Kilometer führt die Route von Castel del Monte in östliche Richtung zum Städtchen Ruvo di Puglia. Es liegt inmitten fruchtbarer, ausgedehnter Olivenhaine, Obst- und Weingärten auf einem Hügel in 256 Metern Höhe. Die prächtige Kathedrale mit schönen Fenstern, darunter einer Rosette von 1273, wurde Ende des 12. Jahrhunderts über einer älteren Basilika errichtet. Die freigelegten Mauern der Vorgängerkirche sind zu besichtigen. Der Campanile diente einst den Bürgern der Stadt als Wehrturm.

Nach weiteren rund 40 Kilometern nach Osten erreicht man bei Bari wieder die Küste.

30 Bari

Mit seinen rund 325 000 Einwohnern ist Bari, die Hauptstadt Apuliens, nach Neapel und Palermo die größte Stadt des italienischen Südens. Sie ist Industrie- und Handelsstadt sowie ein bedeutender Hafen. Schon das antike Barium war als wichtige Hafenstadt bekannt; Bari steht heute unter den Adriahäfen an dritter Stelle. Während der Zeit der Kreuzzüge erlangte Bari unter den Staufern große wirtschaftliche, strategische und kulturelle Bedeutung. Ab 1558 bis zur politischen Einigung Italiens gehörte die Stadt zum Königreich Neapel. Ihr interessantester Teil liegt auf einer Landzunge zwischen dem alten und neuen Hafen. Hier steht die romanische Kathedrale, die um das Jahr 1156 über den Fundamenten der älteren Bischofskirche errichtet wurde. Ebenfalls in der Altstadt befindet sich die Basilika San Nicola (erbaut ab 1087), die älteste Emporenbasilika Apuliens. Sie ist eine Wallfahrtskirche mit den Reliquien des heiligen Nikolaus. Überragt wird die Altstadt von einem mächtigen Kastell, das 1233 bis 1240 auf alten Fundamenten errichtet und im 16. Jahrhundert der veränderten Kriegstechnik baulich angepasst wurde. Ein Gang über die teilweise noch erhaltenen Stadtmauern ermöglicht interessante Einblicke in das Leben der Altstadt.

Deutlich hebt sich die Neustadt mit ihrem schachbrettartigen Grundriss und den klassizistisch geprägten Bauten von der Altstadt ab. Die Via Sparano, die die Neustadt quert und vom

AUSFLUGSZIELE

UNESCO-Welterbe Trulli

In Alberobello baut man heute noch Trulli, wie die traditionellen Häuser mit ihren kegelförmigen Dächern in Apulien genannt werden. Feldsteine, die nur grob behauen sind, werden ohne Mörtel zu Mauern aufgeschichtet. Für das Dach setzen die Erbauer flache Steinplatten in immer enger werdenden Kreisen so übereinander, dass jeder Stein etwa zur Hälfte von einem darüber liegenden bedeckt wird. Allein durch dessen Gewicht wird er gehalten. Innen weisen die Trulli einen quadratischen Grundriss auf, je nach Platzbedarf werden mehrere miteinander verbunden. Bereits seit der Antike waren bei den Bauern im Mittelmeerraum einfache Rundbauten aus aufgeschichteten Steinplatten verbreitet. 1996 hat die UNESCO diese Bauwerke zum Weltkulturerbe erklärt.

Bildleiste von oben:
Im apulisch-romanischen Stil zeigt
sich die Kathedrale von Bari.

Auf der schönen Piazza Mercantile
in Bari lässt man sich gern für einen
Kaffee nieder.

Malerisch ziehen sich die teils weiß
getünchten Häuser von Monte
Sant'Angelo die südlichen Abhänge
des Monte Gargano hinauf.

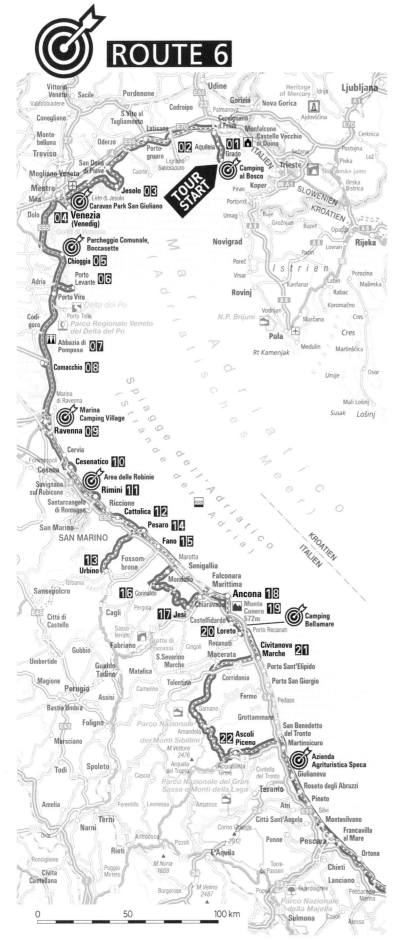

ROUTE 6

Bahnhof über die Piazza Umberto I. auf die Altstadt zuläuft, ist die Hauptgeschäftsstraße mit eleganten Läden, Cafés und Restaurants . Die klassizistischen, teils recht überladen wirkenden Prachtbauten des 19. Jahrhunderts geben der Straße ihr besonderes Gepräge.

31 Monopoli

In Monopoli bildet die riesige Piazza Vittorio Emanuele eine deutliche Grenze zwischen der betriebsamen Neustadt und der Altstadt. Die Stadt kann auf eine jahrtausendealte Geschichte zurückblicken. Der Hafen, schon von den Kreuzfahrern des Mittelalters genutzt, war bis Ende des 19. Jahrhunderts der wichtigste Umschlagplatz für den Export von Oliven. Das Kastell, das im Jahr 1552 anstelle einer älteren Anlage erbaut wurde, diente vor allem zum Schutz vor Korsaren. Im 18. Jahrhundert erlebte die Stadt beachtlichen Wohlstand, wie die in dieser Zeit entstandenen Kirchen und Adelspaläste zeigen. Eindrucksvolle Beispiele sind der Palazzo Palmieri und die barocke Kathedrale. Letztere errichtete man in den Jahren 1742 bis 1770.

32 Grotte di Castellana

In dem für Apulien charakteristischen Kalkgestein sind Karsterscheinungen keine Seltenheit, doch nirgendwo zeigen sie sich so ausgeprägt wie in den Grotten von Castellana. Die Höhlen beeindrucken durch den Formenreichtum der Dome und Tropfsteine, die sich zu einer fantastischen unterirdischen Landschaft zusammenfügen. Besichtigungen finden hier allerdings nur im Rahmen von Führungen statt. Zehn Kilometer weiter kommt man zu den berühmten Trulli (siehe oben).

33 Alberobello

Nirgendwo sonst in Apulien haben sich die Trulli, die typischen Rundbauten der Region, in solcher Zahl erhalten wie in und um Alberobello. Die Stadt ist Mittelpunkt der Zona Monumentale, die als Weltkulturerbe Anerkennung durch die UNESCO erfahren hat. Bei einem Spaziergang über die schön gepflasterten Gassen der Stadt stößt man überall auf diese merkwürdigen Steinbauten, von denen es allein in Alberobello an die tausend gibt. Im Museo del Territorio erfährt der Besucher viele interessante Einzelheiten über die Geschichte und die Bauweise der Häuschen.

34 Martina Franca

Der Nachbarort Martina Franca ist ein städtebauliches Kleinod, in dem die barocke Gestaltungslust nicht nur in den Adelspalästen, sondern auch in den Bürgerhäusern ihren Niederschlag gefunden hat.

Nach 50 Kilometern Richtung Osten ist Brindisi, der Endpunkt dieser Wohnmobilfahrt, erreicht.

35 Brindisi

Eine tief eingeschnittene Bucht bietet Platz für einen geschützten Hafen. Durch seinen natürlichen Hafen war Brindisi bereits in der Antike bedeutend. Lebhafter Mittelpunkt des Ortes sind die Piazza del Popolo sowie die Piazza della Vittoria mit der Fontana de Torres aus dem Jahr 1618. Dieser gilt als der schönste unter den hiesigen Brunnen. Besonders sehenswert sind das Archäologische Museum und die Benediktinerkirche mit dem ältesten Kreuzgang Apuliens. Außerhalb der Stadt kann man noch einen Ausflug zur Kirche Santa Maria del Casale aus dem 13. Jahrhun-

In Alberobello baut man heute noch Trulli, wie die traditionellen Häuser mit ihren kegelförmigen Dächern in Apulien genannt werden.

dert machen. Die rot-weiß gemusterte Fassade und der geschmückte Innenraum sind besonders interessant anzusehen.

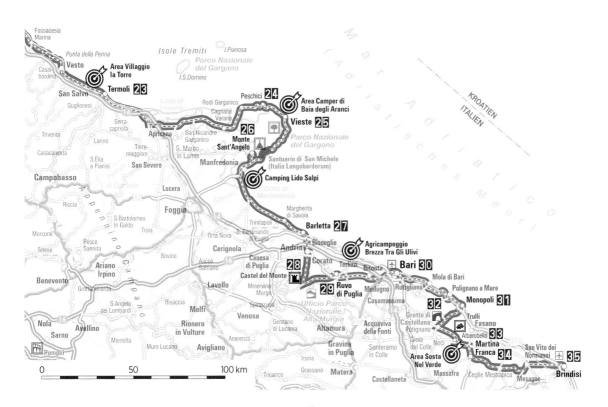

Ab durch die Mitte

Latium, Umbrien und die Abruzzen – eine Reise durch das italienische Kernland führt durch abwechslungsreiche Landschaften, zu wunderschönen Sandstränden und in quirlige mittelalterliche Städtchen. Also alles dabei, was man für einen schönen Urlaub so braucht.

LATIUM, UMBRIEN & ABRUZZEN

Die Mitte Italiens ist voll lebhafter mittel-
großer Städte mit großem kulturgeschichtli-
chem Erbe und beschaulich romantischer
Dörfer, dazu gesegnet mit atemberaubenden Bergwelten und langen Sandstränden.
Latium ist eine historische Region mit einer
sehr vielfältigen und schönen Szenerie, die
sich am westlichen Apennin entlang bis zur
Küste des Tyrrhenischen Meeres erstreckt.
Der größte Teil von Latium besteht aus
vulkanischem Gestein. So sind in alten
Kratern mehrere kleine und vier große Seen
wie der Lago di Bolsena und der Lago
Bracciano entstanden. Auf den fruchtbaren
vulkanischen Böden gedeihen Zuckerrüben,
Wein, Zitrusfrüchte, Gemüse und Oliven.
Nördlich grenzt das Latium an die Region
Umbrien. Hier prägen die mittelitalienischen
Apenninen, die Höhen von bis zu 2450
Metern erreichen, die Landschaft. Perugia
mit seinen sehenswerten alten Vierteln ist
Hauptstadt der Region. Assisi verdankt dem
Nationalheiligen und Ordensgründer
Franziskus auch heute noch seine Beliebtheit
als Wallfahrtsziel. Die Gebirgslandschaft der
Abruzzen steht im krassen Gegensatz zur
flachen adriatischen Küstenebene. Bis heute
sind die Abruzzen in weiten Teilen ein
einsames und bevölkerungsarmes Land.
Das Klima ist rau und schneereich, der
größte Teil der Bevölkerung lebt in Städten
wie Teramo, Vasto, Pescara, Avezzano und
Sulmona. Die Dörfer der Abruzzen bieten
wegen der eng aneinandergedrängten,
verschachtelten Häuser ein pittoreskes
Erscheinungsbild. Hier gilt es im besonderen
Maße darauf zu achten, mit größeren
Wohnmobilen nicht in die engen Gassen der
Orte zu fahren. Sie könnten schneller
feststecken, als Ihnen lieb ist.

*In atemberaubender Lage, wie in das Plateau
aus Tuffstein hineingemeißelt, präsentiert
sich das Toskana-Städtchen Pitigliano hoch
über einem Tal.*

Diesen schönen Meerblick kann man bei Orbetello genießen.

Oben: Auf den ersten Blick nicht sonderlich freundlich blicken die Fratzen am Eingang des Ceres-Tempels von Ostia Antica auf die Eintretenden. Mitte: Fresken der Nekropole von Tarquinia.

ROUTE 7

Streckenlänge:
ca. 1750 km
Zeitbedarf: ca. 2 Wochen
Routenverlauf (Haupt-orte): Ostia Antica, Cerveteri, Tarquinia, Orbetello, Pitigliano, Viterbo, Orvieto, Todi, Perugia, Assisi, Spoleto, Terni, Rieti, L'Aquila, Nationalpark Gran Sasso d'Italia, Pescara, Nationalpark Maiella, Frosinone, Ariccia, Castel Gandolfo
Charakteristik: Man sollte sich vor allem in den Orten auf sehr enge Straßen einstellen.
Informationen:
www.umbriatourism.it
www.abruzzoturismo.it

Hier geht's
zum
GPS-Track

01 Ostia Antica

Die einstige Hafenstadt Roms liegt drei Kilometer vom Meer entfernt. Das antike Ostia wurde im 4. Jahrhundert v. Chr. gegründet und hatte während der Kaiserzeit 50 000 Einwohner. Den ehemaligen Hafen erreicht man über die rund einen Kilometer lange Römerstraße Decumano Massimo. Zu den zahlreichen gut erhaltenen Zeugnissen der antiken Stadt zählen der Piazzale della Vittoria, die Terme di Nettuno sowie das Theater. Es stammt aus Augusteischer Zeit, wurde im 3. Jahrhundert von Septimus Severus und Caracalla restauriert und ist sehr gut erhalten. Im Sommer finden hier Aufführungen statt. Von hier bieten sich als Wahlmöglichkeiten die A12 oder die S1 nach Norden bis Cerveteri.

02 Cerveteri

Der von den Römern Caere genannte Ort liegt rund 45 Kilometer nördlich von Rom. Er war in vorchristlicher Zeit ein Zentrum der etruskischen Kultur. Im Norden, außerhalb von Cerveteri, befindet sich eine große Nekropole aus dem 7. bis 1. Jahr-

hundert v. Chr. Die Anlage, seit 2004 Weltkulturerbe der UNESCO, besteht wie eine Stadt aus Straßen und Plätzen. Die »Hauptstraße« dieser Totenstadt ist etwa zwei Kilometer lang. Die Grabkammern sind oft direkt in den Tuffstein gehauen worden und umfassen meist mehrere mit Sorgfalt ausgeschmückte Räume. Besonders erwähnenswert ist die Tomba dei Rilievi, ein unterirdisches Grab mit schönen Reliefdarstellungen des Lebens in der Etruskerzeit. Für die Besichtigung der Totenstadt sollte man eine Taschenlampe mitnehmen.

Die Route führt entweder über die A12 oder die S1 in die benachbarte, ebenfalls zum UNESCO-Weltkulturerbe zählende Etruskernekropole von Tarquinia.

03 Tarquinia

Unter einem ausgedehnten Hügelareal befinden sich bei Tarquinia zahlreiche Grabkammern der Etrusker. Auch über 2000 Jahre nach ihrer Erschaffung faszinieren die teils noch vortrefflich bewahrten Relikte des etruskischen Totenkults. Die gut

In der näheren Umgebung von Orbetello gibt es zahlreiche schöne Buchten. Das wissen auch viele Bootsbesitzer, die hier gerne vor Anker gehen.

erhaltenen bunten Fresken geben Aufschluss über das tägliche Leben in einer längst vergangenen Epoche. Nicht alle Grabkammern sind zur Besichtigung freigegeben, und noch längst nicht alle Kammern sind ausgegraben. Der Besuch der Nekropole lässt sich mit einer Besichtigung des nahe gelegenen Etrusker-Museums in Tarquinia im Palazzo Vitelleschi verbinden.

Die Fahrt führt nun auf der S1 zunächst bis zum Abzweig Orbetello Scalo und dann noch fünf Kilometer weiter nach Orbetello.

04 Orbetello

Eindrucksvoll an dieser Stadt ist ihre Lage auf einer Halbinsel, von zwei Landzungen, den Tomboli, umschlossen, deren Pinienwälder und Sandstrände zum Entspannen einla-

den. Orbetello befindet sich inmitten von Naturparks und der etruskischen Kulturlandschaften der südlichen Maremma. Es ist kein touristischer Ort, sondern vielmehr ein Ausgangspunkt für Natur- und Inselhungrige. Giglio und Giannutri kann man mit Fähren erreichen, der Monte Argentario bietet sich für Trekkingtouren an. Die Quellen von Saturnia oder die deftige Küche der Maremma mit

AUSFLUGSZIELE

Etrusker

Wenige Kulturen strahlten so hell und erloschen so rasch wie die etruskische. Von einem relativ kleinen Stammland zwischen Arno und Tiber auf der tyrrhenischen Seite der italienischen Halbinsel ausgehend, breitete sich das Volk der Etrusker, dessen Herkunft umstritten ist, rasch aus. Der römische Historiker Livius berichtete, auf dem Gipfel seiner Macht habe Etrurien »ganz Italien, von den Alpen bis zur Straße von Messina, mit dem ruhmreichen Klang seines Namens« erfüllt. Die Etrusker bildeten Stadtstaaten, die bis Ende des 6. Jahrhunderts von Königen, seit dem 5. Jahrhundert v. Chr. von Oberbeamten regiert

wurden und in einem lockeren Zwölfstaatenbund zusammengeschlossen waren. Erst der Aufstieg Roms besiegelte das Schicksal der Etrusker, ihre Kultur versank.

Die Etrusker besaßen ein tiefes fatalistisches Bewusstsein von der Rolle göttlicher Mächte bei der Gestaltung menschlicher Schicksale. Zugleich schufen sie eine der fortschrittlichsten Zivilisationen des Abendlands, legten Straßen an, errichteten Brücken, genossen als Töpfer und Goldschmiede einen hervorragenden Ruf und vermachten den Römern die Schreibkunst ebenso wie das Zahlensystem und das Alphabet.

Pilz-, Trüffel- und Wildschweinspezialitäten sind gute Gründe für die Beliebtheit dieses Ortes. Wer nach Orbetello kommt, benötigt nicht unbedingt ein Auto.

Weiter geht es auf der S440 über eine schmale Landzunge auf die Halbinsel Monte Argentario.

05 Porto Santo Stefano

Der wohl bekannteste Ort auf der Halbinsel Monte Argentario, Porto Santo Stefano, ist fest in der Hand der Reichen und Schönen. Porto Santo Stefano liegt an der Nordseite des Monte Argentario und wird von der spanischen Festung beherrscht. Über die S36 gelangt man mit dem Auto über eine schmale Landzunge von der Halbinsel zurück. Auf der S74 führt dann die Route weiter über Albinia und Manciano.

06 Pitigliano

Die Stadt liegt auf einem Hügel zwischen den Flusstälern des Lente und der Maleta. Wenn man auf das Städtchen zufährt, lässt einem der Anblick den Atem stocken: Die Häuser sind regelrecht in Tuffstein gehauen und stehen gefährlich dicht am Abgrund. Charakteristisch für Pitigliano sind die unterirdischen Räume, die fast eine zweite Stadt bilden.

Rechts: Blaue Stunde – sanft senkt sich der Abend über dem Küstenstädtchen Porto Santo Stefano herab.

Unten: In Pitigliano muss man schwindelfrei sein, so dicht stehen die Häuser am Abgrund.

Jedes Haus hat Keller, die in den Tuffstein geschlagen sind. Ein Netz von Gängen auf den verschiedenen Ebenen verbindet diese Keller miteinander. Die Legende erzählt, dass Pitigliano von zwei Räubern gegründet wurde: Petilio und Ciliano hatten die Goldkrone einer Jupiterstatue geraubt und mussten deshalb aus Rom flüchten. Sie ließen sich dann in der Toskana nieder. Auf Nebenstraßen gelangt man in Richtung Semproniano nach Sovana.

07 Sovana

In Sovana befinden sich die Ruinen einer Festung aus dem 13. Jahrhundert, die im 17. Jahrhundert geschleift wurde. Die Altstadt des malerischen Orts scheint sich im Laufe der Zeit kaum verändert zu haben. Um die Piazza del Pretorio steht eine Reihe eindrucksvoller Bauten wie der Palazzo del Pretorio und die Logetta

PARCHEGGIO NECROPOLI, CERVETERI

Einen kürzeren Weg mit Ihrem Wohnmobil zur Nekropole von Cerveteri werden Sie nicht finden. Sie stehen hier praktisch direkt am Eingang. In der Nacht ist es ruhig. Ver- und Entsorgungseinrichtungen oder eine Stromversorgung gibt es allerdings nicht.

Via della Necropoli, 00052 Cerveteri
GPS: 41.99729, 12.09740

PARCHEGGIO ONLUS, TARQUINIA

Hier stehen Sie recht kostengünstig etwas abseits des Strandes und der Salinen. Ver- und Entsorgungseinrichtungen oder eine Stromversorgung gibt es nicht. Wer mehr Komfort benötigt, kann den Campingplatz im Norden von Lido di Tarquinia anfahren. Die Nekropole ist rund sieben Kilometer entfernt.

Lido di Tarquinia, 01016 Tarquinia
GPS: 42.22447, 11.70620

del Capitano. Besonders sehenswert ist die am Rand der Altstadt liegende Kirche Santa Maria. Sie birgt ein kostbares Ziborium aus vorromanischer Zeit, das ursprünglich aus dem alten Dom stammt. In der Nähe des Orts kann man eine etruskische Nekropole besichtigen, in der vor allem die Tomba di Ildebranda beachtenswert ist.

Zurück über Pitigliano, führt die Route weiter auf der S74 und der S312 sowie auf Nebenstraßen über Valentano hinein in die Region Tuscia.

08 Tuscania

Die Tuscia ist reich an mittelalterlichen Dörfern. Einige davon haben den Wirren der Zeit widerstanden und die Landflucht überlebt und strahlen heute die Gelassenheit und Beschaulichkeit einer jahrhundertealten Geschichte aus. Tuscania, ein kleines, aber doch geschichtsträchtiges Städtchen im Herzen der Tuscia, steht beispielhaft für viele Orte dieser Gegend. Es offenbart sich hier eine urtümliche Kulturlandschaft, die im 18. und 19. Jahrhundert von vielen Künstlern besungen wurde. Die Gebäude sind an der Außenwand mit charakteristischen »Profferli«, mittelalterlichen Stiegen, versehen. Die romanische Basilika San Pietro und der bischöfliche Palast aus dem 11. Jahrhundert sind hervorragende Beispiele mittelalterlicher Befestigungstechnik. Die Bauplastik der Kirche Santa Maria Maggiore ist eine der bedeutendsten in ganz Italien.

Über die S204 gelangt man zur nächsten Station dieser Route.

09 Viterbo

Die Stadt »der schönen Frauen und der zierlichen Brunnen« ist etruskischen Ursprungs. Sie gehörte seit dem 8. Jahrhundert dem Kirchenstaat. Viterbo war im Hoch- und Spätmittelalter eine Trutzburg der Päpste und sicheres Rückzugsgebiet, wenn der Aufenthalt in Rom gefährlich wurde. Eine sehr gut erhaltene Stadtmauer umgibt auch heute noch den Ort, dessen Mittelpunkt die Piazza del Plebiscito bildet. Von hier

Ein anderes Örtchen, das malerisch auf einer Tuffsteinebene liegt, ist Tuscania. Auch hier wurden etruskische Gräber gefunden.

LA SOSTA DI FENIGLIO, PORTO ERCOLE

Am Rande des Naturschutzgebietes Riserva Naturale Duna Feniglia befindet sich dieser kostenpflichtige Platz, der mit allen notwendigen Ver- und Entsorgungseinrichtungen ausgestattet ist. Der Weg zum langen Strand Feniglia ist kurz. Ausflüge nach Orbetello und Porto Santo Stefano sind bequem mit dem Fahrrad möglich.

Strada provinciale, 58018 Porto Ercole
www.areasostaciropark.it, GPS: 42.39684, 11.20064

PARCHEGGIO COMUNALE, SOVANA

Mitten im Ort befindet sich dieser Stellplatz, auf dem Sie auf Ver- und Entsorgungseinrichtungen allerdings verzichten müssen. In der Nacht ist es sehr ruhig, tagsüber stehen Ihnen alle Annehmlichkeiten der Gemeinde offen. Die Nekropole ist 2,5 Kilometer entfernt, der Parkplatz, den Sie dort vorfinden, ist auch für Wohnmobile geeignet.

Via dell'Oratorio 9, 58010 Sovana
GPS: 42.65762, 11.64368

aus ist es nur ein kurzer Fußweg in das pittoreske mittelalterliche Stadtviertel San Pellegrino mit seinen Treppen und Türmen.

Sehenswert ist auch die Piazza San Lorenzo mit der gleichnamigen Kathedrale aus dem 11. Jahrhundert. Dort befindet sich auch der Papstpalast, in dem das berühmte Konklave von 1270 stattfand. Der Anekdote nach wurden sich die Kardinäle bei der Papstwahl über ein Jahr lang nicht einig. Da die Einwohner Viterbos für die Kosten des Unterhalts ihrer Gäste aufkommen muss-

ten, beschlossen sie, das Dach des Palasts abzutragen, um eine rasche Papstwahl zu erzwingen.

Aus der alten Stadt mit ihrem unverfälschten und temperamentvollen Alltagsleben führt die S2 in Richtung Bolsena.

10 Lago di Bolsena

Eine beliebte Sommerfrische ist die Region rund um den Bolsenasee, einem hübschen See an der Grenze zu Umbrien. Die ursprünglich etruskische Siedlung »Volsinii novi« liegt etwas außerhalb der heutigen Stadt

Bolsena, deren mittelalterliches Ortszentrum ein malerisches Erscheinungsbild mit alten Gassen und Häusern bietet. Im Jahre 1263 ereignete sich in Bolsena ein Wunder, das den Ort weithin bekannt machte und das zur Einführung des Fronleichnamsfests führte. Bei einer Messe war während der Wandlung aus der Hostie Blut auf das Messtuch getropft. Dieses Messtuch wird noch heute im Kirchenschatz des Doms von Orvieto aufbewahrt. In der Kirche Santa Cristina erinnert die Cappella del Miracolo, durch die man den Altar des

AUSFLUGSZIELE

Lago di Bracciano

Der Lago di Bracciano ist der bekannteste See im Latium und der zweitgrößte nach dem Bolsenasee. Seine Umgebung birgt Naturschönheiten und archäologische Fundstätten. Wegen seiner Abgeschiedenheit gilt er noch als Geheimtipp. Der See entstand durch vulkanische Aktivitäten, die mehr als 200 000 Jahre zurückliegen. Durch seine kreisrunde Form lässt er den einstigen Vulkankrater gut erkennen. Unter den am See gelegenen Orten ist Bracciano der wichtigste. **GPS: 42.12120, 12.23040**

Wunders erreicht, an dieses Ereignis. Auf der Weiterfahrt von Bolsena zur S71 kommt man an Dörfern vorbei, in denen die Zeit stehen geblieben zu sein scheint.

11 Orvieto

Die Wurzeln von Orvieto reichen weit in etruskische Zeit zurück. Wie damals thront die Stadt noch heute auf einem 200 Meter hohen Block aus Tuffstein über dem Pagliatal. In 3000 Jahren Besiedlung entstand in der Tiefe des Berges durch Menschenhand ein Labyrinth von großen und kleinen Höhlen, die durch enge Treppen und Gänge miteinander verbunden sind.

Oben: Das schöne Todi ist umgeben von üppig grünen Weinbergen. Von dem Städtchen, das erhöht auf einem Bergrücken liegt, hat man einen einmaligen Blick über die Landschaft.

Die Ersten, die sich in den Berg eingruben, waren die Etrusker. Später wühlten sich die Einwohner der Stadt wie Maulwürfe ins weiche Gestein und bauten Pozzolan ab, das zerrieben und mit Wasser vermischt eine gute Grundlage für eine Art Zement ergab. Es entstanden als Nebeneffekt wunderschöne unterirdische Gewölbe mit Säulen. Einige der Höhlen dienen noch in heutiger Zeit als Keller. Ein Teil des unterirdi-

AREA CAMPER IL GUADETTO, BOLSENA

Dieser Stellplatz im Süden des Ortes Bolsena ist mit allen notwendigen Ausstattungen versehen und ist unkompliziert anzufahren. Er ist nur wenige Meter vom Badestrand entfernt. Bis zur Ortsmitte sind es rund 1000 Meter.

Viale Luigi Cadorna 131, 01023 Bolsena
www.areacamperilguadetto.it, GPS: 42.64411, 11.98496

PARCHEGGIO CAMPER ORVIETO CENTRO

Hier können Sie zwar nicht übernachten, aber für den Besuch der Altstadt ist dieser Platz ideal und kostengünstig. Parken Sie bitte nicht auf den weiß markierten Flächen, die sind für die Anwohner reserviert.

Via Roma 3, 05018 Orvieto
GPS: 42.72170, 12.11660

schen Labyrinths ist für Besichtigungen zugänglich. Mittelpunkt der Stadt ist die Piazza mit dem Dom, der als eines der schönsten gotischen Gotteshäuser in ganz Italien gilt. An ihm wurde 500 Jahre lang gebaut, vollendet wurde er erst im späten 17. Jahrhundert. Seine Entstehung verdankt er der Legende vom »Messwunder von Bolsena«. Keinesfalls sollte man sich einen Spaziergang auf der Stadtbefestigung vom ältesten Stadttor, der Porta Maggiore, zum Kirchlein San Giovanni entgehen lassen. Von hier aus bietet sich eine einzigartige Aussicht über die alte Stadt und das Tal.

Auf der S448 geht es weiter nach Todi.

12 Todi

Wie eine mittelalterliche Festung liegt Todi auf einem Bergrücken hoch über dem Tibertal. 1990 wurde es zur Stadt mit der weltweit höchsten Lebensqualität ernannt. Eine Auszeichnung, die man verstehen kann, wenn man durch die pittoreske Altstadt bummelt und die Atmosphäre genießt. Mittelpunkt der Stadt ist die Piazza del Popolo, ein Platz, auf dem das Mittelalter zum Greifen nah scheint. An seiner Nordseite führt eine Freitreppe zu dem romanischen Dom, dessen Baubeginn im 12. Jahrhundert liegt. Er ist umgeben von mittelalterlichen Palästen aus dem 13. und 14. Jahrhundert, wie dem Palazzo dei Priori und dem Palazzo del Capitano del Popolo.

Einen kleinen Abstecher in die Umgebung von Todi lohnt die Kirche Santa Maria della Consolazione, ein Meisterwerk der Hochrenaissance, das dem Baumeister Bramante zugeschrieben wird. Im Inneren des Zentralkuppelbaus befindet sich eine Reihe herrlicher Barockaltäre.

Auf der S3 gelangt man in die Hauptstadt Umbriens.

13 Perugia

Die Hauptstadt der Provinz als auch der Region Umbrien liegt auf einem Höhenzug zwischen dem Tibertal und dem Trasimenischen See. Perugia hatte schon in etruskischer Zeit große Bedeutung und hat diese bis heute nicht verloren. Das lässt sich auch an den vielen kostbaren historischen Bauten ablesen, welche der Altstadt von Perugia mit ihren engen, häufig überdachten Gassen und den eindrucksvollen Plätzen ihr ganz spezielles Flair geben. Durch die Università per Stranieri, die Ausländeruniversität, ist Perugia ein Zentrum junger Menschen aus aller Welt

Ganz oben: Immer wieder finden sich auf der Strecke lauschige Stellplätze, auf denen man im letzten Licht der Abendsonne auf einen erlebnisreichen Tag zurückblicken kann.

Oben: Der Brunnen Pozzo di San Patrizio in Orvieto ist mit einer doppelten Wendeltreppe ausgestattet.

Bildleiste von oben: Warm scheint die Sonne über dem Gerstenfeld und lädt dazu ein, die Seele baumeln zu lassen.

Den Mittelpunkt Perugias bildet die Piazza IV Novembre mit dem Palazzo dei Priori und der Fontana Maggiore.

Auf mehreren Hügeln breitet sich das schöne Assisi aus.

AREA SOSTA CAMPER, PERUGIA

Dieser große Stellplatz ist komplett ausgestattet, die Stellflächen ausreichend dimensioniert. Um in die Altstadt zu kommen, werden zu Fuß 30 bis 40 Minuten benötigt, je nach Kondition, denn es sind mehr als 160 Höhenmeter zu überwinden.

SS75bis, 06129 Perugia
GPS: 43.35571, 12.76748

CAMPING FONTEMAGGIO, ASSISI

Ein ruhiger und geräumiger Campingplatz in Hanglage, der mit allen Notwendigkeiten für den Wohnmobilisten ausgestattet ist. Er liegt rund 15 Gehminuten vom historischen Zentrum entfernt. Dieser Platz hat keine Winterpause.

Via Eremo delle Carceri 24, 06081 Assisi
www.fontemaggio.it, GPS: 43.06522, 12.63075

geworden. Aber auch Kongresse und Messen machen es zu einer höchst lebendigen, modernen Metropole, was einen reizvollen Gegensatz zum alten Teil der Stadt bildet. Mittelpunkt der Altstadt von Perugia ist auch heute noch die Piazza IV Novembre. Hier fließen seit dem Jahr 1278 die Wasser der Fontana Maggiore, die durch ein raffiniertes Röhrennetz von den Hügeln rund um die Stadt gespeist wird. An der Nordseite des Platzes führt eine Treppe zum gotischen Dom San Lorenzo. Der im 13. Jahrhundert erbaute mächtige Palazzo dei Priori war im Mittelalter Sitz von insgesamt zehn Prioren. Die zur Piazza IV Novembre gerichtete Fassade wird von einer schwungvollen Freitreppe und einem schönen Portal geschmückt. Im Inneren des Palasts befindet sich heute die Galleria Nazionale dell'Umbria mit Werken umbrischer Künstler. Die Route führt weiter auf der S75 oder der reizvolleren S147 ins schöne Assisi.

14 Assisi

Die umbrische Kleinstadt, gelegen am westlichen Ausläufer des Monte Subasio, wäre sicherlich nicht so bekannt, wenn mit dieser Ortschaft nicht ein außerordentlicher Heiliger untrennbar verbunden wäre: Giovanni Bernardone, der als Franz von Assisi den Namen seiner Heimatstadt seit Jahrhunderten in alle Welt trägt. Assisi ist eine der am meisten besuchten Pilgerstätten Italiens und das nicht nur aufgrund der bestens erhaltenen mittelalterlichen Altstadt und der Festungsruine Rocca Maggiore. Der größte Anziehungspunkt von Assisi sind zweifellos das Kloster und die Basilica di San Francesco, die am nordwestlichen Ende der Stadt prachtvoll und weithin sichtbar auf einem Hügel thronen. Die Basilika

aus dem 13. Jahrhundert wurde als Grabeskirche des beliebten Heiligen errichtet und besteht aus zwei übereinandergebauten Kirchen. Mit ihren beeindruckenden Temperafresken, die Szenen aus dem Leben des heiligen Franziskus zeigen, steht sie als Weltkulturerbe unter dem Schutz der UNESCO.

Durch die hügelige Landschaft des ländlichen Umbriens geht es weiter auf der S3.

15 Spoleto

Am linken Ufer des Tessino liegt Spoleto, eine Stadt mit reicher Geschichte. Am Domplatz erhebt sich der eindrucksvolle Dom Santa Maria Assunta, dessen Fassade ein Mosaik aus dem 12. Jahrhundert dominiert. Das Innere ist ganz im Barockstil gehal-

AUSFLUGSZIELE

Franz von Assisi

Franziskus (Giovanni Bernardone) war der Sohn eines wohlhabenden Kaufmanns. Während einer Messe im Jahr 1208 soll er eine Stimme vernommen haben, die ihn aufforderte, in die Welt zu gehen, allem Besitz zu entsagen und Gutes zu tun. 1209/1210 gründete er den Orden der Minderbrüder. Die endgültigen Regeln des neu geschaffenen Franziskanerordens bestätigte 1223 Papst Honorius III. Schon zu Lebzeiten des Ordensgründers entstanden zahlreiche Klöster, die große Bedeutung für Armenpflege, Seelsorge und Predigt erlangten. Viele Zeugnisse berichten von Franziskus' Demut – Mensch und Tier waren ihm Schwester und Bruder, wie es sein »Sonnengesang« und die Legende von der »Vogelpredigt« verdeutlichen. Franziskus wurde 1228 heiliggesprochen. Seit 1939 ist er der Patron Italiens.

 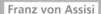

Die Basilika San Francesco in Assisi gilt als größte »Bilderkirche« Italiens.

ten. Weiter auf der Via Saffi gelangt man über die Piazza Campello und die Via Rocca zur Burg hinauf, die sich mit ihren Türmen wuchtig über der Stadt und dem Tal erhebt. Sie wurde im 14. Jahrhundert erbaut und war Sitz des päpstlichen Statthalters. In dieser Funktion lebte hier für kurze Zeit die berühmte Papsttochter Lucrezia Borgia. Die Route folgt weiterhin der S3.

16 Terni

Die Hauptstadt der gleichnamigen Provinz, deren historisches Stadtbild im Zweiten Weltkrieg nahezu vollständig zerstört wurde, wurde hochmodern wiederaufgebaut. Eine der wenigen erhaltenen Gassen der Altstadt ist die Via Roma, die an der Piazza Europa beginnt.

Auf der Weiterfahrt entlang der S79 wartet sieben Kilometer östlich von Terni ein Naturschauspiel: die Cascate delle Marmore, die als die schönsten Wasserfälle Italiens gelten. Die Cascate delle Marmore funktionieren nur auf Knopfdruck. Seit 1924 wird das aus der Ebene von Rieti 165 Meter tief ins Neratal stürzende Wasser des Velino in Röhren gefasst und zur Stromerzeugung genutzt. Ein schöner Aussichtspunkt liegt oberhalb der Fälle bei Marmore.

17 Rieti

Die Stadt Rieti wird aufgrund ihrer zentralen Lage auch als »Ombelico d'Italia«, sprich: Mittelpunkt (wörtlich »Nabel«) Italiens, bezeichnet. Zu den Sehenswürdigkeiten von Rieti gehört der Dom, der sich auf der Piazza Cesare Battisti befindet. Das Theater Flavio Vespasiano gilt als besonderes akustisches Kleinod Itali-

ens. Auch der heilige Franziskus spielt in Rieti und Umgebung eine wichtige Rolle. Aus diesem Grund werden die vier Heiligtümer Convento Colombo, di Greccio, Poggio Bustone und la Foresta, die sich in der Valle Santa befinden, jährlich von vielen Pilgern besucht. Mitten durch eine herbe und wilde Berglandschaft geht es über die Straßen S4, S80 und S17 weiter hinein in die Abruzzen.

18 L'Aquila

Schon wenn man die 700 Meter hoch gelegene Hauptstadt der Ab-

ruzzen erreicht, zieht den Betrachter der Blick auf den im Winter schneebedeckten Gran Sasso in seinen Bann. Die Altstadt rund um die Piazza Duomo wird jedoch für die nächsten Jahre noch mit Kränen bestückt bleiben, die Renovierungsarbeiten wegen des schweren Erdbebens 2009 dauern an.

Unter den zahlreichen Kirchen der Stadt ragt die prächtige Basilika Santa Maria di Collemaggio aus dem 13. Jahrhundert heraus. Der Erbauer, Bruder Pietro da Morrone, wurde im Jahr 1294 in der Basilika als Papst

Coelestin V. inthronisiert. Das Grabmal des Erbauers, dessen Leben und Werk in anschaulichen Wandmalereien geschildert wird, konnte nach dem Beben geborgen werden. Ein weiterer bedeutender Sakralbau ist die Bernhardinbasilika, die Grablege des heiligen Bernhardin von Siena, mit ihrer klassizistischen, die Horizontale betonenden Fassade. Doch sie wurde beim Erdbeben 2009 schwer in Mitleidenschaft gezogen. Auf der S17 fährt man weiter Richtung Gran-Sasso-Massiv.

19 Santo Stefano di Sessanio

Das Dorf Santo Stefano di Sessanio in den Abruzzen lag lange Jahre im Dornröschenschlaf. Viele Einwohner hatten ihre Häuser Mitte der 1950er-Jahre verlassen und waren auf der Suche nach Arbeit und einem besseren Leben fortgezogen. Durch einige Enthusiasten, die sich in die Landschaft und den Ort verliebt hatten, wurden in den 1990er-Jahren die oft ineinander verschachtelten Häuser mit viel Liebe zum Detail wieder perfekt instand gesetzt und das Dorf zu neuem Leben erweckt. Santo Stefano di Sessanio gilt heutzutage als einer der schönsten Orte in den Abruzzen und hat sich alle Merkmale eines befestigten mittelalterlichen Orts bewahrt. Darüber hinaus ist es als »Dorf der Linsen« bekannt, denn in der Umgebung des Dorfs, auf rund 1300 Meter Meereshöhe, werden Linsen angebaut, die als eine Spezialität der Abruzzen gelten.

Ein Besuch in Santo Stefano di Sessanio lässt sich wunderbar mit einem Ausflug in die wildromantische Berglandschaft des Nationalparks des Gran Sasso verbinden, der über die S17 zu erreichen ist.

Ganz links: Ein romanisches Juwel ist die Kathedrale von Spoleto.

Links oben: Piazza Vittorio Emanuele II in Rieti.

Links: 20 Kilometer von Rieti entfernt liegt der Monte Terminillo.

Höchste Erhebung des Nationalparks Gran Sasso d'Italia und der Apenninen ist der 2912 Meter hohe Corno Grande.

20 Nationalpark Gran Sasso d'Italia

Der »große Fels Italiens« bildet den östlichsten und auch höchsten Punkt der Abruzzen. Der Gran Sasso d'Italia ist ein Hochgebirge mit schroffen, an die Dolomiten erinnernden Kalksteinwänden und über den größten Teil des Jahres hinweg schneebedeckt. Höchster Berg ist der 2912 Meter hohe Corno Grande. Der Nationalpark bietet seinen Besuchern beeindruckende Bergmassive und präsentiert im Campo Imperatore eine Hochebene, die ganz und gar nicht europäisch anmutet. Sie ist 27 Kilometer lang und acht Kilometer breit und liegt 1800 Meter über dem Meeresspiegel. Die Abruzzesen nennen das Plateau auch »kleines Tibet«. Zum Gran-Sasso-Nationalpark gehört auch der südlichste Gletscher Europas, der Ghiacciaio del Calderone (an der Nordseite des Gran Sasso). Zugang zum Park besteht in den Orten Assergi und Colledara.

Die Route führt weiter auf den Straßen S17 und S151.

21 Loreto Aprutino

Das auf einer Anhöhe über dem Tal des Tavo gelegene alte römische Laurentum hat sein mittelalterliches Stadtbild bewahrt; im oberen Ortsteil bezeugen dies einige Gebäude aus dem 15. Jahrhundert. Unter ihnen ragt die Pfarrkirche San Pietro Apostolo heraus, die eine offene Loggia mit dreibogigen romanischen Fenstern aufweist. Im Frühjahr, am ersten Montag nach Pfingsten, zieht aus Anlass der Festa di S. Zopito eine Prozession durch die Straßen, wobei ein als Engel verkleidetes Kind auf einem mächtigen, für das Fest geschmückten Ochsen mitreitet.

Auf der S151 gelangt man hinab zur Adriaküste.

22 Pescara

Die Lage von Pescara an der Adriaküste und am östlichen Rand der Abruzzen, ihre geografische Scharnierfunktion als Verkehrsknotenpunkt zwischen Nord- und Süditalien, hat maßgeblich zu seiner wirtschaftlichen Entwicklung beigetragen.

Im Zweiten Weltkrieg wurde die Stadt schwer zerstört, heute prägen vor allem moderne Gebäude das Erscheinungsbild Pescaras. Im Museo Casa Natale di Gabriele D'Annunzio kann die Geburtsstätte des Dichters besichtigt werden. Bekannt ist die Stadt samt Umgebung jedoch vorwiegend für ihre Adriastrände, die vielfältige Bade- und Wassersportmöglichkeiten bieten.

Die S5 führt in das Landesinnere hinein ins Pescaratal.

23 Castiglione a Casauria

In den Abruzzen erweist sich das Mittelalter als goldene Zeit der Kirchen, Klöster und Burgen. Beispielhaft dafür ist die romanische Abtei San Clemente a Casauria im kleinen Dorf Castiglione a Casauria. Dank ihrer ausgesprochen harmonischen Gestaltung und ihres Skulpturenreichtums gilt sie als eines der bedeutendsten Bauwerke der Region. Lokale Bildhauerei und abruzzesische Romanik haben hier ihren Höhepunkt erreicht. Die Ausbreitung der Benediktiner gewann mit dem Beginn der Herrschaft der Franken an Bedeutung. Diese förderten die Entstehung von einheimischen Abteien wie San Clemente a Casauria.

Rechts: Loreto Aprutino zieht sich eine Anhöhe im Flusstal des Tavo hinauf.

Unten: Nur außerhalb der Saison oder an Regentagen ist es in Pescara so leer wie auf diesem Bild.

Die Spuren dieses politischen, religiösen und künstlerischen Eifers prägen noch heute das abruzzesische Gebiet, das bis in die entferntesten Winkel mit alten Klöstern übersät ist. Auf der S487 gelangt man zum Nationalpark Maiella.

24 Nationalpark Maiella

Der 74 Hektar große Nationalpark ist nicht nur reich an wilder Natur, sondern auch an geschichtlichen, architektonischen und archäologischen Stätten. Bauern- und Klosterdörfer sowie Einsiedeleien gestalten diese karge Landschaft. Lange Zeit wurde das Gebiet der Maiella von Räubern beherrscht. Davon gibt es noch heute erkennbare Zeichen wie die Gravierungen auf dem Tavola dei Briganti genannten Fels. Früher war die Armut hier unvorstellbar, ein Leben

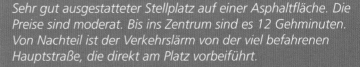

AREA SOSTA CAMPER, TERNI

Sehr gut ausgestatteter Stellplatz auf einer Asphaltfläche. Die Preise sind moderat. Bis ins Zentrum sind es 12 Gehminuten. Von Nachteil ist der Verkehrslärm von der viel befahrenen Hauptstraße, die direkt am Platz vorbeiführt.

Via G. Lombardo Radice, 05100 Terni
GPS: 42.56414, 12.64055

AREA PARCHEGGIO CAMPER, L'AQUILA

Es gibt zwei zentrumsnahe Stellplätze in dieser Stadt. Beide sind kostenlos und beide verfügen über eine Ver- und Entsorgungsstation. Den ruhigeren und schattigen finden Sie hier am Südrand der Altstadt. Der zweite Platz befindet sich in der Nähe der Festung. Er liegt direkt an der Straße und ist deshalb auch in der Nacht nicht ruhig.

Via XXIV Maggio, 67100 L'Aquila /
Via Strinella, 67100 L'Aquila
GPS: 42.35405, 13.41515

Links: Ariccia weiß mit seinem schlichten Charme für typisch italienisches Sommerfeeling zu sorgen.

Malerische Dörfer wie Pacentro mit seiner Kirche Santa Maria della Misericordia und alter Bausubstanz findet man noch öfter in den Abruzzen.

als Räuber der letzte Ausweg. »Chi non ruba, non ha roba« (»Wer nicht raubt, hat nichts zum Anziehen«), hieß es damals. Gleichwohl sind die Abruzzen ein jahrhundertealtes Kulturland. Die harten Winter zwingen die Bevölkerung zum Heizen und damit zum Holzeinschlag, was zur Entwaldung weiter Landstriche führte. Die Landwirtschaft, vor allem die Tierzucht, ist neben dem aufkomenden Tourismus wichtiges Standbein der Wirtschaft. Im Nationalpark ist die kommerzielle Nutzung der natürlichen Ressourcen in bestimmten Grenzen erlaubt. Besonders gefördert werden extensive Schafzucht, die Haltung seltener Nutztierrassen und biologische Landwirtschaft.

Über die S487, die mitten durch den Nationalpark führt, erreicht man eine der schönsten Ortschaften dieser Gegend.

25 Pacentro

Das malerische Dorf mit seinen kleinen, verwinkelten Gassen zieht sich einen Hügel der Montagne del Morrone hinauf. Die Bausubstanz stammt noch vorwiegend aus dem 16. bis 19. Jahrhundert. Seine markantesten Gebäude sind die Ruinen einer pittoresken Burg sowie die Kirche Santa Maria della Misericordia. Seit dem 19. Jahrhundert haben jährlich unzählige Abruzzesen ihre Heimatregion verlassen, um in den großen Städten Italiens, in Deutschland oder in Amerika ein besseres

---

PARCHEGGIO IAPASSERI, SULMONA

Vollständig neu eingerichteter kostenpflichtiger Stellplatz mit allen notwendigen Ver- und Entsorgungseinrichtungen. Er liegt rund 10 Gehminuten vom historischen Zentrum entfernt.

Via Iapasseri, 67039 Sulmona
GPS: 42.05165, 13.92463

PARCHEGGIO LUNGO ANIENE IMPASTATO, TIVOLI

Lang gezogener kostenloser Parkplatz an der Aniene. 900 Meter bis zur Villa d'Este, 1,2 Kilometer bis zur Grande Cascata di Tivoli.

00019 Tivoli
GPS: 41.96092, 12.79888

Leben zu finden. Darunter befanden sich 1929 übrigens auch Michelina und Gaetano Ciccone, die Großeltern von Louisa Maria Ciccone – dem Pop-Megastar Madonna.

Über die Landstraßen S479, S83 und S214 schlängelt sich unsere Route weiter nach Frosinone.

26 Frosinone

Die Gegend von Frosinone wurde schon um 500 v. Chr. besiedelt. Im Kommunalmuseum können frührömische Funde besichtigt werden. Auf der S6 fährt man über Valmontone weiter bis Artena und folgt dann den Straßen S600 und S7 nach Ariccia.

27 Ariccia

Der als Sommerfrische beliebte Ort liegt auf einem Felsen und ist vom Grün der Albaner Berge umgeben. Ariccia ist eines der »Castelli romani«. Im 4. Jahrhundert v. Chr. kam die latinische Stadt unter römische Herrschaft, bei den Einfällen der Barbaren und Sarazenen wurde sie zur Hälfte zerstört. Um das Jahr 1000 fiel sie an die Grafen von Tusculum, die Ariccia zu einer wichtigen Befestigungsanlage erweiterten. Fabio Chigi, seit 1655 Papst Alexander VII., beauftragte 1661 Gian Lorenzo Bernini damit, den mittelalterlichen Ortskern umzugestalten. Bernini schuf dort die Kirche Santa Maria dell'Assunzione und den Palazzo Chigi. Der Viadukt, den Papst Pius IX. im 19. Jahrhundert erbauen ließ, ist heute restauriert.

Auf der S7 ist es jetzt nicht mehr weit bis Castel Gandolfo, dem Endpunkt unserer Reise.

AUSFLUGSZIELE

Nationalpark Abruzzen

Der wilde Parco Nazionale d'Abruzzo wurde 1922 als erstes Schutzgebiet Italiens eingerichtet. Er ist in verschiedene Schutzzonen eingeteilt und für Touristen nur teilweise erschlossen. Die Mehrzahl der Bergkämme und Gipfel erreicht Höhen zwischen 1600 und 2000 Metern. Im Tal, das sich über die komplette Länge des Nationalparks erstreckt, befinden sich die größten Siedlungen und die wichtigsten Verkehrswege. Das gesamte Areal des Parks ist altes Weidegebiet, das früher von Schäfern mit ihren Herden durchzogen wurde. Zwei Drittel der Fläche bestehen aus dicht bewaldeten Regionen mit jahrhundertealten Buchenwäldern, in denen es einzigartige Tiere und Pflanzen gibt. Besonderen Schutz genießen die Braunbären und Wölfe, die in den höher liegenden Regionen in nahezu unberührter Natur leben.

Der Abruzzen-Braunbär ist das Wahrzeichen des Nationalparks. Neben »Meister Petz« leben hier auch Wölfe und Gämsen. Zahlreiche Besucherzentren, wie etwa dasjenige in Civitella Alfedena, informieren über Landschaft, Geschichte sowie Tier- und Pflanzenwelt der Abruzzen.

Hadriansvilla

Der Bau der Hadriansvilla bei Tivoli wurde im 2. Jahrhundert von Kaiser Hadrian in Auftrag gegeben. Die Anlage umfasste vermutlich ein Areal von 120 Hektar. In dem heute zugänglichen Bereich von 40 Hektar befinden sich Gebäude, Pavillons, Gärten und Wasseranlagen, die jeweils auf verschiedene Achsen hin ausgerichtet sind. Wahrscheinlich hat Kaiser Hadrian an der Planung dieser »idealen Stadt« auch selbst mitgewirkt. Ihre Lage außerhalb Roms ist wohl auf die schlechten Beziehungen des Kaisers zum Senat zurückzuführen, doch auch die nahen Steinbrüche und zwei Flüsse, durch die der enorme Wasserbedarf der Bäder und Wasserspiele gedeckt werden konnte, sprachen dafür. Die Inselvilla ist einer der bekanntesten Bauten auf dem Areal, ein Rückzugsort des Kaisers. Daran schlossen sich Gärten, Bibliotheken und Thermen an. Eine Zugbrücke und ein ringförmiger Kanal riegelten die Inselvilla von der Außenwelt ab. Der ursprüngliche Zweck der einzelnen Gebäude ist heute nicht mehr gänzlich nachvollziehbar. Seit 1999 ist die Hadriansvilla Weltkulturerbe der UNESCO.

GPS: 41.94078, 12.77629

28 Castel Gandolfo

Der ruhige Wohnort liegt oberhalb des Albaner Sees zwischen Gärten, Weinbergen und Olivenhainen. Möglicherweise befand sich hier die antike Stadt Alba Longa, die in der römischen Mythologie eine bedeutende Rolle bei der Gründung der Stadt Rom einnahm. Im 17. Jahrhundert wurde das Städtchen von den Baumeistern Carlo Maderno und Gian Lorenzo Bernini umgestaltet. Bernini schuf auf Wunsch von Papst Urban VIII. den päpstlichen Palast, in dem auch die Specola Vaticana, das Observatorium, angesiedelt ist. Der Ort wuchs seit dem 11. Jahrhundert im Schatten des Kastells und dient nach wie vor dem Papst als Sommerresidenz. Zum Schluss der Reise empfiehlt sich noch ein Abstecher zur berühmten Hadriansvilla bei Tivoli. Die Villa war einst Sommerresidenz und Alterssitz des berühmten, römischen Kaisers Hadrian, sie stammt aus dem 2. Jahrhundert n. Chr. Die Ruinen sind sehr eindrucksvoll.

Unten: Ein herausragendes Zeugnis römischer Baukunst ist die Hadriansvilla samt Gärten in Tivoli bei Rom.

Rechts: Sommerresidenz des Papstes ist Castel Gandolfo mit dem Palazzo Papale und der Sternwarte.

ROUTE 7

VIA APPIA

Vom strahlenden Glanz des antiken Rom ist relativ wenig erhalten geblieben, aber das wenige ist eindrucksvoll genug: Kolosseum, Caracalla-Thermen, Pantheon, Domus Aurea, Titusbogen, Forum Romanum, Kaiserforen und Kapitol. Viel stärker jedoch ist das heutige Rom von der schier ungebremsten Baulust der Päpste geprägt, die vor allem während der Renaissance und des Barock allerorten prunkvolle Kirchen, Paläste, Plätze und Brunnen von den besten Architekten ihrer Zeit schaffen ließen. Rom war auch Ausgangspunkt der antiken Via Appia, die ursprünglich nur bis Capua führte. Erst um 190 v. Chr. wurde sie über Benevento und Tarent bis Brindisi verlängert. Zunächst führt die Straße von Rom hinaus in das Hügelland der Colli Albani, wo sich im Mittelalter Päpste und römische Adlige Villen und Burgen bauen ließen. Ab Velletri führt die Via Appia fast schnurgerade bis zum heutigen Terracina am Tyrrhenischen Meer und über Gaeta nach Capua ins Landesinnere. Von dort aus gab und gibt es eine Art Stichstraße zur einstigen griechischen Stadt Neapolis, dem heutigen Neapel. Ab Neapel bewegt man sich rund um den Golf stets am Meer entlang bis nach Sorrent. Auf der südlichen Seite der Halbinsel Sorrent beginnt die felsige und steile Amalfiküste mit ihren pastellfarbenen Bilderbuchdörfern zwischen azurblauem Meer und grün-gelb leuchtenden Zitronenbäumen, die Sie mit dem Wohnmobil allerdings nicht befahren dürfen. Die Route führt an der Küste weiter nach Paestum. Hinter Sapri verlässt man die Küstenstraße und fährt ostwärts quer durch das Landesinnere und die Region Basilicata hinüber zum Golf von Tarent. Von Metaponto aus macht die Route einen Schlenker nach Matera. Tarent ist Ausgangspunkt für die Fahrt durch das »Land der Trulli«, dessen Hauptstadt Alberobello ist. Auf dem Weg über Ostuni mit den weiß getünchten Häusern gelangt man schließlich nach Brindisi.

Auf die Spuren der Vergangenheit trifft man auf der Via Appia allerorten, zum Beispiel auf den Tempel des Jupiter in Terracina.

Vom Tyrrhenischen Meer an die Adria

»Alle Straßen führen nach Rom« hieß es einst zu Zeiten des Imperium Romanum, als Rom den Römern noch als Nabel der Welt galt. Die wohl bekannteste dieser antiken Straßen ist die Via Appia Antica, der die folgende Route in weiten Teilen folgt.

Für den Besuch von Rom, der Ewigen Stadt, sollte man einige Tage einplanen. Zu schade wäre es, die zahlreichen Sehenswürdigkeiten nicht gesehen zu haben.

ROUTE 8

Streckenlänge: ca. 650 km
Zeitbedarf: 10–12 Tage
Routenverlauf (Haupt-orte): Rom, Frascati, Velletri, Latina, Terracina, Gaeta, Capua, Neapel, Sorrento, Salerno, Paestum, Metaponto, Matera, Tarent, Martina Franca, Brindisi
Charakteristik: Als Wohnmobilist kann man die Ortschaften der Amalfiküste nicht direkt anfahren, sie sind aber bequem mit der Bahn zu erreichen.
Informationen:
www.neapel-kampanien.de
www.viaggiareinpuglia.it

Hier geht's zum GPS-Track

01 Rom

Die »Ewige Stadt«, mit unvergleichlichen Kunstschätzen und Architekturdenkmälern aus allen Epochen gesegnet, Zentrum der katholischen Welt, gleichzeitig lebhafte Hauptstadt Italiens, muss man gesehen haben, um die abendländische Kulturgeschichte zu verstehen. Die Stadt am Tiber – erbaut auf sieben Hügeln – blickt auf eine lange, bewegte Geschichte zurück, die ihre Spuren in Stadtvierteln, Plätzen, Straßenzügen, Baudenkmälern und Kunstschätzen hinterlassen hat, in allen nur denkbaren Baustilen und Kunstrichtungen. Heute sind nicht mehr alle antiken sieben Hügel im Häusermeer auszumachen, aber von der Piazza del Quirinale auf dem Quirinal, dem höchsten unter ihnen, hat man eine herrliche Aussicht auf die Stadt.

Als Gründungsjahr Roms wird 753 v. Chr. angegeben, wobei die ersten Siedlungsspuren deutlich älter sind. Einschneidend war das Jahr 509 v. Chr., als die Zeit der römischen Republik begann, einer Republik, die vor allem auf Expansion ausgerichtet war. Rom wurde die Herrin des Mittelmeers, schließlich in der Kaiserzeit die Herrscherin über die damals bekannte Welt. Nach dem Zerfall des Römischen Reichs begann im Mittelalter das Zeitalter der Päpste – diesmal war Rom vor allem geistliches Zentrum. Politische Bedeutung erhielt die Stadt aber erst wieder im 19. Jahrhundert, als Italien vereint und Rom Hauptstadt des Königreichs Italien wurde.

Sehenswürdigkeiten im antiken Rom: Forum Romanum, der zentrale Platz der alten Stadt; Kolosseum mit viergeschossiger Arena; Pantheon, das kuppelgekrönte Meisterwerk antiker Architektur. Vatikanstadt: Petersdom, kuppelgekrönter Monumentalbau im Renaissancestil; Vatikanische Museen und Galerien, die weltweit wohl größte Kunstsammlung; Sixtinische Kapelle; Santa Maria Maggiore mit Originalmosaiken des 5. Jahrhunderts (Exklave des Vatikans).

Beim Park und der Villa Borghese: Villa Giulia, einst päpstliche Sommerresidenz, mit Etruskischem Nationalmuseum.

Wahrzeichen und beliebter Treffpunkt in Rom ist die Spanische Treppe, die ihren Namen der nahen Residenz des spanischen Gesandten verdankt.

Treffpunkte: Barockplatz Piazza Navona, Barockbrunnen Fontana di Trevi, Spanische Treppe.

Ausflüge: Via Appia Antica zu den Katakomben von San Callisto und San Sebastiano; Tivoli.

Früher hieß die Porta Sebastiano Porta Appia, denn das antike Stadttor markierte den Beginn der Via Appia. Im Umfeld liegen u. a. die Grabstätte der Scipionen, der berühmte Marstempel und das Grab der Cecilia Metella auf dem zypressengesäumten Weg hinaus nach Frascati.

02 Frascati

Das bekannteste der Castelli Romani ist berühmt für seine herrliche Lage, die zahlreichen Patriziervillen (z. B. Villa Aldobrandini des 17. Jahrhunderts), seinen hervorragenden Weißwein und die »porchetta«, knuspriges Spanferkel vom Grill. All das hat schon den Päpsten gemundet, weshalb Frascati bis zum Umzug nach Castel Gandolfo lange Zeit ihre Sommerresidenz war. Fünf Kilometer östlich der Stadt liegen die Reste des antiken Tusculum, des Lieblingsaufenthalts Ciceros.

Einige Orte in der Umgebung Frascatis lohnen ebenfalls einen Besuch. Die Hauptattraktion des drei Kilometer südlich von Frascati gelegenen Grottaferrata ist das burgartige, 1004 gegründete Kloster San Nilo mit herrlichen Fresken von Domenichino aus dem 17. Jahrhundert.

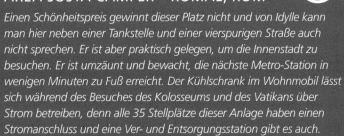

AREA SOSTA CAMPER – ROMAE, ROM

Einen Schönheitspreis gewinnt dieser Platz nicht und von Idylle kann man hier neben einer Tankstelle und einer vierspurigen Straße auch nicht sprechen. Er ist aber praktisch gelegen, um die Innenstadt zu besuchen. Er ist umzäunt und bewacht, die nächste Metro-Station in wenigen Minuten zu Fuß erreicht. Der Kühlschrank im Wohnmobil lässt sich während des Besuches des Kolosseums und des Vatikans über Strom betreiben, denn alle 35 Stellplätze dieser Anlage haben einen Stromanschluss und eine Ver- und Entsorgungsstation gibt es auch.

Via dell'Arco di Travertino 5, 00178 Roma
GPS: 41.89332, 12.48293

PARCHEGGIO STAZIONE, FRASCATI

Dieser kostenpflichtige Parkplatz am Bahnhof ist erstaunlich ruhig. Er verfügt über keinerlei Ver- und Entsorgungseinrichtungen. Er ist rund 500 Meter von der Innenstadt entfernt und kann, dank Zugverbindung, auch als Ausweichparkplatz für einen Besuch Roms genutzt werden.

Via A. Mancini, 00044 Frascati
GPS: 41.80664, 12.67664

Zu jeder Tageszeit ein prächtiger Anblick ist der berühmte Petersdom.

Einen Abstecher in die Albaner Berge (Colli Albani), die schon in der Antike Sommerrefugium reicher Römer waren, lohnt der kleine Ort Rocca di Papa, etwa acht Kilometer südöstlich von Frascati. Vom 949 Meter hohen Monte Cavo hat man einen herrlichen Blick. Ein wenig südlich von Frascati liegt Marino. Während des Weinfestes am ersten Oktoberwochenende spendet hier die Fontana dei Mori statt Wasser Wein.

03 Castel Gandolfo

Seit 1604 ist das idyllisch am Albaner See (Lago di Albano) gelegene Städtchen Sommerresidenz der Päpste. Der 1624 bis 1629 erbaute Papstpalast und eindrucksvolle Villen wie die Villa Barberini und die Villa Cyco prägen den Ort. Sehenswert ist auch die Piazza mit der Kirche San Tommaso von Bernini.

04 Albano Laziale

Hier, hoch über dem Albaner See, soll einst das legendäre latinische Alba Longa gelegen haben, ehe der Aufstieg Roms begann. Die Reste einer Villa des Pompeius sind noch zu besichtigen. In Ariccia, dem benachbarten und von Bernini geprägten Ort, lohnen der Palazzo Chigi und die Kirche Santa Maria dell'Assunzione (1665) einen Besuch.

05 Genzano

Das Städtchen zwischen Via Appia Antica und Lago di Nemi ist berühmt für seine alljährliche »Infiorata« am Sonntag nach Fronleichnam, wenn ein Bilderteppich aus Blumen die Via Italo Belardi bis hinauf zur Kirche Maria della Cima schmückt. Die Blumen stammen allerdings aus dem benachbarten Ort Nemi, der auch als Erdbeerzentrum einen Ruf hat.

06 Velletri

Das südlichste der Castelli Romani am Rand der Via Appia Antica ist bekannt für seine Weine. Sehenswert sind u. a. die Piazza Cairoli mit der 50 Meter hohen Torre del Trivio (1353), dem Palazzo Comunale (1590) und der Kathedrale.

Von Velletri führt die Via Appia Antica weiter nach Latina.

07 Latina

Die Ortschaft ist ein guter Ausgangspunkt für einen Ausflug in den wald- und seenreichen Naturpark Circeo, der sich über die bergige Landzunge Monte Circeo erstreckt. An deren Spitze liegt die angebliche Grotte der Zauberin Circe aus Homers »Odyssee«. Von Latina führt der Weg in die Küstenstadt Terracina.

08 Terracina

Die Stadt – heute ein bekannter Badeort – war einst eine bedeutende römische Handelsstadt, von der noch einige Zeugnisse erhalten sind. Die verheerenden Bombenangriffe des Zweiten Weltkriegs hatten den Nebeneffekt, dass viele der antiken Stätten freigelegt wurden, darunter auch ein Teil der Via Appia sowie das Originalpflaster des römischen Forums. Aus dem Mittelalter stammt der Dom, an dessen Stelle sich einst ein Tempel befunden hat. Zu seinen Schätzen gehört ein Mosaikfußboden aus dem 13. Jahrhundert. Eine landschaftlich schöne Küstenstraße führt zum nächsten Küstenort.

09 Gaeta

Die Altstadt, deren Silhouette von dem aragonischen Kastell und der Kirche San Francesco geprägt wird, liegt malerisch auf einer Halbinsel. Die Stadt lohnt vor allem wegen des einzigartigen Glockenturms des Doms einen Besuch, dessen Ziegel bunt gebrannt sind. Eine Kuriosität hat die kleine Kirche San Giovanni a Mare vorzuweisen: Ihr Fußboden wurde von den Erbauern in weiser Voraussicht schräg konzipiert, damit das Meerwasser bei Hochwasser wieder abfließen kann.

Schon nach wenigen Kilometern verlässt die Straße die Küste und das Meer und führt ostwärts ins Landesinnere nach Capua.

10 Capua

Hier endete einst der erste »Bauabschnitt« der Via Appia. Die nach dem

Bildleiste von oben:
Castel Gandolfo mit der päpstlichen.
Sommerresidenz.

Die Via Appia Antica wird gerne auch als das längste Museum der Welt bezeichnet.

Genzano liegt oberhalb eines erloschenen Vulkans.

Links: Frascati ist nicht nur aufgrund seiner hervorragenden Weine einen Zwischenstopp wert.

Bildleiste von oben:
Oben: Die Schlosskapelle des Palazzo Reale von Caserta ist nach dem Vorbild Versailles entstanden.

Wohl eines der schönsten Panoramen Europas: Neapel mit Castel Sant'Elmo (links), Bucht und Vesuv.

Gänzlich autofrei und schon deshalb ein Ort der Erholung ist Sant'Angelo auf Ischia. Zur entspannten Atmosphäre tragen aber auch die spektakuläre Lage und die Thermenanlagen bei.

Untergang des Weströmischen Reiches zerstörte einstige etruskische Stadt mit ihrem riesigen Amphitheater (1. Jahrhundert) wurde im 9. Jahrhundert von den Langobarden wiederaufgebaut. Der Glockenturm des Domes stammt aus dieser Zeit. Im nahe gelegenen Palazzo Antignano ist das Museo Campagna mit vielen Fundstücken aus den Grabungsstätten untergebracht. Die Route verlässt die Region Latium und führt weiter nach Kampanien.

11 Caserta

Von Capua ist es nur ein Katzensprung nach Caserta, das manchmal großspurig »Versailles des Südens« genannt wird: Der Bourbonenkönig Karl III. ließ sich hier 1752 bis 1774 nach französischem Vorbild den monumentalen Palazzo Reale erbauen, der sich um vier große Innenhöfe gruppiert und über fünf Stockwerke verfügt.
Der gesamte Komplex – von der UNESCO zum Weltkulturerbe erklärt – ist knapp 250 Meter lang und 185 Meter breit und hat nicht weniger als 1200 Zimmer mit 1800 Fenstern.

Nicht minder eindrucksvoll ist der dazugehörige 120 Hektar große Barockgarten mit seinen Skulpturengruppen und Wasserspielen – der Große Wasserfall alleine ist 78 Meter hoch! Von ganz anderer Anmutung mit seinem 1153 geweihten normannischen Dom ist das zehn Kilometer nordöstlich gelegene, mittelalterlich wirkende Bergstädtchen Caserta Vecchia.
Von Caserta sind es 40 Kilometer nach Neapel, dem ursprünglich griechischen Neapolis (7./6. Jahrhundert v. Chr.).

12 Neapel

Die drittgrößte Stadt Italiens, am gleichnamigen Golf gelegen, ist wohl die lauteste, hektischste, aber auch liebenswerteste unter den italienischen Metropolen. Über ihren engen Gassen sind noch immer die Wäscheleinen gespannt, hier bilden Reichtum und Armut einen faszinierenden, verstörenden Mix. Am besten erlebt man das Flair der Stadt in der Straßenschlucht, die die Altstadt durchschneidet und Spaccanapoli (»spaltet Neapel«) genannt wird. An der Abzweigung zur Süd-Nord-Ach-

se Via Toledo weitet sie sich zur Piazza del Gesù Nuovo. Hier erinnert eine 34 Meter hohe barocke Pestsäule an die Pesttoten des 17. Jahrhunderts. Gegenüber steht die Kirche Gesù Nuovo aus dem 16. Jahrhundert.
1995 wurde die Altstadt mit ihren fast 300 Kirchen, Burgen und Stadthäusern von der UNESCO zum Weltkulturerbe erhoben. Gleich drei Kastelle finden sich im Zentrum: Castel dell'Ovo (1154, normannische und staufische Residenz), Castel Nuovo (1279–1282) im Hafenbereich sowie das sternförmige Castel Sant'Elmo (14. bis 16. Jahrhundert) auf dem Vomero-Hügel, dem das ehemalige Kartäuserkloster Certosa di San Martino gegenüberliegt. Sehenswert sind auch der Palazzo Reale und das Teatro San Carlo (1737). Neben dem Dom San Gennaro (13. Jahrhundert) lohnt die Kirche Santa Chiara (14. Jahrhundert),

AUSFLUGSZIELE

Isola d'Ischia

Von Neapel erreicht man die Insel entweder mit einer Fähre oder mit dem Schnellboot. Wer schnell seekrank wird, sollte die letztere Option allerdings lieber vermeiden. Entstanden ist Ischia vor Tausenden von Jahren durch einen Vulkanausbruch. Bis heute ist diese Vergangenheit dank einiger natürlicher Fumarolen, durch die heißes Wasser austritt, sichtbar. Im 20. Jahrhundert entdeckten einige Künster und Schriftsteller die Insel als persönlichen Inspirationsort und gründeten Kolonien, die das Flair Ischias bis heute prägen. Zahlreiche Bäder und Heilquellen locken außerdem bis heute Touristen und Erholungssuchende auf die Insel. Zu den regionalen Spezialitäten zählen der inseleigene Wein (Ischia DOC) sowie die sogenannten Grubenkaninchen.

die Grablege der Anjou-Könige mit einem schönen Kreuzgang, einen Blick. Hinter der Kirche Della Madre di Buon Consiglio kann man hinabsteigen in die mit Fresken geschmückten frühchristlichen Katakomben. Luftiger geht es zu in den Funicolari, den in höher gelegene Stadtteile führenden Zahnradbahnen. Von unschätzbarem Wert sind die Funde im Museo Archeologico Nazionale, zu dessen Schätzen der »Farnesische Stier« aus den Caracalla-Thermen in Rom und das Mosaik der Alexanderschlacht aus Pompeji zählen.

Unabdingbarer Halt auf dem Weg nach Sorrento ist das antike Pompeji, das wie kein anderer Ort die verheerenden Kräfte des nahen Vesuvs dokumentiert.

🔢 Sorrento

Rund um den Golf von Neapel führt eine wunderschöne Küstenstraße mit grandiosem Blick auf den Golf nach Sorrento, das vis-à-vis von Capri auf einer Halbinsel liegt. Schon die römischen Kaiser ließen sich in dem auf steilen Felswänden wie auf einer Naturbühne thronenden Städtchen Villen und Tempel bauen. Im 18. Jahrhundert erlebte der Ort eine Renaissance, als ihn vor allem Künstler für sich entdeckten. Heute ist Sorrento, wo übrigens der Dichter Torquato Tasso 1544 geboren

AREA SOSTA CAMPER FEUDO DI SAN MARTINO, CASERTA

Nur 500 Meter vom Königspalast und dem Stadtzentrum von Caserta entfernt, ist dieser kostenpflichtige Platz erstaunlich ruhig gelegen. Er ist eingezäunt und videoüberwacht. Alle Ver- und Entsorgungseinrichtungen sind vorhanden, er verfügt über Stromanschlüsse für 60 Wohnmobile und ist ganzjährig nutzbar.

Via Feudo di S. Martino 5, 81100 Caserta
www.sostacampercaserta.it, GPS: 41.06484, 14.32892

CAMPING SPARTACUS, POMPEI

Näher an die Nekropole können Sie mit dem Wohnmobil nicht fahren. Dieser komplett ausgestattete Platz liegt direkt neben dem Eingang dieser viel besuchten Ausgrabungsstätte. Er ist ganzjährig geöffnet. Da er nicht sehr groß ist, sollten Sie eine Reservierung unter www.campingspartacus.it vornehmen, wenn Sie diesen Ort aufsuchen wollen.

Via Plinio 127, 80045 Pompei
www.campingspartacus.it, GPS: 40.74722, 14.48956

wurde, einer der beliebtesten Bade- und Luftkurorte Italiens. An den Dichter erinnert eine Marmorstatue auf der Piazza Torquato Tasso.

Der Dom (ab 14. Jahrhundert) ist allein schon wegen seiner Intarsienarbeiten sehenswert, für die Sorrento berühmt ist. Von der Villa Comunale aus bietet sich ein herrlicher Blick über den Golf von Neapel. Ein ebenfalls viel besuchter Ferienort ist das südlich von Sorrento gelegene Massa Lubrense mit seinem mittelalterlichen Stadtkern.

14 Positano

Einer der schönsten Flecken der Amalfiküste liegt am Beginn der Amalfitana. Positano ist berühmt für seine malerische Lage an zwei Hängen des Monte Angelo a Tre Pizzi (1443 Meter). Das einstige Fischer-

Links: Die Amalfiküste hat für Liebhaber von Kunsthandwerk schöne Keramik zu bieten.

Oben: Terrassenförmig ziehen sich die pastellfarbenen Häuser in Positano den steilen Hang hinauf.

AUSFLUGSZIELE

Die Fresken Pompejis

Es war der 24. August im Jahre 79, als plötzlich der riesige Stöpsel, der jahrhundertelang den Schlund des Vesuvs verschlossen hatte, in die Luft flog: Eine Wolke aus Schlacke, Steinen und Asche verdunkelte die Sonne, rot glühendes Magma wälzte sich über den Kraterrand zu Tal und begrub die römischen Städte Pompeji und Herculaneum unter sich. Viele Menschen konnten nicht mehr flüchten, wurden ebenso wie ihre Stadt unter einer bis zu sechs Meter dicken Asche-, Lava- und Schlackeschicht begraben und von dem Naturereignis quasi mumifiziert. Diesem Umstand verdanken wir vieles, was wir heute über das römisch-antike Alltagsleben wissen. Bis zum 16. Jahrhundert war Pompeji vergessen, die Ausgrabungen begannen erst 1748 und förderten im Lauf der Zeit eine fast komplett erhaltene antike Stadt zutage – nicht nur Tempel, Theater und Foren, sondern auch Wohnhäuser und viele Dinge aus dem römischen Alltag: Läden, Küchen, Herbergen, Latrinen, Werkzeuge, Bordelle und natürlich die berühmten Fresken, meist im sogenannten Pompeji-Rot gehalten. Die schönsten und am besten erhaltenen findet man in der Casa del Menandro, in der Casa dei Vettii und in der Villa dei Misteri, der Mysterienvilla.

Links: Romantische Stimmung herrscht in Amalfi abends vor der Kathedrale.

Links unten: Eine der Perlen der Amalfiküste ist Positano mit seinen fast senkrecht emporsteigenden Häuserzeilen und der kuppelüberwölbten Kirche.

Rechts: Tempelanlage von Paestum.

städtchen mit seinen engen Gassen und steilen Treppensteigen ist heute ein mondäner Badeort, über dessen Strand Spiaggia Grande die majolikaverkleidete Kuppel der Kirche Santa Maria Assunta aufragt.

15 Amalfi

Die von der UNESCO zum Weltkulturerbe erklärte Kulturlandschaft Costiera Amalfi umfasst die Südseite der Halbinsel von Sorrent. Amalfi, heute ein hübscher Badeort mit 6000 Einwohnern, war vom 9. bis zum 11. Jahrhundert eine bedeutende Seerepublik und stand in Konkurrenz mit Genua, Pisa und Venedig – damals zählte es 50 000 Einwohner. An den einstigen Glanz erinnert nur noch die alle vier Jahre ausgetragene Ruderregatta gemeinsam mit den einstigen Rivalen. Im 14. Jahrhundert wurde Amalfi durch eine Sturm-

flut weitgehend zerstört, weshalb wenig Historisches erhalten geblieben ist. Mitten im Gassengewirr steht der Dom aus dem 9. Jahrhundert, der 1203 im arabisch-normannischen sizilianischen Stil umgebaut wurde. Zwei herrlich gelegene ehemalige Klöster beherbergen heute Luxushotels, wo schon Henrik Ibsen und Ingrid Bergman genächtigt haben. Ein lohnenswerter Ausflug führt von Amalfi in die Valle dei Mulini (»Tal der Mühlen«): Hier siedelten sich dank des reichlich fließenden Wassers einst zahlreiche Papierfabriken an, die zu den ältesten Europas zählen.

16 Salerno

Die Hauptstadt der gleichnamigen Provinz hat auch dem gleichnamigen Golf seinen Namen gegeben. Ihre Blütezeit erlebte sie unter normanni-

scher Herrschaft im 11. und 12. Jahrhundert, als es hier noch die Scuola Medica gab, die erste medizinische Ausbildungsstätte in Europa. Aus dieser Zeit stammt auch der Dom San Matteo mit 56 Meter hohem Campanile. Durch das romanische Löwenportal gelangt man in einen 36 mal 33 Meter großen Vorhof, dessen Arkaden von 28 antiken Säulen aus Paestum getragen werden. Ein Kleinod barocker Marmorintarsienkunst ist die Krypta. Überragt wird die Stadt vom imposanten Castello di Arechi.

17 Paestum

Erst 1752 stießen Straßenbauarbeiter am südlichen Bogen des Golfs von Salerno auf die Ruinen der antiken Stadt Poseidonia, die von den Griechen 600 v. Chr. gegründet wurde und später unter den Römern

AUSFLUGSZIELE

Vesuv

1944 ist der 15 Kilometer von Neapel entfernt liegende Vesuv zum (bisher) letzten Mal ausgebrochen. Mit rund 12 000 Jahren ist er der jüngste und einzige noch aktive Vulkan auf dem europäischen Festland. Niemand weiß, wie lange er noch »schläft«. Fest steht, dass im Inneren der Druck steigt. Ein drei Kilometer tiefer Pfropfen verstopft den Schlot, in fünf bis sieben Kilometer Tiefe brodelt das Magma. Bei einem Ausbruch sind über 600 000 Menschen, die rund um den Vesuv leben, gefährdet. Seit dem letzten Ausbruch hat der Vulkan zwei Gipfel: Der eigentliche Vesuv ist 1281 Meter hoch, der Nebengipfel (Monte Somma) 1132

Meter. Der Hauptkrater hat eine Tiefe von bis zu 300 Metern und einen Durchmesser von 600 Metern. Vom Kraterrand bietet sich ein schöner Blick über den Golf von Neapel. Der Aschekegel und die jüngsten Lavaschichten sind zwar fast vegetationslos, doch schon in mittlerer Höhe wachsen Eichen und Kastanien, unterhalb von 500 Metern sogar Oleander, Ginster, Silberflechte, Oliven- und Obstbäume und Rebstöcke der Weinsorte »Lacrima Christi«. Der fruchtbare Boden motiviert die Menschen nach jedem Ausbruch zur Rückkehr an die Hänge des Vulkans.

Paestum hieß. Im 9. Jahrhundert wurde sie von den Sarazenen weitgehend zerstört und dann vergessen. Erhalten geblieben sind jedoch drei imposante Tempelanlagen (Tempel des Neptun, Tempel der Ceres, Tempel der Hera). Weitere Sehenswürdigkeiten sind eine fünfeckige, 4750 Meter lange Stadtmauer, ein Forum, die Via Sacra und ein Amphitheater aus römischer Zeit. Dazwischen grasen seelenruhig Wasserbüffelherden und liefern die Milch für den wohl besten Mozzarella der Welt.

18 Agropoli

Südlich von Paestum folgt Agropoli, ein auf einem Felskap eng gedrängt liegendes Fischerstädtchen mit pittoresken Gassen, Treppen, Sarazenenkastell und weiten Ausblicken über den Golf. Östlich von Agropoli erstreckt sich der hügelige Parco Nazionale del Cilento rund um den Monte Cervati (1898 Meter). Hier kann man wandern, die Stille im idyllischen Bergdorf Castellabate genießen oder am Capo Palinuro in türkisblauen Buchten baden. Wenn man schließlich in Sapri ankommt, hat man den Landvorsprung, der den Golf von Salerno vom Golf von Policastro trennt, bereits umrundet.

Ab Sapri führt die Route dann nicht mehr die Küste entlang Richtung Süden, sondern landeinwärts in Richtung Osten bis Brindisi, dem historischen Endpunkt der Via Appia (Brundisium). Auf knapp halbem Weg nach Metroponte, rund 30 Kilometer nach Sapri, lohnt bei Lauria eine

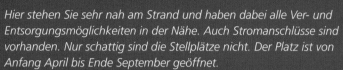

VILLAGGIO TURISTICO ARCO DELLE ROSE, AGROPOLI

Hier stehen Sie sehr nah am Strand und haben dabei alle Ver- und Entsorgungsmöglichkeiten in der Nähe. Auch Stromanschlüsse sind vorhanden. Nur schattig sind die Stellplätze nicht. Der Platz ist von Anfang April bis Ende September geöffnet.

Via Litoranea di Paestum 13, 84043 Agropoli
www.arcodellerose.it, GPS: 40.34691, 14.99655

VILLAGGIO CAMPING MADDALENA, PALINURO

Es ist eine relativ große, ganzjährig geöffnete Anlage in einem schattigen Olivenhain. Der Platz ist komfortabel eingerichtet. Bis zum Strand sind es nur wenige Meter. Die Höhlen von Capo Palinuro, einschließlich der blauen Grotte und und der Bluthöhle sind schnell erreicht.

Via Acqua dell'Olmo 161, 84051 Palinuro
www.villaggiomaddalena.it, GPS: 40.03460, 15.28726

Stippvisite südwärts in den Parco Nazionale del Pollino. Die raue Bergwelt der Basilicata lockt mit Gipfeln wie dem Monte Pollino (2248 Meter) und prächtigen Laubwäldern.

19 Metaponto

Metapontion hieß die von den Griechen gegründete antike Stadt am Golf von Tarent, in der der Philosoph Pythagoras 496/97 starb, ehe die Stadt den Römern anheimfiel. Im Museo Nazionale sind viele Grabungsfunde ausgestellt. Im Parco Archeologico stehen die Reste von vier Tempelanlagen, Agora und Amphitheater.

Wer will, kann zum Baden an den Lido di Metaponto fahren.

20 Matera

Seinen Bekanntheitsgrad verdankte Matera den »Sassi« – Höhlenbehausungen, die seit dem Frühmittelalter in die steilen Tuffsteinwände der Gravina (Kluft) gehauen wurden. Unentwirrbar miteinander verschachtelt, ziehen sich später vorgebaute Häuser den Westhang empor. Zunächst lebten Benediktiner und griechische Mönche in den Höhlen, sie bauten Kapellen, Säle und Altäre

Spektakulär zu fahren ist die Küstenstraße der Amalfiküste, auch Amalfitana genannt.

AUSFLUGSZIELE

Amalfitana

Traumhafte Ausblicke auf das blaue Mittelmeer, auf herrliche Buchten und malerische Orte erlaubt die Straße entlang der Costiera Amalfitana, einer der schönsten Steilküsten Italiens. Rund 45 Kilometer zieht sich die Küstenstraße in Serpentinen über das Meer. Hier ist Italien tatsächlich das Land, wo die Zitronen blühen! Bereits seit dem 19. Jahrhundert wussten Künstler wie Richard Wagner, Walter Benjamin, Greta Garbo oder Wilhelm Kempff die Reize dieser Küste zu schätzen und erkoren Orte wie Ravello, Atrani oder Positano zum zeitweiligen Feriendomizil oder Altersruhesitz. Der Hauptort Amalfi, mit Jachthafen und Dom im normannisch-arabischen Stil, zieht durch seine prächtige Mosaikfassade und den majolikaverzierten Campanile alle Aufmerksamkeit auf sich.

AUSFLUGSZIELE

Capri

Schon Kaiser Augustus und sein Nachfolger Tiberius haben hier den legendären Sonnenuntergang genossen. Von Tiberius' Villa Iovis sind noch Reste erhalten. Die Insel ist mit gut sechs Kilometer Länge und nur 2,5 Kilometer Breite relativ klein; die schroffen und teilweise bizarren Kalksteinklippen ragen bis zu 589 Meter hoch aus dem Golf von Neapel auf.

An der Küste findet sich eine Reihe von Höhlen und Grotten, die durch das Absinken der Insel (etwa 15 Meter) in den letzten 2000 Jahren entstanden sind.

Der Eingang der bis zu 30 Meter hohen Blauen Grotte, einer Karsthöhle, liegt nur etwa einen Meter über dem Wasserspiegel. Ihren Namen verdankt die Grotta Azzurra dem mystisch-blauen Licht, in das sie die Sonneneinstrahlung am späten Vormittag taucht.

In Marina Grande legen die Fähren vom Festland an. Inselziele sind die Ortschaften Capri und Anacapri an den Hängen des Monte Solaro sowie die Felsklippen des Arco Naturale im Osten und die drei markanten Felsklippen »I Faraglioni« im Südosten der Insel.

Unten: Wenn man sich Capri auf Wanderpfaden erschließt, wird man immer wieder durch herrliche Ausblicke auf Neapel und den Golf von Sorrent belohnt. Rechts: Piazza Plebiscito, Martina Franca.

und malten Fresken, später folgten Bauern. Fast 20 000 Menschen lebten hier bis Anfang der 1950er-Jahre unter primitivsten Bedingungen, teils auf engstem Raum mit ihren Tieren. Nach einer Umsiedlung wurden die Sassi restauriert, seit 1993 sind sie UNESCO-Welterbe. Weitere Sehenswürdigkeiten sind der normannisch-romanische Dom (13. Jahrhundert), das Castello Tramontano (1515) und die Chiesa del Purgatorio (1770) mit makabren Darstellungen des Fegefeuers.

Über Castellanetta führt die Straße zurück zur Küste, die bei Chiatona erreicht wird. Nächster Haltepunkt ist Tarent.

21 Tarent

Ebenfalls eine griechische Siedlung, wurde das antike Taras im 4. Jahrhundert v. Chr. durch seine Farbproduktion aus Purpurschnecken eine der reichsten und mächtigsten Städte in Magna Graecia. Noch zur Zeit von Kaiser Augustus waren die meisten der Einwohner Griechen. Tarent ist dreigeteilt und durch zwei Brücken miteinander verbunden. Auf einer kleinen Felsinsel liegt die reizvolle, aber dem Verfall preisgegebene Altstadt, überragt vom Castello Aragonese (15. Jahrhundert). Das Museo Archeologico Nazionale beherbergt wertvolle Gold- und Silberschätze. Ebenfalls in der Città Vecchia steht der Dom. Er wurde im 12. Jahrhundert erbaut, später aber verändert.

22 Martina Franca

Auf der Weiterfahrt durchquert man die Zona dei Trulli und erreicht schließlich Martina Franca. Die autofreie Altstadt wird, in Kontrast zu den umliegenden Trulli, von Barock- und Rokokobauten geprägt, etwa dem mächtigen Palazzo Ducale (1668–1742). An der Piazza Plebiscito steht die Kirche San Martino (1747–1775). Lohnenswert ist ein Ausflug zu den Trulli nach Alberobello. Man nennt sie auch die »Stadt der weißen Zipfelmützen«.

CAMPING INTERNAZIONALE, METAPONTO

Strandnah und vollständig ausgestattet bietet dieser Campingplatz seine Dienste dem Wohnmobilisten an. Ein ruhiger Ort, der ganzjährig geöffnet ist.

Viale delle Nereidi, 75012 Lido di Metaponto
www.villageinternazionale.com, GPS: 40.36058, 16.83523

AREA CAMPER KARTODROMO, MATERA

Hier finden Sie einen Stellplatz vor, der mit allen notwendigen Einrichtungen versehen ist, die ein Wohnmobilist unterwegs benötigt. Auf diesem Platz bekommen Sie aber nicht nur Frischwasser und Strom, sondern auch eine gute Pizza und können sich dem Nervenkitzel einiger Kartrunden hingeben. Nicht zu vergessen sind die Sassi, die berühmten Sehenswürdigkeiten des Ortes, die Sie zu Fuß von diesem Stellplatz besuchen können.

Strada Statale 7 Via Appia km 582+538, 75100 Matera
www.kartodromomatera.it, GPS: 40.36058, 16.83523

Über dem Basilicata-Städtchen Matera thront ein romanischer Dom aus dem 13. Jahrhundert.

23 Ostuni

Die »weiße« Stadt liegt am Ostrand der Zona dei Trulli, nur sechs Kilometer vom Meer entfernt. Der malerische Ort mit seinen verwinkelten Gassen und den orientalisch wirkenden, terrassenförmig gestaffelten weißen Häusern zieht sich an drei Hügeln hinauf. Sehenswert sind auch die spätgotische Kathedrale (15. Jahrhundert) und das Rathaus an der Piazza della Libertà (14. Jahrhundert).

24 Brindisi

Seit 190 v. Chr. ist das antike Brundisium Endpunkt der Via Appia, damals symbolisiert durch zwei 19 Meter hohe Marmorsäulen. Schon in der Antike bildete Brindisi eine Art Tor zum östlichen Mittelmeer; von hier war es nicht mehr weit nach Griechenland und Kleinasien.

Eine Gedenktafel an der Colonna Romana erinnert an den Dichter Vergil, der hier 19 v. Chr. starb. Nahe der Colonna Romana liegt das sehens-

CAMPING VILLAGGIO »IL PILONE«, PILONE

Es ist eine sehr große und lebendige Anlage, die neben den Stellplätzen für Wohnmobile und Wohnwagen eine Vielzahl an Bungalows aufzuweisen hat. In der Ausstattung fehlt nichts Notwendiges. Bar, Restaurant, Pool und natürlich der weitläufige Strand sowie die ausreichend großen schattigen Stellflächen bieten alles, was benötigt wird, um die Seele baumeln zu lassen.

S.S. 379 Bari – Brindisi km 14, 72017 Pilone
www.villaggioilpilone.it, GPS: 40.80370, 17.53711

Aus der Silhouette der weiß getünchten Häuser Ostunis ragen die Kirchtürme des Städtchens heraus.

werte Ensemble des Domplatzes.
Der aus dem 12. Jahrhundert stammende Dom wurde ab 1743 barockisiert. Weitere Kirchen sind die
Templerkirche San Giovanni al Se-
polcro (12. Jahrhundert) und weiter
westlich die gleichnamige Kirche mit
Kreuzgang aus normannischer Zeit
sowie die Kirche Santa Maria del Casale mit schönen Fresken. Das Kastell
am Seno di Ponte wurde unter Kaiser Friedrich II. ab 1227 erbaut.

AREA SOSTA CAMPER, BRINDISI

*Kostenloser schattenloser Parkplatz mit kostenloser Wasserver- und
entsorgung. Bis zur Innenstadt von Brindisi sind es 5 Gehminuten, bis
zum Castello Federiciano werden zu Fuß fast 20 Minuten benötigt.*

Via Spalato, 72100 Brindisi
GPS: 40.63429, 17.93930

Tief im Süden

Atemberaubende Küstenstraßen, traumhafte Strände,
bezaubernde mittelalterliche Städte und legendenumwobene
jahrtausendealte Monumente der Geschichte erwarten den
Reisenden auf seiner Fahrt rund um die Spitze und den Absatz des
italienischen Stiefels. Krönender Abschluss der Reise durch diese
drei Regionen ist die Barockstadt Lecce.

KAMPANIEN, KALABRIEN & APULIEN

Enge Landstraßen in Meeresnähe, schöne Buchten, die Berglandschaften der Apenninen mit schattigen Wäldern, endlosen Olivenplantagen und schroffen Felsen – all das erlebt man auf dieser abwechslungsreichen Reise durch Süditalien. Süditalien bedeutete einst für die räumlich beengt lebenden Griechen den Aufbruch in eine neue Welt. Vom 7. und 8. Jahrhundert v. Chr. an besiedelten sie die Kolonien, die man später Magna Graecia (Großgriechenland) nennen sollte. Unter den Römern verschmolzen Apulien, Basilicata und Kalabrien ab dem 4. Jahrhundert v. Chr. erstmals zu einer Einheit. In den byzantinischen Küstenstädten blühte später der Handel mit dem Orient. Prägend waren aber auch die Spanier, die Süditalien von der frühen Neuzeit bis zur Gründung des geeinten Italien 1860/61 beherrschten. In Kampanien, der von Touristen meistfrequentierten Region, liegt der Parco Nazionale del Cilento e Vallo di Diano. Er überrascht mit herrlichen Wanderwegen auf die bis zu 1900 Meter hohen Berge im fast menschenleeren Landesinneren. Flora und Fauna, vom Wolf bis zum Steinadler sind im Nationalpark geschützt. 1998 wurde er zum UNESCO-Weltnaturerbe erklärt. Das an Getreide und Oliven reiche, sonst aber arme Kalabrien bildet die gebirgige Stiefelspitze der italienischen Halbinsel. Die Basilicata östlich davon ist bis auf ihre Mittelmeerküste dünn besiedelt, gebirgig und waldreich.

Entlang der Küstenstraßen werden Sie auf Ihrer Reise unzählige Badebuchten und Strandparkplätze entdecken, die zu einem Sprung ins kühle Nass einladen. Heiß ist es in den Sommermonaten an der Stiefelspitze, da kommen die Badegelegenheiten gerade recht. Viele dieser Plätze eignen sich auch für eine Übernachtung.

Eine direkte Falllinie bilden die Steilküste und die meerwärts gewandten Mauern der mächtigen Palazzi von Tropea.

Santa Maria di Castellabate ist selbst in der Hauptsaison nicht überlaufen. Ursprünglich geht es hier noch zu und sehr italienisch. Von der Promenade genießt man einen weiten Blick über das Meer.

ROUTE 8

Streckenlänge:
ca. 2000 km
Zeitbedarf: 4 Wochen
Routenverlauf (Hauptorte): Salerno, Scalea, Pizzo, Tropea, Villa San Giovanni, Gerace, Soverato, Isola di Capo Rizzuto, Crotone, Gallipoli, Capo Santa Maria di Leuca, Otranto, Lecce
Charakteristik:
Serpentinen und Hangstraßen sind nicht zu vermeiden, dafür entschädigt der Meerblick.
Informationen:
www.turiscalabria.it
www.viaggiareinpuglia.it

Hier geht's
zum
GPS-Track

01 Salerno

Das Zentrum der Provinz Salerno ist eine lebendige Universitäts- und Hafenstadt. Dank seiner Lage im Golf von Salerno, seiner Nähe zu Neapel und dem Cilento-Nationalpark ist Salerno auch ein attraktives Touristenziel. Salerno, das 1943 von den Alliierten stark zerstört wurde, präsentiert sich heute in einer angenehmen Mischung aus Tradition und Moderne. Hauptschlagadern der Stadt sind die Via Roma und die breite Uferpromenade. Eine der schönsten und noch ursprünglichsten Straßen ist die Via dei Mercanti unweit des Doms. Ursprünglich war Salerno eine griechische, später eine römische Kolonie und im 11. und 12. Jahrhundert ein bedeutendes langobardisches Fürstentum. Die Stadt war wohlhabend und bis 1861 unabhängig. Aus der Scuola Salemitana gingen die angesehensten Mediziner des Mittelalters hervor. Um diese Zeit (11. Jahrhundert) entstand auch der Dom San Matteo mit seinem 56 Meter hohen, arabisch geprägten Campanile. Vorbild für den Dombau war die alte Abteikirche von Montecassino. Sehenswert sind innen u.a. zwei Lesepulte, ein Osterkerzenständer sowie der mit wunderschönen Mosaiken verzierte Chor. Auch dank seines Hafens hat Salerno Neapel an Bedeutung überholt. Doch trotz der intensiven Entwicklung der regionalen Industrie leben die Einwohner Salernos immer noch vorwiegend von der Landwirtschaft und von traditionellen Produkten wie dem Büffelmozzarella.

Auf der Weiterfahrt gen Süden lohnt Paestum (das antike Poseidonia) mit seinen drei eindrucksvollen dorischen Tempeln einen Zwischenstopp. Sehenswert ist auch das Küstenstädtchen Agropoli. Von hier aus führt die S267 ins pittoreske Santa Maria di Castellabate.

02 Santa Maria di Castellabate

Traumhaft lange und feine Sandstrände liegen zu Füßen des mittelalterlichen Bergdorfs Castellabate, das majestätisch 280 Meter hoch über dem Meer im Cilento-Nationalpark thront. Im 12. Jahrhundert errichtete Abt San Costabile Gentilcuore ein wehrhaftes Kastell gegen

Trutzig verschachtelt stapeln sich die Häuser von Scalea übereinander. In der Nähe liegen zahlreiche Traumbuchten.

die Sarazenen. Ihm verdankt der Ort auch seinen Namen (Castell-abate = Kastell des Abtes). Dank seiner Festung und den unterirdischen Geheimgängen zum Hafen in San Marco di Castellabate musste das Dorf nicht ins Hinterland verlegt werden und entwickelte sich zu einem bedeutenden Handels- und Kulturzentrum. Heute wird die sandige Bucht von Fischerhäusern, altehrwürdigen Palazzi und einem aragonesischen Küstenwachturm gesäumt. Der Blick über den Golf auf die Amalfiküste und Capri bietet bezaubernde Aussichten. Vor der Küste befindet sich ein Unterwasserschutzgebiet. Lohnenswert ist die Fahrt mit dem Fischkutter zur kleinen Insel Licosa, von der schon der Dichter Homer in seiner »Odyssee« erzählte.

Über die S267 und die S447 geht es entlang der Küste zunächst bis nach Policastro und von dort weiter auf der S18 nach Scalea. Der rund 70 Kilometer lange Küstenabschnitt zwischen Praia a Mare und Paola wird auch Riviera dei Cedri (Küste der Zedrat-Zitronen) genannt.

03 Scalea

Das kalabrische Städtchen gilt als einer der ältesten Orte an der cosintinischen Küste. Seine Ursprünge gehen wahrscheinlich auf eine griechische Stadtgründung im 6. Jahrhundert v. Chr. zurück. Siedlungsspuren aus der Steinzeit wurden in einer Kaverne bei Torre Talao gefunden. Der mittelalterliche Teil ist treppenartig an den Hang gebaut, ihm verdankt die Stadt auch ihren Namen. Schmale Gassen und Torbögen leiten den Besucher nach oben. Die Reste des normannischen Schlosses aus dem 11. Jahrhundert dominieren das historische Zentrum. Das alte Fischerviertel hat sich heute zu einem der beliebtesten Badeorte Kalabriens gemausert.

PARCHEGGIO CAMPER, SALERNO

Einfacher, ganzjährig geöffneter Parkplatz mit einer Wasserver- und Entsorgungseinrichtung sowie Stromanschlüssen an der Strandpromenade. Entfernung zur Innenstadt drei Kilometer.

Lungomare Guglielmo Marconi, 84128 Salerno
GPS: N40°39'56.4" E14°47'21.7"

LA FATTORIA DEL CASERO, PAESTUM

In unmittelbarer Nähe zu den archäologischen Stätten befindet sich dieser einfach strukturierte romantische Platz. Hier stehen Sie in einem Olivenhain auf dem Gelände eines bäuerlichen Betriebes, der Mozzarella herstellt.

Via Licinella 5, 84047 Licinella-Torre di Paestum
GPS: N40°24'52.8" E15°00'14.3"

AUSFLUGSZIELE

Salerno, Stadt des Mozzarella

Wenn der im 12. Jahrhundert kreierte Mozzarella typisch und charaktervoll, weich, aber nicht gummiartig schmecken soll, dann geht das nicht ohne Milch von Wasserbüffeln. Im Jahr 1996 erhielt der Käse von der EU die geschützte Herkunftsbezeichnung »Mozzarella di Bufala Campana«. Ein so bezeichneter Käse muss aus Caserta, Frosinone, Latina, Neapel, Benevento, Rom oder eben Salerno stammen. Ein echter Büffelmozzarella sollte sich kauen lassen und beim Durchschneiden in der Mitte »weinen«. Sein wässriges Inneres wird nur durch eine hauchdünne, aber nicht schlüpfrige Kruste geschützt. Der Frischkäse, dessen Name vom Abschneiden der zwischen Zeigefinger und Daumen gehaltenen Teigfäden herrührt, wird vorrangig in Kugelform angeboten.
GPS: 40.41944, 15.31076

04 Diamante

Der Hafenort zählt zu den am schönsten gelegenen Seebädern Kalabriens. Das 1638 gegründete Städtchen liegt malerisch auf einem Felsen – sicher vor Überschwemmungen und einst auch vor Piratenüberfällen. Zur Altstadt des Fischereizentrums führt ein breiter Treppenweg bergauf. Diamante ist berühmt für seine Wandmalereien, die in den zurückliegenden Jahren von 80 Malern geschaffen wurden. 1986 wurden sie durch Gedichte ergänzt. Rund um Diamante liegen terrassierte Haine mit Zitronatbäumen. Ein Höhepunkt im gesellschaftlichen Leben ist seit 1992 das alljährlich im September stattfindende »Festival del Peperoncino«.

Auf der Weiterfahrt nach Süden auf der S18 beginnt bei Santa Eufemia Lamezia der Golfo di Santa Eufemia. An seinem südöstlichen Ende liegt auf einem Felsvorsprung die Ortschaft Pizzo.

Bildleiste von oben:
Diamante ist berühmt für seine über 100 Wandmalereien, die – dem liberalen Geist des Orts entsprechend – auch sozialkritische Motive aufweisen.

Strände wie aus dem Bilderbuch – rund um Pizzo findet man sie.

Aber auch das Städtchen selbst lohnt einen Besuch. Ein kleiner Sandstrand befindet sich direkt am Hafen.

05 Pizzo

Wer im Norden des Orts auf die Küstenstraße 522 abbiegt, sieht nach wenigen Kilometern das Hinweisschild »Chiesa di Piedigrotta«, das zu einer Kirche in einer Tuffsteingrotte führt. Seeleute, die vor dem Ertrinken gerettet wurden, bauten in der aus dem weichen Sandstein erodierten Höhle im 17. Jahrhundert eine Kirche. Die Altstadt von Pizzo liegt zwei Kilometer weiter südlich malerisch auf einem steil aus dem Meer ragenden Felsplateau. Abseits der engen, überfüllten Hauptstraße finden sich ruhige Altstadtgassen. Und fast schon ein Muss ist es, die lokalen Eisspezialitäten Tartuffo bianco oder Tartuffo nero auf der hübschen Piazza Garibaldi oder der belebten Piazza della Repubblica zu genießen.Südlich von Pizzo biegt die S522 anschließend nach Tropea ab.

CAMPING SCOGLIERA AZZURRA

Einfacher Campingplatz, der durch seine direkte Strandnähe besticht. Kostenloses WLAN und Grillplätze ergänzen das Angebot. Zur Burg von Bivona sind es nur fünf Autominuten.

Contrada Scrugli, Briatico, 89817 Briatico
GPS: 46.15505, 8.80151

LIDO TROPICAL SOSTA CAMPER, DIAMANTE

Direkt am Strand, herrlicher Blick auf das Meer, gutes Restaurant. Auf dem Areal ist erfreulicherweise alles vorhanden, was zu einem gut ausgestatteten Wohnmobilstellplatz gehört. Die Anlage ist ganzjährig in Betrieb. Mit einem Strandspaziergang lässt sich der Altstadtkern von Diamante in 25 Minuten erreichen.

Viale Glauco 9, 87023 Diamante
GPS: 39.68285, 15.81629

CAMPING MARINA DELL'ISOLA, TROPEA

Schöner, vollständig ausgestatteter Campingplatz, der von Anfang April bis Ende Oktober geöffnet hat. Er liegt am Fuße der Innenstadt, die über Treppen zu erreichen ist. Am Platz befindet sich oberhalb des glasklaren Meeres und des schönen Strandes ein Restaurant mit Aussichtsterrasse.

Via Lungomare, 89861 Tropea
GPS: 38.67538, 15.89479

In Tropea blickt die Chiesa Santa Maria dell'Isola direkt auf den Vulkan Stromboli.

06 Tropea

Die malerische Altstadt zieht sich an einer eindrucksvollen Steilwand entlang, mit der sie fast zu verschmelzen scheint. Wahrzeichen ist der gegenüberliegende Felsen mit der Kirche Santa Maria dell'Isola. Im Zentrum von Tropea stößt man auf eine normannische Kathedrale, die nach mehreren Erdbeben immer wieder aufgebaut und mittlerweile originalgetreu restauriert wurde. In dem dreischiffigen Innenraum befindet sich das »Schwarze Kruzifix« aus dem 16. Jahrhundert. Zu den elegantesten Stadtpalästen von Tropea zählen die Casa Trampo aus dem 14. Jahrhundert und der Palazzo Cesare aus dem 20. Jahrhundert. Die Mehrzahl der Adelspaläste stammt jedoch aus dem 16. und 17. Jahrhundert. Bei klarer Sicht reicht der Fernblick zur Insel Stromboli, den anderen Liparischen Inseln und bis nach Sizilien.

07 Capo Vaticano

Hinter der Ortsausfahrt von Tropea führt vor dem Bahnübergang eine Straße hinunter zur Baia di Riace. Selbst wenn die Zufahrt schmal bzw. der Abstieg beschwerlich ist, lohnen sich Abstecher zu den kleinen Sandbuchten, die an der bizarren Costa degli Dei (Küste der Götter) liegen. Capo Vaticano an der Westabdachung des Monte Poro

Ob man heute am Capo Vaticano noch immer den mystischen Seher Mantineo nach dem Wetterorakel fragen kann, ist ungewiss.

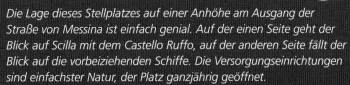

SOSTA CAMPER PACÌ, SCILLA

Die Lage dieses Stellplatzes auf einer Anhöhe am Ausgang der Straße von Messina ist einfach genial. Auf der einen Seite geht der Blick auf Scilla mit dem Castello Ruffo, auf der anderen Seite fällt der Blick auf die vorbeiziehenden Schiffe. Die Versorgungseinrichtungen sind einfachster Natur, der Platz ganzjährig geöffnet.

Località Pacì, 89054 Scilla
GPS: 38.25067, 15.71899

bildet die Wasserscheide zwischen dem Golfo di Gioia und dem Golfo di Santa Eufemia. Nicht nur die abendliche Aussicht auf die beleuchtete Küste Kalabriens ist sensationell – wenn das Wetter mitspielt, sieht man bei Tag vom schroffen Felsvorsprung aus über das Tyrrhenische Meer bis nach Sizilien und zur aktiven Vulkaninsel Stromboli. Wählt man den Weg am Faro (Leuchtturm) halb um das Kap herum, wird man mit dem Anblick der Praia di Fuoco belohnt. Das Kap gilt unter Surfern, Seglern und Tauchern wegen seines glasklaren Wassers als Geheimtipp.

08 Palmi

Von azur- und türkisfarbenen Tönen wechselt die Farbe des Meers auf der Weiterreise gen Süden in Richtung Lila. Die kleine Küstenstraße, die über Nicotera nach Rosarno führt, trifft dort wieder auf die S18. An die kulturelle Vergangenheit von Palmi erinnert das Museo Calabrese di Etnografia e Folklore »Raffaele Corso« mit einer sehr interessanten Sammlung folkloristischer Exponate. Die Heimat des Komponisten

Francesco Cilea (1866–1950) bezaubert mit blühenden Palmen, Orangengärten und Olivenbäumen, die mit immer neuen Wuchsformen überraschen.
Zwischen Palmi und Scilla liegt die 25 Kilometer lange Costa Viola.

09 Scilla

Der Ort – im 4. Jahrhundert v. Chr. das antike Oppidum Scyllaeum – wurde später von den Sarazenen und den Normannen erobert. Bekannt wurde er durch den Felsen des mythischen Seeungeheuers Skylla (Scilla), von dem schon Homer berichtete. Zwölf Tatzen und sechs Köpfe soll dieses Wesen besessen haben, das alles, was seiner Höhle zu nahe kam, vernichtete – so auch sechs Begleiter von Odysseus. Tatsächlich wurde die starke Strömung an der Meerenge zwischen Scilla und Cariddi (Sizilien), an der das Tyrrhenische und das Ionische Meer zusammenstoßen, von den Seefahrern gefürchtet. Das Castello Ruffo (8./9. Jahrhundert) ist nach der Familie benannt, die 1543 bis 1806 in Scilla herrschte. Allein wegen des Panoramablicks über die Straße von Mes-

AUSFLUGSZIELE

Stilo

Die von Erdbeben stark mitgenommene Ortschaft am Hang des Monte Consolino wird vor allem von Liebhabern byzantinischer Architektur aufgesucht. Hauptattraktion ist die winzige byzantinische Kreuzkuppelkirche Cattolica aus dem 10. Jahrhundert. Fünf kleine Kuppeln schmücken den mit Terrakottaziegeln eingedeckten Backsteinbau, der das Ortsbild prägt. Von hier fällt der Blick über die Dachlandschaft des Orts auf die Olivenhaine. Eindrucksvoll sind auch der mittelalterliche Dom mit gotischem Portal aus dem 14. Jahrhundert und die Klosterruine San Domenico aus dem 17. Jahrhundert.
GPS: 38.47661, 16.46726

AUSFLUGSZIELE

Olivenhaine

Schatten, Ruhe und eine professionelle Ernte braucht ein Olivenhain, um eine erfolgreiche Produktion in Gang zu setzen. Generell sind die Anpflanzungen von Olivenbäumen charakteristisch für die Region Kalabriens. Bereits seit Jahrtausenden wird die Pflanze, von der es allein in Italien an die 80 Sorten gibt, von den Menschen im mediterranen Raum kultiviert. Allerdings trägt der wärmeliebende Ölbaum erst nach ungefähr sieben Jahren erste Früchte, aus denen das schmackhafte und gesunde Olivenöl gewonnen wird. Das Holz des Baums findet bei der Möbelherstellung Verwendung. Viele Bauernhöfe bieten Ferienaufenthalte für Helfer bei der Ernte an.

sina lohnt sich der Besuch der Burg. Die letzten Strahlen der Sonne zaubern hier – gegenüber von Sizilien – ein Farbenspiel herbei, das der Costa Viola ihren Namen gab. Alljährlich in der ersten Augustwoche findet in Scilla die »Sagra del Pesce Spada« zu Ehren des Schwertfischs statt.

10 Villa San Giovanni

Entlang des Stretto di Messina geht es weiter nach Villa San Giovanni, wo kleine Fährschiffe Autos und Motorräder über die an dieser Stelle acht Kilometer breite Meerenge nach Sizilien übersetzen. Der beliebte Badeort war früher für Seidenherstellung bekannt, hier arbeiteten einst über 50 Seidenweber.

Nur wenige Kilometer südlich des Badeorts verlässt unsere Route bei Gallico Marina die Küste. Eine kleine, serpentinenreiche Bergstraße (S184) führt in die Bergwelt des Aspromonte. Links und rechts der Straße fällt der Blick auf weite Bergamotteplantagen und Olivenhaine. Nächster Halt ist nach 33 Kilometern der 1325 Meter hoch gelegene Luftkurort Gambarie.

11 Gambarie

Im Winter ist die Ortschaft ein beliebter Skiort, im Sommer ein idealer Ausgangspunkt für Wanderungen durch den 760 Quadratkilometer großen Parco Nazionale dell' Aspromonte. Der 1955 Meter hohe Montalto bildet das Zentrum des »Gebirges zwischen den Meeren«. Etwa sieben Kilometer nördlich von Gambarie führt die S183 am bekannten Monumento a Garibaldi vorbei (beim Hinweisschild einen Kilometer in den Wald hinein).

22 Kilometer hinter Gambarie mündet die S183 in die S112 ein, in vielen Serpentinen geht es nun über Delianuova und Oppido Mamertina nach Taurianova, wo die S112 auf die S111 trifft. Hinter Cittanova durchquert man nochmals den Nationalpark und fährt über Passo del Mercante (952 Meter) und Passo di Popola (465 Meter) nach Gerace.

12 Gerace

Die Stadt trägt auch den Beinamen »Florenz des Südens« – im gesamten Mezzogiorno gibt es keine andere Stadt mit so vielen Kirchen auf derart engem Raum. Die Stadt wurde auf einer Klippe am Nordostabfall des Aspromonte wenige Kilometer vom Ionischen Meer entfernt im 7./8. Jahrhundert gegründet. Flüchtlinge des antiken Küstenorts Locri Epizephiri (beim heutigen Locri) flohen vor den Sarazenen in die Berge. An diese Zeit erinnern Stadtmauern und Burgruine. Die bedeutendste Sehenswürdigkeit ist die Kathedrale aus dem 11. bis 13. Jahrhundert. Alle später gebauten

Bildleiste von oben:
Bei Scilla an der Costa Viola beherrscht das auf einem Felsen thronende Castello Ruffo aus dem 13. Jahrhundert die Einfahrt in die Straße von Messina.

Die Kirchen in Gerace fügen sich perfekt in die Häuserdächer ein ...

... und auch die mittelalterliche Festungsanlage ist beeindruckend.

Rechts: Prägend für die Landschaft in Kalabrien sind die vielen Olivenbäume.

normannischen Kathedralen im Süden orientierten sich an ihrem romanisch-byzantinischen Stil.

Eine Besichtigung wert sind auch die byzantinische Kirche Santa Maria del Mastro (1084), die byzantinisch-normannische Kirche San Giovanello (11./12. Jahrhundert) und die gotische Kirche San Francesco d'Assisi (1252).

13 Roccella Ionica

Von Gerace geht es über Locri auf der S106 bzw. E90 weiter bis ins mittelalterliche Roccella Ionica (13. Jahrhundert). Allerdings erschweren schmale Zufahrtstraßen den Weg zum Kastell, das ab dem 16. Jahrhundert der neapolitanischen Fürstenfamilie Carafa als Residenz diente. Heute ist das Hafenstädtchen besonders für den Jasminanbau und für sein Jazzfestival bekannt. Hinter Roccella Ionica fährt man die Küstenstraße entlang bis Monasterace Marina, dort biegt dann die S110 anschließend zu einem Abstecher landeinwärts nach Stilo ab.

14 Soverato

Von Stilo geht es 16 Kilometer zurück nach Monasterace Marina und weiter auf der S106 die Küste entlang nach Soverato im Golfo di Squillace. Das Erdbeben von 1783 ließ von der mittelalterlichen Altstadt nur Ruinen übrig. Die Pfarrkirche in Soverato Superiore (der nach dem Erdbeben neu gebauten Stadt) birgt eine marmorne Figurengruppe von Antonello Gagini (1478–1536). Aus dem 16. Jahrhundert stammt auch der Wachturm Carlo V. Heute ist das kleine Städtchen ein beliebter Treffpunkt der Windsurfer, die das kristallklare Wasser und den hellen Sandstrand lieben.

Nächstes Ziel ist die südlich von Crotone gelegene Halbinsel Isola di Capo Rizzuto.

15 Isola di Capo Rizzuto

Le Castella ist ein Ortsteil von Isola di Capo Rizzuto und liegt zwischen Catanzaro und Crotone direkt am Meer (sechs Kilometer vor Isola zweigt eine Straße nach Süden ab).

Größte Attraktion ist das trutzige Forte di Le Castella. Seit dem 13. Jahrhundert steht hier nur wenige Meter vor der Küste das befestigte Kastell. Aragonesen und Bourbonen erhöhten, verstärkten und erweiterten die Festungswände. Eine Mauer aus Kalksteinblöcken an der Ostseite der Wehranlage erinnert in ihrer Bauart an die Mauer von Velia (5. Jahrhundert v. Chr.).

Die Küste rund um das Capo Rizzuto wird durch die Riserva Naturale Marina Capo Rizzuto geschützt und ist ein beliebtes Tauch- und Schnorchelrevier. Taucher finden hier nicht nur eine faszinierende Unterwasserwelt vor, sondern auch Amphoren und Marmorsäulen. Zwei Leuchttürme bei Capo Rizzuto und Capo Colonna sind die weiteren Ausflugsziele im Naturschutzgebiet. Feine, rotgoldene Sandstrände wechseln sich mit Felsbuchten ab, das Wasser ist ungetrübt.

16 Crotone

Die Ortschaft liegt auf einem kleinen Kap. Das antike Kroton wurde um 710 v. Chr. unweit des heutigen Crotone gegründet und entwickelte sich zu einer reichen Siedlung. Pythagoras kam 532 v. Chr. hierher und gründete eine Bruderschaft. Im 2. Jahrhundert v. Chr. wurde die heutige Provinzhauptstadt römische Kolonie, durch Kriege und Naturkatastrophen blieb aber nur wenig vom antiken Kroton erhalten. Die letzten Reste der Akropolis wurden 1541 mit der Erbauung des Kastells zerstört. Die imposante Befestigungsanlage hat intakte Außenmauern und Rundtürme. Sehenswert sind

Oben: An den Stränden rund um Soverato kann man heiße Sommertage bestens verbringen.

Rechts: In exponierter Lage präsentiert sich das Forte di Le Castella südlich von Isola di Capo Rizzuto.

außerdem der Dom aus dem 15./16. Jahrhundert mit seiner schlichten klassizistischen Fassade und das Archäologische Museum. Der Hafen von Crotone hat seit der Antike kaum an Bedeutung verloren und ist auch heute noch der wichtigste an der ionischen Küste.

17 Rossano

Bei Sant'Angelo biegt eine kleine Straße ins Landesinnere ab und führt nach Rossano, das bereits zu Römerzeiten besiedelt war. Das hübsche Bergdorf am Nordabhang der Sila Greca ist ein weiteres Mekka für Freunde byzantinischer Baukunst. Wegen seiner zahlreichen Baudenkmäler aus der byzantinischen Blütezeit (540–1059) trägt es auch den Beinamen »Ravenna Kalabriens«. Aus dieser Zeit stammen die fünfkupplige Basilika San Marco (10. Jahrhundert) und die Kirche Santa Panaglia (11. Jahrhundert) – beide sind mit frühchristlichen Mosaiken geschmückt.

Größter Schatz des Diözesanmuseums ist der berühmte Codex Purpureus Rossanensis mit Miniaturen aus dem 6. Jahrhundert, eine der ältesten griechischen Bibelhandschriften der Evangelien von Matthäus und Markus. Eine weitere Sehenswürdigkeit ist die wunderschön ausgemalte, barock anmutende Cattedrale Santa Maria Assunta (Baubeginn 6./7. Jahrhundert) mit der Madonna dell'Achiropita (8./9. Jahrhundert).

Bildleiste von oben:
Immer wieder lädt die Route dazu ein, eine kleine Parkbucht am Straßenrand für einen kurzen Halt mit Meerblick zu nutzen.

Paradiesische Buchten haben die Bewohner Castros direkt vor der Haustür.

Die Kathedrale Sant'Agata in Gallipoli zeugt von der einstigen Blütezeit der Stadt.

Das Fresko soll der Legende nach nicht von Menschenhand geschaffen worden sein. Bis zum nächsten Zwischenstation Gallipoli fährt man rund um den Golfo di Taranto. Lohnenswerte Zwischenstopps sind die Ruinen zweier Siedlungen von Magna Graecia: Metapontion (Archäologischer Park von Metaponto) und Taras, das heutige Taranto.

18 Gallipoli

Kále polis – »die schöne Stadt« – wurde Gallipoli in Apulien einst von den Griechen genannt. Im Jahr 266 v. Chr. wurde sie römisch, im 11. Jahrhundert normannisch. Von Hannibal, den Vandalen und den Anjou immer wieder zerstört, erlebte Gallipoli unter den Byzantinern eine lange Epoche des Friedens. Ihre Blütezeit hatte die Stadt im 17. Jahrhundert, als der Salentiner Barock die Architektur beherrschte. Aus dieser Zeit stammt auch die Kathedrale Sant'Agata (1629–1696).

Die historische Altstadt mit ihren schönen Palästen aus dem 16. bis 18. Jahrhundert (Balsamo, Tafuri, Venneri, Romito), den weißen Häusern im orientalischen Stil, den kleinen Gässchen und der Stadtmauer liegt auf einer Insel, die mit dem Festland über eine Brücke aus dem 17. Jahrhundert verbunden ist. Der im 19. Jahrhundert entstandene neuere Stadtteil liegt etwas erhöht hinter dem historischen Teil.

Da die Zufahrt mit dem Auto zur Altstadt verboten ist, biegt man vor der Brücke rechts in den Hafen ein und geht die wenigen Schritte bis zur Altstadt und zum Fischmarkt zu Fuß. Unterwegs kommt man an der Fontana Antica (16. Jahrhundert) vorbei: Die drei Reliefs der griechischen Brunnenwand stammen aus einer römischen Thermenanlage (3. Jahrhundert v. Chr.).

Von hier hat man eine wunderbare Aussicht auf das Castello, dessen runde Türme im Meer stehen. Im 16. Jahrhundert wurde es neu errichtet. Den südlichsten Punkt des »Stiefelabsatzes« und der salentinischen Halbinsel erreicht man beim Capo Santa Maria di Leuca.

CAMPING LA VECCHIA TORRE, RIVABELLA

Auf diesem Platz stehen Sie in einem naturbelassenen Pinienwald. Die Anlage ist mit allem notwendigen Komfort ausgestattet, der Strand nur wenige Meter entfernt. Unbegrenzten Badespaß bietet das Splash Parco Acquatico, das in fünf Minuten zu Fuß erreicht werden kann. Um zur Altstadt von Gallipoli zu gelangen, wird mehr Zeit benötigt. Sie ist fünf Kilometer entfernt.

SP108, 73014 Rivabella
www.lavecchiatorregallipoli.com, GPS: 40.08748, 18.01255

CAMPING PORTO MIGGIANO, SANTA CESAREA TERME

Hier stehen Sie zwischen großen Pinien und jahrhundertealten Olivenbäumen. Den Ausblick auf die Bucht können Sie vom Wohnmobil genießen. Der Platz verfügt über alle notwendigen Einrichtungen und ist nur einen Kilometer von der berühmten Therme mit dem schwefelhaltigen Wasser entfernt. Geöffnet ist er von Ende Mai bis Ende September.

Via Umberto I 1, 73020 Santa Cesarea Terme
www.campingportomiggiano.it, GPS: 40.03299, 18.44679

19 Capo Santa Maria di Leuca

Am Capo Santa Maria di Leuca treffen sich das Adriatische und das Ionische Meer. Markiert wird der magische Punkt vom 102 Meter hohen Kalksteinfelsen Punto Meliso, gekrönt von einem Leuchtturm. Gegenüber steht die Wallfahrtskirche Santa Maria di Leuca, die an der Stelle eines römischen Minervatempels errichtet wurde. Vom Jachthafen Leuca aus werden zweistündige Touren zu verschiedenen Meeresgrotten angeboten, u. a. zur Grotta Treporte und zur Grotta di Giganti, einer paläolithischen Fundstätte. Von Leuca führt die Küstenstraße 173 nach Otranto, unterwegs locken schöne Badeorte wie Marina di Marittima.

20 Castro

Als Castro Minervae war der Ort ein römisches Zentrum. Von der Oberstadt – Castro Superiore – hat man herrliche Panoramablicke auf die Küste. Die byzantinische Kathedrale (12. Jahrhundert) wurde auf den Resten einer Kirche mit griechischem Kreuz (10. Jahrhundert) errichtet. Das Schloss steht seit 1572 auf den Ruinen einer römischen Burg. Rund um Castro liegen einige der zahlreichen Grotten, die für die Peninsula Salentina so typisch sind. In der Grotta Romanelli sind Steinzeichnungen zu besichtigen, die die Siedlungsgeschichte seit dem Paläolithikum bezeugen.

Otranto, der vorletzte Halt auf der Route, ist die östlichste Stadt Italiens und liegt nur 82 Kilometer von Albanien entfernt.

21 Otranto

Die einstige Kreterstadt Hydruntum hielt als einzige Stadt Apuliens während der Völkerwanderung den Goten stand. Ihr reger Handel mit Venedig und Konstantinopel wurde 1480 brutal beendet. Die türkischen Eroberer plünderten und zerstörten die Stadt und töteten 12 000 Einwohner, die übrigen versklavten sie. In der Cappella di Martiri in der Kathedrale sind die Gebeine von 560 Märtyrern aufbewahrt, die sich 1480 weigerten, zum Islam überzutreten. Die salentinische Halbinsel war über viele Jahrhunderte die »Pforte Italiens«. Aufgrund ihrer Grenzlage wurden in der Region komplexe Verteidigungssysteme

Bildleiste von oben: Gegen Abend füllt sich der Hafen von Otranto. Hierher kommt man, um den Tag ausklingen zu lassen.

Teils im Renaissancestil zeigen sich die Fassaden der ansonsten im Salentiner Barock errichteten Kathedrale Sant'Oronzo von Lecce.

Außerdem kann man in Lecce die Überreste eines antiken Amphitheaters bewundern.

angelegt. Das Innere der Kathedrale Santa Maria Annunciata (1080 bis 1088) hat den Charakter einer dreischiffigen romanischen Säulenbasilika. Einige der Säulen sollen aus einem Minervatempel stammen. Als Hauptattraktion Otrantos gilt der bunte Mosaikfußboden (1165). Er zeigt auf 600 000 Steinen Motive aus der Geschichte und der Sagenwelt.

Nördlich von Otranto folgen bis Torre dell'Orso einige der schönsten Sandstrände der salentinischen Adriaküste. Letzte Station der Reise ist die Stadt Lecce, zu der bei San Cataldo eine von Kaiser Hadrian gebaute Straße (S543) abbiegt.

22 Lecce

Im antiken Zentrum wurden im 16. und 17. Jahrhundert in der Blütezeit des Städtchens zahlreiche Palazzi, Klöster und Kirchen mit Ornamenten im einheitlichen Stil des »barocco leccese« ausgeschmückt.

Die Monumentalfassade der Basilika Santa Croce (14. Jahrhundert), die von 1549 bis 1695 barock umgebaut wurde, zeigt den für den Lecceser Barock so charakteristischen reichen Figurenschmuck. In die schöne Kathedrale Sant'Oronzo (1659–1670) wurden die Reste des ursprünglich normannischen Doms integriert.

SARDINIEN

»Insel der Hirten und Banditen« hat man Sardinien einst genannt. Sie ist nach Sizilien die zweitgrößte Insel im Mittelmeer. Mehr als zwei Drittel des Eilandes sind hügelig oder bergig, 18 Prozent der Insel nehmen Gebirge ein, die höchste Erhebung ist die Punta La Marmora (1834 Meter). Die stark zergliederte Küstenlinie ist insgesamt rund 1850 Kilometer lang – Raum genug für herrliche Sandstrände und oft noch unberührte Buchten. Das Wasser ist türkisblau und schon häufig wegen seiner hervorragenden Qualität ausgezeichnet worden. Die hier vorgestellte Rundfahrt zeigt die mannigfaltigen Gesichter Sardiniens: die einzigartige Küste, das raue, aber faszinierende Bergland, das historische Erbe der mittelalterlichen Städte, die prähistorischen Siedlungen und die abwechslungsreichen kleinen Inseln vor der Küste. Erwarten Sie bitte nicht, auf allen Wegen breite und gut ausgebaute Straßen vorzufinden. Oft genug geht es in Richtung Strand über schmale Schotterpisten.

Um die Rundfahrt in Olbia zu starten, muss man mit der Fähre übersetzen. Die Fähre Genua – Olbia benötigt fast zehn Stunden, von Piombino nach Olbia ist man rund sieben Stunden auf dem Meer und von Livorno nach Olbia ist man zwischen sieben und acht Stunden unterwegs, je nachdem welche Fährgesellschaft man wählt. Auf letzterer Route fahren die meisten Schiffe, hier hat man daher auch die größte Auswahl.

Es empfiehlt sich, rechtzeitig eine Buchung vorzunehmen. Wer sehr viel Zeit hat, kann mit dem Wohnmobil nach Abschluss der Rundfahrt auf Sardinien von Cagliari nach Palermo auf Sizilien übersetzen und dort die Italienreise fortsetzen.

Die nur wenige Kilometer breite Bocche di Bonifacio trennt das Capo Testa ganz im Norden von der nördlich gelegenen Insel Korsika.

Karibische Träume

Steile Klippen und einst zur Abwehr der Sarazenen gebaute Wach-
türme säumen die spektakuläre Felsküste Sardiniens. Traumhafte
Strände und Buchten kontrastieren mit dem kargen und rauen
Landesinneren, in dem man immer wieder auf schöne Bergdörfer
und geheimnisvolle Nuraghen trifft.

Bevor man die Rundreise durch Sardinien antritt, freut man sich auf ein Bad bei Sonnenaufgang am Strand von San Teodoro südlich von Olbia. Im Hintergrund ist die Insel Tavolara zu erkennen.

ROUTE 10

Streckenlänge:
ca. 1000 km
Zeitbedarf: ca. 2 Wochen
Routenverlauf (Haupt-orte): Olbia, Nuoro, Arbatax, Cagliari, Iglesias, Oristano, Bosa, Alghero, Sassari, Castelsardo, Olbia
Charakteristik: Schotter-wege und teils nur schlecht ausgebaute Straßen machen die Strecke teils zur Heraus-forderung, geben ihr aber auch echtes Flair.
Informationen:
www.sardinien.de
www.sardegnaturismo.it
www.sardegna.com

Hier geht's
zum
GPS-Track

01 Olbia

Die 200 Kilometer von Civitavecchia entfernt liegende Hafenstadt ist das Einfallstor nach Sardinien und zur Costa Smeralda – egal, ob man mit der Fähre oder mit dem Flugzeug kommt. Die Hafenstadt liegt am Ende einer geschützten Bucht im Nordosten der Insel. Zu den wenigen Sehenswürdigkeiten zählt die romanische Kirche San Simplicio (11.–13. Jahrhundert), die im pisanischen Stil erbaut wurde. Zentrum ist die Piazza Margherita, entlang der Prachtstraße Corso Umberto reihen sich hübsche Stadthäuser und -paläste. Von Olbia gehen Fähren zur südöstlich gelegenen Isola Tavolara. Der 500 Meter hohe Kalkstein-berg ist ein beliebtes Tauch- und Segelrevier. Zusammen mit den Nachbarinseln Molara (mit Kastell) und Molarotto bildet er die Area Marina Protetta Tavolara Capo Coda Cavallo. An der malerischen Küstenstraße S125 (sie führt südwärts bis nach Cagliari) liegen die beliebten Ferienorte San Teodoro und Budoni, die jeweils mehrere schöne Sandstrände haben. Acht Kilometer süd-

lich von Budoni thront das Castello della Fava (12. Jahrhundert) über der mittelalterlichen Altstadt von Posada. Bei Orosei folgt die Route nun der Straße ins Landesinnere.

02 Serra Orrios

Die eindrucksvolle Nuraghensied-lung Serra Orrios liegt auf halbem Weg zwischen Orosei und Nuoro. Sie zählt zu den besterhaltenen ihrer Art und war zwischen dem 12. und 10. Jahrhundert v. Chr. bewohnt. Erhalten geblieben sind 70 Rundhäuser mit Feuerstellen. Mehrere Behausungen gruppieren sich jeweils um einen Platz und einen Brunnen. Funde von Serra Orrios zeigt das Museum in Dorgali. Außerdem gibt es zwei Tempelbezirke mit den Überresten bronzezeitlicher Kultstätten.

03 Nuoro

Die beschauliche Hauptstadt der Provinz Barbagia in Zentralsardinien liegt wunderschön am Fuß des fast 1000 Meter hohen Monte Orto-bene. Von seinem Gipfel hat man einen herrlichen Rundblick über die

Entlang der Steilküste bei Cala Gonone locken kleine Sandstrände sowie Grotten. Leider ist man hier selten allein.

sardische Bergwelt bis hinüber zur Küste. Oben steht die Kirche Nostra Signora di Montenero, die Ende August Ziel einer inselweit bedeutenden Prozession ist. Trotz Gewerbegebieten und Hochhäusern weht noch immer ein Hauch jenes bäuerlich geprägten Sardiniens durch die Innenstadt, das die hier beheimatete Literatur-Nobelpreisträgerin (1926) Grazia Deledda (1871 bis 1936) beschrieben hat. Sehenswert sind die malerischen Straßenzüge, der klassizistische Dom, das Museo Speleo Paleontologico ed Archeologico (mit Fossilien und archäologischen Funden der Region) und das Museo Etnografico, das die sardische Tradition und Lebensweise dokumentiert. Ein lohnenswerter Abstecher führt von Nuoro durch das Tal des Locoe flussaufwärts zum Bergdorf Orgosolo.

Über Oliena geht es auf der Straße am Nordrand des Sopramonte ostwärts nach Dorgali.

04 Dorgali und Cala Gonone

Dorgali ist ein hübscher Ort, dessen Gebäude fast alle aus dunklem Vulkangestein gebaut wurden. Ein lohnenswertes Ziel ist das Museo Archeologico. Darin befinden sich die bedeutendsten Fundstücke aus dem Nuraghendorf Serra Orrios. Über eine Serpentinenstraße geht es zur Küste in den spektakulär gelegenen Ferienort Cala Gonone. Nördlich und südlich davon liegen mehrere Höhlen, u. a. die Tropfsteinhöhle Grotta del Bue Marino, die nur mit dem Boot zugänglich ist. Auf einer Länge von rund 1000 Metern ist die Höhle mittlerweile erschlossen.

Die nächsten 65 Kilometer der Orientale Sarda (S125) zählen zu den landschaftlich wohl schönsten Straßenabschnitten der Insel und führen von Dorgali durch den Nationalpark Gennargentu nach Tortolì.

05 Parco Nazionale del Golfo di Orosei e del Gennargentu

Der etwa 60 000 Hektar große Na-

Orgosolo

Der Ruf als »Banditendorf« des eigentlich unscheinbaren Bergdorfes am Fuß des Sopramonte steht exemplarisch für den Kampf der traditionell lebenden Schafhirten gegen die Willkür der Zentralregierung und die Ausbeutung durch sardische Großgrundbesitzer. Die Proteste fanden ihr Ventil nicht nur in gewalttätigen Ausbrüchen, sondern auch in politischen Wandmalereien. Sie machten das Dorf und seine Bewohner über die Insel hinaus bekannt. Die Werke einheimischer Künstler finden sich auch auf Felsblöcken, Klippen und flachen Steinen in der umliegenden Berglandschaft.
GPS: 40.20476, 9.35494

tionalpark umfasst das Gennargentu-Massiv mit der 1834 Meter hohen Punta La Marmora, dem höchsten Berg der gesamten Insel, und zieht sich ostwärts bis zum Golfo di Orsei, wo in den 1990er-Jahren wieder Mittelmeer-Mönchsrobben auftauchten, die schon als ausgestorben gegolten hatten. Im Nationalpark liegt das Gebirge Supramonte, das wohl zu den unberührtesten und menschenleersten Gegenden Europas zählt. Die größten Attraktionen des Nationalparks sind das Nuraghendorf Tiscali, die Su-Gologone-Quelle und die Su-Gorroppu-Schluchten. Die Panoramastraße führt über mehrere Pässe, u. a. den Genna Silena (1017 Meter) mit Blick in die Su-Gorroppu-Schluchten, den Genna Cruxi (906 Meter) und den Genna Coggina (724 Meter). Bei Giustizieri lohnt ein Abstecher zu den Codula di Luna, der zum Meer hinabführt. Über das Bergdorf Baunei und die Ortschaft Tortolì geht es nun weiter zur Hafenstadt Arbatax.

06 Arbatax

Der Fährhafen liegt am Capo Bellavista, das für seine im Abendlicht rot leuchtende Porphyrklippe berühmt ist. Im Hafen steht einer von vielen Wachtürmen, die die Spanier im 15. Jahrhundert zum Schutz vor einfallenden Sarazenen erbauen ließen. Nördlich von Arbatax befinden sich der Badeort Santa Maria Navarrese und der Bilderbuchstrand Cala Goloritze. Arbatax ist auch Endpunkt der Schmalspurbahn Trenino Verde, die hier von einer rund 160 Kilometer langen Fahrt entlang dem Südrand des Gennargentu-Gebirges ankommt. Von der Küste geht es nun wieder ins Landesinnere, die kurven- und serpentinenreiche S198 führt über Lanusei nach Seui und quert dabei die Barbagia Seulo. In Seui zweigt eine kleine Nebenstraße nach Westen ins Dorf Barumini ab.

07 Su Nuraxi

Von der UNESCO zum Weltkulturerbe erklärt, ist die nordöstlich von Barumini gelegene Nuraghenanlage

Su Nuraxi eine der größten Sehenswürdigkeiten Sardiniens. Die 19 Meter hohe Anlage wurde auf einem Hügel erbaut und überragt weithin sichtbar ihre Umgebung. Im Zentrum erhebt sich ein dreistöckiger, etwa 3500 Jahre alter, 18 Meter hoher Mittelturm (zehn Meter Radius am Boden). Er ist durch Galerien mit vier Ecktürmen verbunden (davon einer mit Brunnenanlage). Die Festung wurde im 7. Jahrhundert v. Chr. zum Schutz vor den Phöniziern errichtet, das äußere Bollwerk bestand aus sieben Türmen, die durch Mauern untereinander verbunden waren. Das Dorf mit rund 200 Rundhäusern entwickelte sich zu Füßen der Festung. Die Häuser haben teils nur einen einzigen Raum, teils mehrere Räume. Außerdem gab es hier eine Mühle und eine Bäckerei.

Über Villamar geht es weiter nach Monastir, wo die S197 in die S131 einmündet, von der Kreuzung sind es noch rund 45 Kilometer bis Cagliari.

08 Cagliari

Die Hauptstadt Sardiniens liegt ganz im Süden der Insel am Golfo di Cagliari. Sie ist umgeben von »stagni« genannten Strandseen und Kalkhügeln. Cagliari geht auf eine Gründung der Phönizier zurück, diese nannten sie Karalis, »felsige Stadt«. Aus römischer Zeit stammt das gut erhaltene Amphitheater (15 000 Plätze), das aus den Kalksteinfelsen herausgeschlagen wurde und in dem noch heute Aufführungen stattfinden. Castello, das älteste Viertel der Stadt, thront auf einem

CAMPING VILLAGGIO TELIS, ARBATAX

Der komfortable Campingplatz bietet schattige Plätze mit Panoramablick. In der Anlage gibt es mehrere Pools, Fitness- und Wellnessbereiche. Ein Restaurant und eine Pizzeria runden das Komplettangebot ab.

Via Porto Frailis 1, 08048 Tortolì Ogliastra
www.campingtelis.com, GPS: 39.92595, 9.66809

PARCHEGGI DELL'AREA ARCHEOLOGICA DI SU NURAXI

Hier empfängt Sie ein einfacher kostenloser Parkplatz mit leicht geneigten Flächen. Der Eingang der archäologischen Stätte von Su Nuraxi ist nur wenige Meter entfernt.

Viale Su Nuraxi, 09021 Barumini
GPS: 39.70581, 8.99091

Links unten: In ein beeindruckendes Licht taucht die Sonne den Küstenabschnitt am Golfo di Arbatax.

Unten: Das alte Castello-Viertel, die auf einem Hügel gelegene Altstadt, thront imposant über dem Hafenviertel von Cagliari.

AUSFLUGSZIELE

Isola di San Pietro

San Pietro ist eine rund 54 Quadratkilometer große Insel vor der Südwestspitze Sardiniens. Das sieben Kilometer von Sardinien entfernte Eiland gehört zur Provinz Sud Sardegna. Von Portovesme aus fahren Fähren nach Carloforte (auch Wohnmobile werden transportiert), den Hauptort der Isola di San Pietro. Die Stadt wird von verwinkelten Treppengassen und dem Castello geprägt. Im Herbst ist die Insel das Hauptbrutgebiet der Eleonorenfalken, die Zugvögel jagen. An der Punta delle Colonne im Süden ragen einzelne Felssäulen aus dem Meer.

Hügel. Es wurde während der pisanischen und spanischen Besetzung gebaut. Sehenswert sind die Herrenhäuser, die Kathedrale, der Palazzo Boyl und die Bastione San Remy mit einem herrlichen Ausblick von der Terrazza Umberto I. auf den Hafen und das umliegende Sumpfland. Unweit davon ragt der Torre dell'Elefante auf, ein 35 Meter hoher Festungsturm aus dem 14. Jahrhundert. Weitere Attraktionen sind die Kirchen Sant'Agostino, Santa Maria di Bonaria und Sant'Efisio. Über die Zeit der Nuraghen informiert das Museo Archeologico Nazionale. Im Westen der Stadt liegt der Stagno di Cagliari, im Osten der Stagno di Molentargius und der Stagno di Quartu. Die Feuchtgebiete und (Salz-)Seen sind einzigartige Biotope, Zwischenstation für Zugvögel und Brutplatz für Kormorane, Reiher, Felsenhühner und Flamingos. Letztere lassen sich am besten von August bis März beobachten. In der Salztonebene Macchiareddu sind noch Salinen in Betrieb.

Sümpfe und ein Netz an Seen prägen das westliche Gebiet von Cagliari, das zusammen mit den östlich gelegenen Sumpflandschaften unter Naturschutz steht. Acht Kilometer lang und bis zu 150 Meter breit ist der Stadtstrand Poetto, der östlich des Capo Sant'Elia im Südosten der Stadt liegt und am Wochenende von vielen Badegästen aufgesucht wird. Eine landschaftlich schöne Küstenstraße (S195) führt nach Nora, das südöstlich von Pula liegt.

09 Nora

Die zwischen dem 9. und 8. Jahrhundert v. Chr. erbaute phönizische Siedlung liegt auf einer Landzunge und war bis zur Ankunft der Römer die bedeutendste Stadt Sardiniens. Erst die Sarazenenüberfälle im Mittelalter führten zur Aufgabe der Stadt, die Verschlammung der drei Häfen beschleunigte den Verfall. In der Area Archeologica di Nora werden Überreste aus phönizischer (Tempel der Tanit) und römischer Zeit (Terme di Levante, Amphitheater, Forum, gepflasterte Straßen und ein Abwassersystem) gezeigt. Das Amphitheater wird auch noch heute für Dichterlesungen genutzt. Die schönsten und interessantesten Funde aus den Ausgrabungsstätten von Nora befinden sich heute im Museo Archeologico Nazionale von Cagliari.

Auf dem Weg zum Capo Spartivento, dem südlichsten Punkt der Sardinienrundfahrt, lohnen die Ruinen des phönizischen Bithia einen Zwischenstopp. Die jahrhundertelang unter Sand begrabene Siedlung wird derzeit freigelegt. Entlang der Costa del Sud verlocken hohe Sanddünen und idyllische Buchten immer wieder zu einer Pause, bevor es auf der S195 gradewegs nach San Giovanni geht. Von dort aus sind zwei Abstecher möglich: Ein Damm verbindet San Giovanni mit der Isola di Sant'Antioco, von Calasetta an der Nordwestspitze geht es dann per Schiff weiter zur Isola di San Pietro. Wer den Abstecher auslässt, fährt am besten über Carbonia (S126) nordwärts nach Iglesias.

10 Iglesias

Die ansehnlichen Bürgerhäuser mit ihren blumengeschmückten Eisenbalkonen sind sichtbarer Ausdruck des Wohlstands, den sich die Be-

SPIAGGIA POETTO, CAGLIARI

Kaum ein Baum oder Strauch spendet an diesem großen und kostenlosen Strandparkplatz Schatten. Auch müssen Sie auf diesem Platz ohne eine Ver- und Entsorgungsanlage auskommen. Dafür gibt es unendlich viel Strand und Meer.

Viale Lungo Mare Poetto 306, 09126 Cagliari
GPS: 39.21040, 9.17086

AREA SOSTA CAMPER »LA NUOVA COLONIA«, IGLESIAS

Einfach romantisch dieser Platz. Besonders dann, wenn hinter der Insel »Pan di Zucchero« die Sonne glutrot im Meer versinkt. Der Platz ist weitgehend naturbelassen, eine Ver- und Entsorgungsanlage gibt es nicht.

Strada Masua – Porto Flavia, 09016 Iglesias
GPS: 39.33405, 8.42037

wohner einst durch den Bergbau erworben hatten. Unweit der Stadt befanden sich Silberminen, die Stadt hatte zudem das Recht, Münzen zu prägen. Im sehenswerten historischen Zentrum stehen an der Piazza Municipio die Kathedrale Santa Chiara (13. Jahrhundert) und der barocke Bischofspalast Palazzo Vescovile. Weitere Attraktionen in der Nähe sind der botanische Garten Linasia nordöstlich der Stadt und die von der Bergarbeitervereinigung durchgeführten Führungen zu alten Minen.

Besonders interessant ist ein Besuch in Iglesias in der Karwoche und an Ostern, denn hier finden nicht nur die vielerorts üblichen Karfreitagsprozessionen statt, sondern es werden auch Mysterienspiele aufgeführt: am Karsamstag Iscravamentu (Abnahme Christi vom Kreuz) und am Ostersonntag S'Incontru (Begegnungen des Auferstandenen).

Auf dem Weg zum nächsten Ziel, der Costa Verde, liegt hinter dem Pass Arcu Genna Bogai (549 Meter) der Antastempel, von dem vermutet wird, dass er eine Kultstätte der Nuragher war. Auf ihm errichteten im 4. Jahrhundert die Karthager, im 3. Jahrhundert v. Chr. die Römer einen Tempel. Entlang des Antas und dann im Mannutal fährt man dann nach Ponte Riu Sessini (hier lockt ganz in der Nähe der schöne

Bildleiste von oben:
Eindrucksvoll und schlicht zugleich
ist die Fassade des Doms zu Cagliari.

Seinem Namen alle Ehre macht
Iglésias – Spanisch für »Kirchen«
– mit seinen zahlreichen Gotteshäu-
sern wie dem Dom.

Die historischen Mosaike von Nora
sind ein schöner Anblick.

Zeuge der untergegangenen Kultur
ist der Nuraghe Su Nuraxi bei
Barumini mit bienenkorbartigen
Steintürmen aus großen Blöcken.

Ein lauschiges Plätzchen unter Pinien hat dieser Camper nahe Cagliari gefunden.

CAMPING SCIOPADROXIU

Es ist schon recht urig hier. Ein Platz für Individualisten, die auch mit minimalem Komfort auskommen und nur die notwendigsten Versorgungseinrichtungen benötigen. Wer mit einem sehr großen Wohnmobil unterwegs ist, der sollte diese Anlage allerdings meiden. Für alle anderen gibt es schöne Dünen, ein gutes Restaurant, eine fantastische Aussicht und viel Ruhe.

SP4.21, 09031 Arbus
www.campingsciopadroxiu.com, GPS: 39.52550, 8.47149

VILLAGE CAMPING SPINNAKER, ORISTANO

Dieser 4-Sterne-Campingplatz bietet allen Komfort. Pool, Restaurant, Bar, Minimarkt, Privatstrand und schöne große schattige Stellplätze in einem Pinienwald. Ein Platz zum Verweilen. Er ist von Anfang Mai bis Oktober geöffnet.

Via del Pontile, 09170 Oristano
www.spinnakervacanze.com, GPS: 39.90531, 8.51995

11 Costa Verde

Über rund 20 Kilometer geht es erneut auf kurvenreicher Strecke zur Küste nach Marina di Arbus. Hier erwarten den Besucher bis zu 50 Meter hohe Sanddünen, die vom französischen Mistral in ständiger Bewegung gehalten werden.

Zwischen Capo Pécora und Marina di Arbus liegen weitgehend unberührte Sandstrände. Zurück in Guspini, führt die Route (S126) über Arborea – eine Stadtgründung unter Benito Mussolini von 1928, zunächst Mussolinia genannt, mit rechtwinklig angelegten, schnurgeraden Straßen – zum Stagno di Santa Giusta. Dort staksen im Winter rosarote Flamingos durch das Brackwasser des Lagunensees. Am See liegt Santa Giusta mit einer Kathedrale im pisanisch-romanischen Stil. Dieses Gotteshaus, ein Meisterwerk seiner Zeit, entstand in der ersten Hälfte des 12. Jahrhunderts. Im Inneren wurden Säulen aus den nahe gelegenen Römersiedlungen eingearbeitet. Die Fischer des Ortes fahren mit aus Riedgras gebauten Booten, deren Vorbilder bis auf die phönizische Zeit zurückreichen.

Unten: Die kugelrunden gedrungenen Büsche sind typisch für die Landschaft auf Sardinien.

Rechts: Lila, Gelb, Grün – in Bosa scheint jede erdenkliche Farbe durch ein Haus vertreten zu sein.

Strand Por Tixeddu!) und von dort über eine kurvenreiche Straße nach Arbus und in das von eindrucksvollen Olivenhainen umgebene Guspini, mit der Kirche San Nicola di Mira aus dem 16. Jahrhundert als Mittelpunkt des Ortes. Das Städtchen ist das Eintrittstor zur Costa Verde.

AUSFLUGSZIELE

Sardiniens Nuraghen

Wahrzeichen Sardiniens sind die Nuraghen, stumpf-kegelförmige Rundbauten mit einem Basisdurch-messer von bis zu zehn Metern und einer Maximal-höhe von 18 Metern. Alle Anlagen wurden aus mör-tellosen, dafür aufeinandergeschichteten Stein-blöcken errichtet. Etwa 7000 mehr oder weniger gut erhaltene Nuraghen stehen auf Sardinien, die meisten davon sind frei zugänglich.

Die ersten wurden schon um 1800 v. Chr. angelegt, also gegen Ende der Bronzezeit. Man weiß bis heute nicht genau, welches Volk sie errichtet hat, auch ihre damalige Funktion ist nicht vollständig erforscht. Sicher aber waren es Wohn- und Festungstürme zu Verteidigungszwecken. Dafür spricht auch die Tatsa-che, dass in späteren Phasen zunächst ebenerdig ge-baute Eingänge nach oben verlegt wurden.

Außerdem gab es innerhalb der Nuraghen durch Holz-decken unterteilte Stockwerke. Sogar Brunnen hatten die meisten Nuraghen. Oben waren sie jeweils mit ei-ner Art Kragkuppel überwölbt. Die bekanntesten Nuraghen stehen in Su Nuraxi bei Barumini, Serra Orrios bei Dorgali und Palmavera bei Alghero.

12 Oristano

Das am gleichnamigen Golf gelege-ne, eher dörflich anmutende Orista-no ist die wichtigste Stadt West-sardiniens. Es war im 14. Jahrhun-dert Wirkungsstätte der Richterin Eleonore d´Arborea, deren Gesetz-buch »Carta de Logu« bis 1827 in Sardinien Gültigkeit hatte. Die Piaz-za Eleonora d'Arborea mit ihrem Denkmal wird von eindrucksvollen Bauwerken umrahmt, u. a. dem Pa-lazzo Comunale (17. Jahrhundert). Die Kathedrale Santa Maria Assunta stammt aus dem 13. Jahr-hundert und wurde im 17. Jahrhun-dert barockisiert. Entlang des Corso Umberto erreicht man die Torre San Cristoforo (13. Jahrhundert) an der baumbestandenen Piazza Roma. Das Antiquarium Arborense, das Museum der Stadt im klassizisti-schen Palazzo Parpaglia, präsentiert Funde aus der nahe gelegenen Rö-mersiedlung Tharros, Gemälde vor-wiegend aus dem 15. und 16. Jahr-hundert sowie Exponate zur Ge-schichte Oristanos im Mittelalter.

Über eine schmale Landbrücke zwi-schen dem Stagno di Cabras und dem Stagno di Mistras gelangt man auf die Halbinsel Sinis.

13 Tharros

Ruinen der phönizischen und römi-schen Stadt Tharros liegen ganz im Süden der Halbinsel auf der Land-spitze Capo San Marco. Die Stadt, die wegen Sarazenenüberfällen im 11. Jahrhundert verlassen wurde, gehört zu den eindrucksvollsten an-tiken Stätten des Mittelmeerraums.

Zu besichtigen sind u. a. Teile der Stadtmauer, ein römischer Backofen, eine Zisterne, das damalige Kanalsystem und eine Nekropole. Es ist immer noch nicht alles freigelegt. Auf dem Weg nach Bosa fällt der Blick nördlich von Oristano auf Weinberge, an denen der bekannte sardische Wein Vernaccia wächst. Weitere Höhepunkte an der malerischen Küstenstraße S292 sind Dörfer wie Santa Caterina di Pittinuri, der Naturbogen S'Archittu und die punisch-römische Siedlung Cornu. An den Westhängen des Monte Ferru liegt Cuglieri, das nur über viele Serpentinen zu erreichen ist.

14 Bosa

Das schöne Städtchen am Temo besitzt den einzigen Flusshafen Sardiniens. Der mittelalterliche Stadtkern zieht sich zum genuesischen Castello di Serravalle (auch Castello dei Malaspina genannt; 12. Jahrhundert) hinauf. Innerhalb der Festungsmauern liegt die Kirche Nostra Signora di Regnos Altos (14. Jahrhundert) mit ihren mittelalterlichen Fresken. Das Castello soll angeblich durch unterirdische Gänge mit der Cattedrale dell'Immacolata und mit San Pietro, der ältesten romanischen Kirche Sardiniens, verbunden sein.

Die Fahrt nach Alghero entlang eines atemberaubend schönen Küstenabschnitts ist ein landschaftlicher Höhepunkt dieser Reise.

15 Alghero

»Spanische Stadt« nennen die Sarden die 1102 von den Genuesern gegründete Stadt an der Westküste. 1353 geriet sie unter spanische Herrschaft, katalanische Siedler vertrieben anschließend die einheimische Bevölkerung. Bis auf den heutigen Tag hat sich der katalanisch gefärbte Dialekt der Einwohner erhalten, auch das weitgehend mittelalterlich geprägte Stadtbild und die Glockentürme der Kathedrale Santa Maria (16. Jahrhundert) und San Francesco (14. Jahrhundert) können den spanischen Einfluss nicht verleugnen. San Francesco lockt mit seinem Kreuzgang, dessen Untergeschoss aus dem 14. Jahrhundert und dessen Obergeschoss aus dem 18. Jahrhundert stammt. Während des sommerlichen Musikfestivals, des Estate Musicale Internazionale d'Alghero, finden hier auch Konzerte statt. Die von Genuesern und Spaniern erbaute Stadtmauer mit ihren Bollwerken erstreckt sich von der Bastion Maddalena und der Porta a Mare am Hafen entlang bis zur Torre Sulis. Die rundum von schönen Bürgerhäusern eingerahmte Piazza Civica ist die Flaniermeile der Stadt und Schauplatz des abendlichen Korso. Im Mare Nostrum Aquarium lässt sich die Unterwasserwelt des Mittelmeeres bestaunen.

Auf dem Weg zum Capo Caccia liegt dann die von Weinbergen umgebene Nuraghensiedlung Palmavera.

16 Capo Caccia

Das steil abfallende Kap ist ein landschaftliches Highlight; auf den Simsen nisten Felsentauben, Wanderfalken und Silbermöwen. Die 100 Meter tiefer gelegene Grotta di Nettuno erreicht man über die 656 Stufen lange Escala del Cabirol. Der Weg entlang der Steilklippen ist atemberaubend und lohnt die Anstrengung. Nur ein Bruchteil der 1200 Meter langen Tropfsteinhöhle ist für die Öffentlichkeit zugänglich. Weitere Höhlen auf der Landspitze sind die Grotta Verde und die Grotta dei Ricami. Der Name der Grotta Verde – »Grüne Grotte« – bezieht sich auf die Algen, die hier die Tropfsteine überziehen. Inschriften tief im Inneren der Höhle lassen darauf schließen, dass hier in früheren Zeiten Menschen Zuflucht fanden.

Vom Capo Caccia führt die S291 nach Sassari, der mit 130 000 Einwohnern zweitgrößten Stadt Sardiniens.

17 Sassari

Zunächst erschrecken bei der Anfahrt die Industriegebiete und Wohnsilos, doch ist der historische Stadtkern mit seinen Plätzen, Gas-

AREA SOSTA CAMPER PARADISE PARK, ALGHERO

Schöne große Stellflächen in einem schattigen Olivenhain erwarten Sie hier. Die Einrichtungen sind zwar nicht alle auf dem neuesten Stand, aber alles Notwendige ist vorhanden. Im Restaurant gibt es leckere sardische Küche und der Strand ist nicht allzu weit entfernt. Der Platz ist von Anfang Mai bis Ende September geöffnet.

Località Le Bombarde, 07041 Alghero
www.paradisepark.it, GPS: 40.56900, 8.24496

CAMPSITE INTERNATIONAL, PORTO TORRES

Diesen Stellplatz können Sie auch dann anfahren, wenn Sie nur die Ver- und Entsorgungsmöglichkeiten nutzen wollen. Die Stellflächen für Wohnmobile sind ausreichend groß und gewähren genug Distanz zu den Camperkollegen, um die Privatsphäre zu wahren. Ein Restaurant gibt es hier nicht. Dafür bietet aber der Strand in 500 Metern Entfernung genug Möglichkeiten, die Nutzung der Bordküche ausfallen zu lassen. Der Platz ist von Anfang Mai bis Ende September geöffnet.

Strada Comunale Platamona, 07037 Platamona
www.campsiteinternational.it, GPS: 40.79607, 8.47344

Bildleiste von oben:
Zur blauen Stunde erscheint der
Hafen von Alghero beschaulich.

Das Capo Caccia, der nordwestlichs-
te Punkt der Insel, bietet einen
unvergleichlichen Ausblick auf das
Meer und die niedrige Sonne.

Stalagmiten und Stalaktiten
wachsen in der Grotta di Nettuno
am Capo Caccia um die Wette.

Bildleiste von oben:
Im 12. Jahrhundert wurde mit dem Bau der Cattedrale di San Nicola in Sassari begonnen, bis ins 18. Jahrhundert jedoch immer wieder überarbeitet, weshalb sie viele Baustile in sich vereint.

Die Basilica Santissima Trinità di Saccargia in der Nähe von Sassari ist Sardiniens wohl berühmteste romanische Kirche.

Ein klassisches Bild auf Sardinien: Nur eine Leitplanke trennt die Reisenden von dem abschüssigen Gelände.

sen, Arkaden und Bauwerken ein lohnenswertes Ziel. Ein besonders schönes bauliches Ensemble bietet die Piazza d'Italia, die von klassizistischen Palästen wie dem Palazzo della Provincia und dem Palazzo Giordano umgeben ist. Santa Maria di Betlem stammt ursprünglich aus dem 12. Jahrhundert, wurde jedoch im Lauf der Zeit mehrfach erweitert und umgebaut, sodass sich romanische und barocke Elemente mit Ergänzungen aus dem 19. Jahrhundert mischen. Hübsch ist der Renaissancebrunnen Fontana del Rosello. Das Museo Archeologico Nazionale »GA Sanna«, eine Stiftung der Familie Sanna, beherbergt eine Sammlung von Funden aus Stein-, Bronze- und Römerzeit sowie eine Abteilung mit typisch sardischem Kunsthandwerk. Flaniermeile ist der Corso Vittorio Emanuele. Am dritten Maisonntag ist Sassari Schauplatz der »Cavalcata Sarda« mit Folkloregruppen aus ganz Sardinien und waghalsigen Reiterspielen. Spektakulär ist auch die große Lichterprozession »Faradda di li candareri« am 14. August zum Gedenken an eine Pestepidemie im 16. Jahrhundert.

18 Porto Torres

Die Industrie- und Hafenstadt liegt am Golfo dell'Asinara; sehenswert sind hier die Reste der römischen Hafenanlage, diverse Thermen und Siedlungsreste sowie eine siebenbogige Römerbrücke. Die eindrucksvolle Basilica di San Gavino (11. Jahrhundert) ist die größte romanische Kirche auf Sardinien. Über die Krypta der Basilika besteht ein Zugang zu frühchristlichen Ruinen aus spätrömischer Zeit.

Zwischen Porto Torres und Sassari liegt die pränuraghische Kultstätte Santuario di Monte d'Accoddi, ein Tempel aus der Zeit von 2450 bis 1850 v. Chr. Im Mittelpunkt dieser Kultstätte aus der Kupferzeit steht ein etwa zehn Meter hoher Altar, dessen Spitze über eine Rampe zugänglich ist. Darum herum gruppieren sich die Fundamente von Häusern sowie Menhire. Fundstücke befinden sich im Museum in

Sassari. Von der Hafenstadt ist es nicht mehr weit zum Capo del Falcone, das von zwei Festungsanlagen geschützt wird. Eine dieser Festungen erhebt sich auf der nördlich vorgelagerten Isola Asinara, die als Nationalpark unter Schutz steht. Übrigens gaben die hier lebenden weißen Esel der Insel ihren Namen.

19 Castelsardo

Zurück in Porto Torres, geht es die Nordküste entlang ostwärts bis Castelsardo, dessen enge Altstadtgassen sich einen Felshang hinaufziehen. Auf der Anhöhe ragt das Castello di Castelsardo 115 Meter hoch über dem Meer auf – der Blick reicht hinüber bis nach Korsika. Im Castello befindet sich das Museo dell'Intreccio, das die uralte Tradition der Korbflechterei präsentiert. Die Cattedrale di Sant'Antonio Abate, die im 17. Jahrhundert auf den Fundamenten einer romanischen Kirche errichtet wurde, erhebt sich ebenfalls hoch über dem Meer.

Auch Castelsardo hat seine österliche Besonderheit: Hier findet alljährlich am Ostermontag die sogenannte Lunissanti-Prozession statt, bei der maskierte Gestalten Fackeln durch die Straßen tragen. Spektakulär scheint fünf Kilometer südöstlich der wie ein Rüsseltier geformte Trachytfelsen Roccia dell'Elefante die Küste zu bewachen.

20 Santa Teresa Gallura

Quer durch eine steinige Macchialandschaft führt die Straße weiter nach Santa Teresa Gallura, der

nördlichsten Stadt auf Sardinien. Nur etwa zwölf Kilometer trennen sie von Bonifacio, das bereits auf der Nachbarinsel Korsika liegt. Die Straßen verlaufen in einem rechtwinkligen Raster, in dessen Mittelpunkt die Kirche San Vittorio liegt. Auf einer Landzunge steht die Torre Longosardo, der im 16. Jahrhundert errichtet wurde. Bereits von den Römern für den Bau des Pantheons genutzte alte Granitsteinbrüche, aber auch heute in Betrieb befindliche Abbaustellen säumen den Weg zum Leuchtturm auf dem Capo Testa an der Nordspitze der Insel. Die Unterwasserlandschaft von Capo Testa zählt zu den aussichstreichsten Tauchgründen der Welt.

21 Parco Nazionale dell' Arcipelago di La Maddalena

Die Fahrt zurück nach Olbia führt über Palau an der Nordostküste. Ausflugsboote setzen die Gäste zum 12 000 Hektar großen Nationalpark mit den Inseln La Maddalena, Caprera, Spargi und Santo Stefano sowie weiteren kleinen Inseln über. Auf Caprera steht die Casa di Garibaldi, in der der italienische Nationalheld seine letzten Lebensjahre verbrachte. Er war 1849 in den Wirren des italienischen Risorgimento dorthin geflohen und hatte 1855 einen großen Teil der Insel gekauft. Das Compendio Garibaldino, zu dem die Casa di Garibaldi gehört, zeigt neben dem Wohnhaus auch die Ställe und den Schiffsanlegeplatz. 1882 starb Garibaldi hier. Ein Damm verbindet Caprera mit La

Maddalena. Dort gibt es eine etwa 20 Kilometer lange Panoramastraße rund um die Insel. An dieser liegt auch das sehenswerte Museo Archeologico Navale »Nino Lamboglia«. Hier kann man die Relikte eines römischen Frachtschiffs mit gut erhaltenen Amphoren besichtigen. Zentrum der 1770 gegründeten Inselhauptstadt La Maddalena, die seit Ende des 19. Jahrhunderts als Marinestützpunkt dient, ist die Kirche Santa Maria Maddalena, an der bis in die letzten Jahre des 20. Jahrhunderts immer wieder bauliche Veränderungen vorgenommen wurden. Die Insel Santo Stefano, direkt südlich von La Maddalena gelegen, ist bekannt für ihre vielfältigen Seevogelpopulationen.

Das Ziel des Nationalparks ist es, den Bestand von Vögeln zu sichern.

Bildleiste von oben:
Etwas windschief, aber auf alle Fälle Urlaubsfeeling verbreitend, stehen die Pinien auf diesem Stellplatz.

Die Einwohner von Castelsardo können sich glücklich schätzen: Dank der Hanglage hat fast jedes Haus hier Meerblick.

Das Arcipelago di La Maddalena bietet einige romantische Buchten, in denen das Meer türkis glitzert.

Die Eilande im Westen sind dagegen alle unbewohnt. Alle Inseln weisen eine zerklüftete Küstenlinie, glasklares Wasser und von Wasser und Wind zu schroffen Formationen erodierte Felsen auf.

22 Arzachena

Bis zur touristischen Erschließung der Costa Smeralda war das heutige Zentrum der Smaragdküste Mittelpunkt der nordöstlichen Gallura, die früher nur von Schafhirten und Bauern bewohnt war. An diese längst vergangenen Zeiten erinnert heute nur noch die etwas dörflich anmutende Piazza Risorgimento. Nur etwa sieben Kilometer südwestlich der Stadt befinden sich die megalithische Tomba dei Giganti Lu Coddu Vecchiu, das Gigantengrab Li Lolghi und die Nekropole Circoli Funerari di Li Mari mit weiteren Grabkammern. Besonders sehenswert ist auch die Nuraghe Albuccio. Nach weiteren 30 Kilometern ist der Startpunkt der Rundfahrt, Olbia, wieder erreicht. Wer möchte, kann hier noch ein paar erholsame Strandtage einlegen.

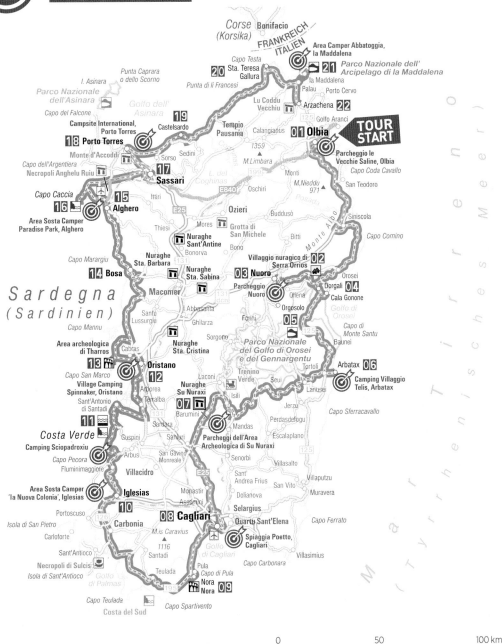

An der Costa Smeralda – wie hier bei Arzachena – werden Karibikträume wahr.

Einmal um die größte Insel im Mittelmeer

Griechische Tempel, normannische Kathedralen und barocke Paläste machen aus der Insel eine Art überdimensionales Stilkundemuseum. Einen Kontrapunkt setzt die Natur mit dramatischen Felsküsten und Europas höchstem Vulkan.

SIZILIEN

Wer die größte Insel des Mittelmeers auf der 850 Kilometer langen Küstenstraße umrundet, erhält einen umfassenden Eindruck von ihrer Geschichte und dem Reichtum an Baudenkmälern und Landschaften. Ergänzt wird die Reise durch Abstecher ins Landesinnere und auf die vorgelagerten Inseln.

Natürlich gelten auf Sizilien dieselben Verkehrsregeln wie in den anderen Regionen Italiens. Doch auf den Straßen dieser Insel geht es etwas turbulenter zu. An den forschen Fahrstil der Einheimischen muss man sich erst gewöhnen. Geschwindigkeitsbegrenzungen werden nicht immer eingehalten, eine rote Ampel wird auch nicht immer beachtet, und wer am Zebrastreifen Fußgänger über die Straße lässt, kann sich dem Ärger des Hintermannes sicher sein, denn er rechnet einfach nicht damit.

In Palermo und den anderen großen Städten klopft auch schon mal der Sozius auf der Vespa an den Aufbau. Nicht um Sie zu ärgern, sondern nur um auf sich aufmerksam zu machen. Denn wieselflink sind die motorisierten Zweiräder, jede Lücke im Verkehrsgewühl nutzend, links oder rechts an einem vorbei. Da kann schon mal der Atem stocken. Aber so chaotisch es manchmal zugeht, so nachsichtig ist man auch bei den Fahrfehlern des anderen. Natürlich mit laut geschimpften Kommentaren, die man aber nicht für bare Münze nehmen muss, das ist sizilianische Lebensart. Außerhalb der großen Städte ist die Fahrweise gemächlicher und die Verkehrsdichte nicht hoch. Im Inselinneren stellen nur die zuweilen sehr schmalen Straßen den Fahrer vor ein Problem. Hier kommen oftmals zwei breite Fahrzeuge im Gegenverkehr nicht aneinander vorbei. Da muss man unter Umständen zur nächsten Ausweichstelle zurück oder, bei vorausschauender Fahrt, rechtzeitig an einer anhalten.

Was für eine Kulisse! Das Amphitheater von Taormina ist das zweitgrößte auf Sizilien. Das Bühnengebäude ist teilweise noch erhalten und gibt den Blick frei auf den Ätna.

Oben: Cefalù wird von Felsen überragt – und vom Dom, dem ältesten Sakralbau der Insel. Mitte: Von der Wallfahrtskirche in Tindari hat man einen spektakulären Blick, der bis zu den Liparischen Inseln reicht.

ROUTE 11

Streckenlänge: ca. 850 km
Zeitbedarf: mind. 1 Woche
Start und Ziel: Messina
Routenverlauf (Hauptorte): Messina, Cefalù, Palermo, Segesta, Trapani, Selinunt, Agrigento, Ragusa, Noto, Syrakus, Catania, Taormina
Charakteristik: Turbulent geht es auf den Straßen zu – insbesondere in den Städten. Hier braucht es beim Fahren viel Gelassenheit und teilweise gute Nerven.
Informationen:
www.visitsicily.info
www.turismo.comune.palermo.it

Hier geht's zum GPS-Track

01 Messina

So wie diese nur knapp drei Kilometer vom italienischen Festland entfernt gelegene Hafenstadt seit ihrer Gründung durch die Griechen im 8. Jahrhundert v. Chr. den meisten Eroberern als erster Stützpunkt fungierte, so dient sie auch heute als »Tor zur Insel«. Die Stadt wurde mehrmals zerstört: 1783 und 1908 durch Erdbeben und 1943 durch Bombenangriffe im Zweiten Weltkrieg. Aus alter Zeit herübergerettet hat sich die kleine Normannenkirche Santa Annunziata dei Catalani. Sehr schön ist das Panorama von den höher gelegenen Stadtbezirken über die schachbrettartigen Straßen und die Hafenanlagen hinweg auf die berühmt-berüchtigte Meerenge und die nahen, bewaldeten Hügel Kalabriens. Über die so kurven- wie aussichtsreiche Uferstraße erreicht man die Nordküste und nach insgesamt 80 Kilometern eines der berühmtesten Wallfahrtsziele Siziliens.

02 Tindari

Von der 260 Meter hohen Felsklippe, auf der das moderne Heiligtum mit der wundertätigen schwarzen Madonna thront, genießt man einen herrlichen Blick hinab auf die Sandbänke und hinüber zu den Liparischen Inseln. Nicht minder prachtvoll ist die Aussicht vom benachbarten

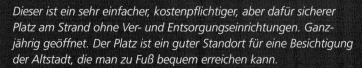

PARCHEGGIO LA RUOTA

Dieser ist ein sehr einfacher, kostenpflichtiger, aber dafür sicherer Platz am Strand ohne Ver- und Entsorgungseinrichtungen. Ganzjährig geöffnet. Der Platz ist ein guter Standort für eine Besichtigung der Altstadt, die man zu Fuß bequem erreichen kann.

Lungomare Giuseppe Giardina, 90015 Cefalù
GPS: 38.03594, 14.01710

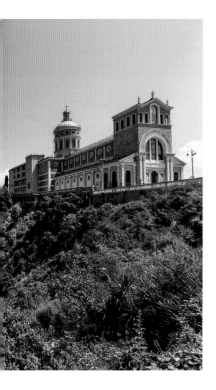

Bis ins 19. Jahrhundert hinein war Vulcano auf den Liparischen Inseln unbesiedelt – zu gefährlich schien der Feuer spuckende Berg zu sein.

Ruinenfeld des antiken Tyndaris, von dem noch Reste des Theaters, der römischen Basilika, der Wohnbezirke und der Stadtmauern erhalten sind. Auf der viel befahrenen SS113 Richtung Westen passiert man abwechselnd Strände, Felsklippen und Badeorte. Nach 130 Kilometern erreicht man schließlich Cefalù.

03 Cefalù

Das unter einem mächtigen Kalkfelsen geduckte Fischerstädtchen wäre allein wegen seiner orientalisch anmutenden Altstadt und dem Sandstrand einen Zwischenstopp wert. Immerhin wartet es mit der Ruine eines antiken Heiligtums, mit arabischen Waschhäusern und – im Museo Comunal Mandralisca – einer reizvollen, privaten Kunstsammlung auf. All dies wird aber im wahrsten Sinne des Wortes vom Dom in den Schatten gestellt. Den Grundstein für diesen ältesten Sakralbau Siziliens aus der Normannenzeit ließ König Ro-

ger II. im Jahr 1131 legen. Allein der Anblick der Fassade mit ihrem romanisch strengen Bogenportal und den beiden wuchtigen Wehrtürmen gräbt sich tief ins Gedächtnis des Besuchers ein. Absolut überwältigend ist auch der hohe, schlanke Innenraum. Meister aus Konstantinopel schufen im Chorbereich noch zu Lebzeiten des Stifters herrliche, golden gleißende Mosaike. Seit dem Jahr 2015 gehört die Kathedrale daher zum Welterbe der UNESCO.

AUSFLUGSZIELE

Liparische Inseln

Ein lohnender Ausflug führt vom Fährhafen Milazzo (40 Kilometer nordwestlich von Messina) oder auch von Cefalù auf die Liparischen Inseln. Der aus erstarrter Lava und vulkanischem Tuff bestehende Archipel ist das mythische Reich von Äolus, dem Windgott und Erfinder der Segelschifffahrt. Seine fast durchwegs steilen, von Menschenhand unversehrten Küsten locken mit winzigen Buchten, die oft nur mit Booten zu erreichen sind. Touristisch am dichtesten erschlossen ist die Hauptinsel Lipari (4500 Einwohner). Wegen zweier Strand-

buchten und der Heilkraft der schwefelhaltigen Schlammbäder viel besucht ist auch Vulcano. Agrarisch geprägt zeigt sich Salina, wo insbesondere Kapern und der süße Malvasier gedeihen. Abseits der großen Touristenströme liegen Filicudi, Alicudi und Stromboli. Der aktive Vulkan auf Letzterer fasziniert mit seinen regelmäßigen Auswürfen von glühendem Magma. Mit Abstand größte kulturelle Attraktion der Inselgruppe ist das in der Akropolis von Lipari eingerichtete, mit antiken Funden gut bestückte Nationalmuseum.

AUSFLUGSZIELE

Palermos Märkte & Kirchen

Im »Bauch Palermos« befindet man sich auf dem lebhaften Vucciria-Markt an der Piazza Caracciolo im Stadtviertel Loggia. Er ist der bekannteste Markt der Stadt und einer der ältesten Europas. Auf dem Mercato di Capo, dem zweitgrößten Markt von Palermo, reihen sich wie in einem orientalischen Souk Stände und Geschäfte mit frischer Feinkost aneinander.fast unerschöpflichen Beständen. Das im Jahr 1368 gegründete Castello Sforzesco war einst das Schloss der Visconti und Sforza und beherbergt das Museo d'Arte Antica. Südwestlich des Nordbahnhofs versteckt sich die Kirche Santa Maria delle Grazie. Ihren Chor und die sechsseitige Kuppel gestaltete Bramante ab 1492 zum schönsten Beispiel der Mailänder Frührenaissance um. Im Refektorium des angrenzenden ehemaligen Dominikanerklosters ist Leonardos berühmtes »Abendmahl« zu sehen. Südlich steht die aus dem Jahr 1560 stammende Kirche San Vittore. Die bereits 379 gegründete Kirche Sant'Ambrogio ist ein Hauptwerk der lombardischen Romanik. Hier wurden neun Kaiser mit der »Eisernen Krone der Langobarden« zu lombardischen Königen gekrönt. Auch die Kirche San Lorenzo Maggiore geht auf das 4. Jahrhundert zurück, ihr heutiges Gewölbe entstand im 11./12. Jahrhundert. Der Portikus aus 16 korinthischen Säulen ist der bedeutendste Überrest des römischen Mediolanum.

04 Bagheria

Der Ort war im 17. und 18. Jahrhundert die bevorzugte Sommerfrische der Adelsfamilien aus Palermo. Hier, wo eine Meeresbrise Kühlung versprach, entstanden inmitten idyllischer Zitronen- und Olivenhaine zahlreiche barocke Landpaläste. Einige der Residenzen sind nach wie vor zu besichtigen, u.a. die Villa Palagonia mit ihrem manierierten Skulpturenschmuck. Von Bagheria sind es noch 14 Kilometer bis Palermo.

05 Palermo

Diese Stadt war im Ersten Punischen Krieg Hauptstützpunkt der karthagischen Flotte und erlebte in der Folge unter Arabern, Normannen und Staufern kulturelle Blütezeiten sondergleichen. Aus all diesen Epochen hat sich ein immenser Schatz an Baudenkmälern erhalten. In der Altstadt stehen byzantinische Kirchen neben Moscheen, barocke und katalanische Paläste neben klassizistischen Kasernen und arabischen Lustschlössern.

Glanzstücke sind die gewaltige Kathedrale und der Normannenpalast mit der mosaikgeschmückten Cappella Palatina. Sehenswert sind auch die Kirchen San Cataldo, La Martorana, San Giovanni degli Eremiti, der Palast La Zisa, das Teatro Massimo, die Katakomben des Kapuzinerkonvents sowie die Nationalgalerie und das Archäologische Museum. Vor 200 Jahren noch eine der prächtigsten Residenzstädte Europas, schien Palermo nach dem letzten Krieg dem Verfall preisgegeben. In den 1990er-Jahren streifte »die Schöne« das Stigma mafiöser Dekadenz ab. Seither wird emsig renoviert. Bester Beweis: die exotisch bunten Märkte sowie die Flaniermeilen und Plätze.

06 Monreale

Kein Aufenthalt in Palermo ist denkbar ohne die Fahrt hinauf in das acht Kilometer entfernte Bischofsstädtchen Monreale. Von der Anhöhe des Monte Caputo hat man die sizilianische Hauptstadt mit ihrer wie mit dem Zirkel gezogenen Bucht, der Conca d'Oro, unvergleichlich schön vor sich liegen. Hauptsehenswürdigkeit ist die berühmte Kathedrale. Im Jahr 1172 hatte Wilhelm II. hier in luftiger Höhe eine Benediktinerabtei gestiftet, um die sich alsbald eine Stadt bildete. In ihrem Zentrum ließ er einen Dom bauen – eine dreischiffige Basilika, die den Triumph des Christentums über den Islam symbolisieren sollte. Diese mit einer Länge von 102 Metern und Breite von 40 Metern größte Kirche Siziliens ruht auf 18 antiken Säulen. Sie enthält die Sarkophage der Könige Wilhelm I. und II. sowie herrliche Bronzeportale und Marmorfußböden. Die große Sensation sind freilich ihre einzigartigen Mosaike, die auf einer Fläche von 6300 Quadratmetern mit beispielloser Pracht biblische Geschichten erzählen. Sehenswert ist auch der Kreuzgang mit seinen 216 Säulenpaaren. Die SS113 führt von Palermo aus anschließend ins Landesinnere nach Segesta.

Oben links: Am höchsten Punkt von Palermo steht der Palazzo dei Normanni.

Links: Eimer, Putzgerät oder vielleicht eine warme Decke? Das Gesetz der Schwerkraft übertölpelt dieser Besitzer eines mobilen Marktstandes in Palermo.

Palermo liegt von Bergen umgeben im sogenannten Conca d'Oro, dem »Goldenen Becken«.

Für die Kathedrale von Monreale sollte man sich Zeit nehmen, dank der Mosaike gibt es viel zu entdecken.

07 Segesta

In der heute unbewohnten Hügellandschaft hatten sich in der Antike die Elymer, angebliche Nachkommen der Trojaner, niedergelassen. Von der Stadt dieses Volkes sind ein majestätischer, jedoch unvollendeter dorischer Tempel und ein prachtvoll gelegenes Amphitheater erhalten.

08 Trapani

Die auf einer Landzunge gelegene Provinzhauptstadt bildet den westlichen Endpunkt der SS113 und der A29. Drepanon, so der Name ihrer antiken Vorgängerin, diente den Karthagern und Römern als Flottenstützpunkt. Unter normannisch-staufischer Herrschaft stand die Stadt als religiöse Freistadt für alle Mittelmeervölker und als Haupthandelshafen für Salz, Fisch und Wein in Blüte. Vom alten Wohlstand zeugen heute in der vom Stil des Barock geprägten Altstadt noch zahlreiche Prachtbauten. Mit archäologischen Exponaten und Kunstschätzen gut bestückt ist das Museo Regionale Pepoli. Einen Besuch lohnt auch die Wallfahrtskirche Santuario dell' Annunziata: Sie ist ein wuchtiger Kolossalbau im katalanisch-gotischen Stil. Wer etwas Zeit hat, unternimmt einen Ausflug nach Erice oder San Vito lo Capo.

09 Ägadische Inseln

Von Trapani aus kann man einen schönen Tagesausflug auf diese drei Inseln vor der Westspitze Siziliens machen, die einst als Piratennester berühmt-berüchtigt waren. Marettimo ist ein unberührtes Wandergebiet. Auf Levanzo harrt die Grotta del Genovese mit steinzeitlichen Höhlenmalereien der Bewunderung. Und Favignana ist für die im Frühjahr veranstaltete »Mattanza«, eine Thunfischjagd, berühmt.

10 Marsala

Die Stadt gab dem Dessertwein seinen Namen. Der nahe dem Capo Lilibeo, Siziliens westlichstem Punkt, von den Phöniziern angelegte Hafen hält noch mehr bereit: einen schönen, barocken Kern mit einer repräsentativen Piazza, einen ursprünglich normannischen Dom, ein mit flämischen Gobelins bestücktes Museum und eine archäologische Fundstätte aus der Römerzeit. Sein orientalisch anmutendes Stadtbild verdankt der Ort dem im Jahr 827 von den Arabern neu gegründeten Mars al-Allah, dem »Hafen Gottes«.

11 Mazara del Vallo

Die einstige Verwaltungshauptstadt des Val di Mazara, einem mehrheitlich von Muslimen bewohnten Emirat, hat zwei Seiten: eine ziemlich abweisende in Form eines riesigen Fischereihafens (größte Fischereiflotte Italiens!) und eine schöne in Form einer barock geprägten Innenstadt mit einer idyllischen Piazza samt üppig dekoriertem Dom.
Richtung Landesinneres erhebt sich ein architektonisches Juwel etwa 3,5 Kilometer westlich des Städtchens Castelvetrano: das über 900 Jahre alte, von den Normannen errichtete Kuppelkirchlein Santa Trinità. Unbedingt ansehen!

LA PINETA

Inmitten eines schattigen Pinienwaldes liegt dieser Komfort-Campingplatz direkt am Meer. Ausgestattet mit allen nötigen Ver- und Entsorgungseinrichtungen, Waschmaschinen, Trocknern, WiFi, Restaurant und zwei großen Swimmingpools. Ganzjährig geöffnet. Der Platz ist ideal zum Überwintern. Angemessene Preise.

Via del Secco 90, 91010 San Vito lo Capo
www.campinglapineta.it, GPS: 38.17476, 12.73943

AREA CENTRO TURISTICO

Auf dem gebührenpflichtigen, halbschattigen Stellplatz in Strandnähe gibt es Ver- und Entsorgungseinrichtungen. Geöffnet von April bis Oktober. Ein kostenloser Shuttlebus fährt nach Marsala.

Contrada Fossarunza 205, 91025 Lido Signorino
GPS: 37.74680, 12.47820

PARCO ARCHEOLOGICO DI SELINUNTE

Der kostenlose, sonnige Platz befindet sich vor dem Eingang des Archäologischen Parkes. Hier gibt es Frischwasserver- und Abwasserentsorgung. Ganzjährig geöffnet.

Piazzale Iole Bovio Marconi, 91022 Selinunte
GPS: 37.58421, 12.83677

Bildleiste von oben:
Zwischen Trapanis Häusern und dem türkisfarbenen Meer zieht sich die Mura di Tramontana Ovest am Ufer entlang.

Hohe Palmen stehen in Mazara del Vallo vor der malerischen Kathedrale Santissimo Salvatore.

Die Isola di Levanzo, eine der Ägadischen Inseln, besitzt zahlreiche traumhafte Buchten, wie hier die Cala Minnola.

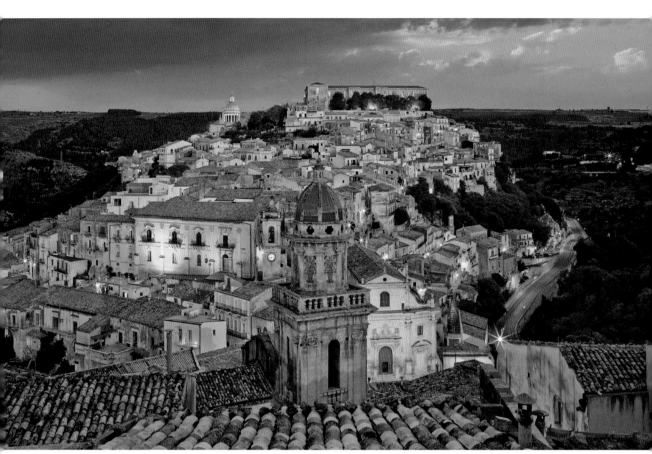

12 Selinunte

Die Stadt, die einst dank dem Handel mit Weizen zu den wichtigsten griechischen Orten auf Sizilien zählte, wurde im 7. Jahrhundert v. Chr. von Dorern gegründet und 250 v. Chr. von den Karthagern zerstört. Trotz etlicher Erdbeben und dem Missbrauch als Steinbruch haben sich auf dem riesigen Ruinengelände imposante Relikte erhalten. Auf der Akropolis und zwei Hügeln wurden insgesamt neun Tempelanlagen freigelegt. Einige sind wiederhergestellt und bilden, direkt am Meer gelegen, Paradebeispiele für monumentale Heiligtümer der klassisch-griechischen Zeit.

Auf der landschaftlich reizvollen Nebenstraße nimmt man nun, der Küste folgend, Kurs Richtung Südost. Nächste Stationen sind Sciacca, aus dessen Boden eine schon von den Römern geschätzte Thermalquelle sprudelt, und – über einen kurzen Umweg ins Landesinnere – Caltabellotta, ein spektakulär auf einem fast 1000 Meter hohen Felsen klebendes »Falkennest«, von dessen normannischer Burgruine man einen atemberaubenden Panoramablick über weite Teile der Insel hat.

Zurück an der Küste, wartet nach ca. 12 Kilometern schon die nächste antike Sehenswürdigkeit.

13 Eraclea Minoa

Die spärlichen Grundmauern und das schöne Theater dieser im 6. Jahrhundert v. Chr. gegründeten Stadt liegen auf einem Plateau, das mit schneeweißen, 80 Meter hohen Kreideklippen senkrecht zum Meer abbricht.

14 Agrigento

Die 30 Kilometer weiter gelegene Provinzhauptstadt hinterlässt anfangs einen zwiespältigen Eindruck: Allzu unschön haben Hochhäuser und Industrie den breiten Abhang überwuchert. In der überwiegend barocken Altstadt verbergen sich jedoch so manches gemütliche Plätzchen und bauliche Juwel – allen voran der im Kern normannische Dom.

15 Valle dei Templi

Das »Tal der Tempel«, genau genommen ein langgestreckter Bergrücken, fasziniert durch die harmonische Verschmelzung von klassischer Architektur und mediterraner Landschaft. Wie Perlen sind die Kultbauten des antiken Akragas, das im 5. Jahrhundert v. Chr. neben Syrakus zur stärksten Macht Siziliens aufgestiegen war, aneinandergereiht – monumentale Tempel im klassisch-dorischen Stil. Über die Hafen- und Industriestadt Gela, die wegen der altgriechischen Wehrmauern und des gut bestückten Archäologischen Museums einen Zwischenstopp lohnt, gelangt man in den Südosten Siziliens, das Land der kargen Karstgebirge und des üppigen Barock. Vittoria und Comiso heißen die beiden ersten Städte entlang der Strecke ins Landesinnere (SS115). Sie geben einen Vorgeschmack auf die schwelgerischen Formen der hiesigen Architektur.

16 Ragusa

Diese Stadt bildete schon unter den Sikulern, den antiken Bewohnern Ostsiziliens, ein wichtiges Zentrum. Nach dem verheerenden Erdbeben von 1693 wurde sie komplett neu erbaut. Ihr östlicher Teil, Ragusa-Ibla, drängt sich mit seinen winkeligen Gassen auf einem schmalen Felssporn und wird von der Basilika San Giorgio (erbaut 1744–1775) über-

Links oben: Auf einem 500 Meter hohen Hügel wurde die Unterstadt Ragusa Ibla errichtet. Hier stand einst auch die antike Altstadt. Ganz Ragusa steht unter dem Schutz der UNESCO.

Links: Im sogenannten Valle dei Templi ragen die Säulen des Dioskurentempels in den Himmel.

Rechts: Campen inmitten von Korkeichen und Ziegen – sizilianischer kann man es sich kaum erträumen.

Bildleiste von oben: Eines der sehenswertesten Gebäude Modicas ist der Duomo di San Pietro.

Viele Stufen führen zum barocken Dom San Nicolò in Noto hinauf.

ragt. In der westlichen Stadthälfte befinden sich die 1760 fertiggestellte Kathedrale, einige repräsentative Palazzi und das Museo Archeologico Ibleo. Beide Bezirke bieten ein barockes Stadtbild par excellence. Die Stadt zählt zu den von der UNESCO geschützten »spätbarocken Städten des Val di Noto«.

17 Mowdica

Fast noch malerischer an die Steilhänge zweier Karstschluchten geschmiegt und ebenso einheitlich dem Barockstil verschrieben präsentiert sich das altehrwürdige Städtchen Módica. Seine Hauptattraktion ist der Dom San Giorgio. Alle bisherigen Stationen waren allerdings nur eine Art

Vorspiel für das, was 50 Kilometer östlich auf die Sinne wartet ...

18 Noto

Das auf einem flachen Ausläufer der Iblei-Berge erbaute Städtchen gilt als schönstes urbanes Gesamtkunstwerk des sogenannten sizilianischen »Nach-Beben-Barock«. Die Hauptachse des rechtwinkeligen Straßenrasters, das, in Terrassen abgestuft, den Hang überzieht, bildet der Corso Vittorio Emanuele. Franziskanerkirche, Kapuzinerkonvent, Dom San Nicolò, Rathaus, Erzbischöfliches Palais – die reich stuckierten Fassadenfronten schaffen hier im Verbund mit Freitreppen, Parks und Plätzen eine Kulisse von kaum überbietbarer Theatralik. Und von reizvoller Morbidität: Denn die ganze vornehm goldgelb getönte Pracht ist akut vom Verfall bedroht. Sandstein und Gips zerbröseln. Die Denkmalschützer kommen mit dem Restaurieren fast nicht mehr nach.

19 Syrakus (Siracusa)

Beim ersten Blick auf die gesichtslosen Neubauten von Syrakus mag man kaum glauben, dass diese Provinzhauptstadt vor 2300 Jahren

einmal eine Million Einwohner zählte. Oder, dass sie einst die mächtigste der griechischen Städte in Süditalien war – Brennpunkt des Handels, aber auch der Philosophie und Wissenschaft. Doch ein Gang durch die malerische Altstadt öffnet die Augen. Denn jene Insel namens Ortigia, auf

der von der Gründung durch die Korinther um 740 v. Chr. bis heute das historische Herz von Syrakus schlägt, besitzt etliche Relikte der einstigen Blüte – einen Apollo-Tempel zum Beispiel, die Arethusa-Quelle und auch einen dorischen Tempel, den man im 7. Jahrhundert n. Chr. zum heutigen

AREA LAGANI PARKING

Der ruhige Platz ist mit allen notwendigen Ver- und Entsorgungseinrichtungen, inklusive Waschmaschinen, Trocknern und WiFi ausgestattet. Ganzjährig geöffnet. Es sind 300 Meter bis zum Strand, sechs Kilometer bis Taormina. Stündlich fährt ein Bus in die Stadt (Fahrzeit 20–30 Minuten). Es gibt in Taormina keine geeigneten Parkplätze für Wohnmobile.

Viale Stracina 22, 98035 Giardini Naxos
www.parkinglagani.it, GPS: 37.82095, 15.26745

NOTO PARKING

Auf dem gebührenpflichtigen, videoüberwachten Stellplatz gibt es alle notwendigen Ver- und Entsorgungseinrichtungen sowie Duschen, WiFi und Stromanschlüsse. Es ist ein schattiger Platz mit Zitrusbäumen. Der Fußweg nach Noto beträgt zwei Kilometer.

Contr. Faldino, 96017 Noto
GPS: 36.89089, 15.07065

CAMPING CAPTAIN

Dieser Campingplatz an der Südspitze Siziliens bietet direkten Zugang zum Strand. Der Platz ist mit allen notwendigen Ver- und Entsorgungseinrichtungen ausgestattet.

Isola delle Correnti, 96010 Portopalo di Capo Passero
www.campeggiocaptain.it, GPS: 36.64543, 15.07750

SIRACUSA PORT

Auf diesem einfachen, relativ ruhigen Parkplatz am Jachthafen gibt es keinerlei Versorgungseinrichtungen, er ist aber ganzjährig geöffnet. Die Insel Ortigia ist bequem zu Fuß zu erreichen.

Riva Porto Lachio 1, 96100 Siracusa
GPS: 37.06888, 15.29051

CAMPING JONIO

Der Campingplatz im Norden der Stadt liegt an einer Felsküste aus Lavagestein mit freiem Blick auf das Mittelmeer. Alle notwendigen Ver- und Entsorgungseinrichtungen, Waschmaschinen, Trockner und WiFi sind vorhanden. Ganzjährig geöffnet. Die Innenstadt ist drei Kilometer entfernt.

Via Villini a Mare 2, 95126 Catania
www.campingjonio.com, GPS: 37.53374, 15.12134

Auf der Straße durch den Ätna-Nationalpark laden Buchten zum Anhalten und den Ausblick genießen ein.

Dom ausbaute. Von der antiken Neapolis auf dem Festland ist ebenfalls einiges erhalten geblieben. Der archäologische Park auf ihrem Gelände umfasst u. a. ein römisches und ein griechisches Theater, eine Vielzahl von Katakomben, den riesigen, aus dem weichen Kalkstein gemeißelten Altar Hierons II. und eine große Grotte, das »Ohr des Dionysios«. Neben den Überresten des Altertums lohnen aber auch Attraktionen aus dem Mittelalter und der Neuzeit wie die Regionalgalerie oder das unter Friedrich II. erbaute Castello Maniace einen Besuch.

20 Catania

Siziliens zweitgrößte Stadt liegt weniger als 30 Kilometer Luftlinie vom Hauptgipfel des Ätna entfernt und hatte unter dieser engen Nachbarschaft oft zu leiden. Im Lauf ihrer fast 3000-jährigen Geschichte haben Lavaströme und Erdbeben sie wiederholt zerstört. Ende des 17. Jahrhunderts wurde sie nach einem verheerenden Beben streng nach Plan aus dunklem Lavagestein in spätbarockem Stil wieder aufgebaut. Aus der Vielzahl pompöser Paläste und Kirchen ragt der Dom heraus. Ebenfalls besuchenswert sind das Städtische Museum im Castello Ursino und das Römische Theater. Bellinis Geburtshaus, das nach ihm benannte Teatro und die kolossale Barockkirche San Nicolò sind weitere Ziele. Von

Gemeinsam mit dem Besucher blickt die Kathedrale Sant'Agata in Catania aufs Meer hinaus.

Nicht nur der größte, sondern auch der höchste aktive Vulkan Europas ist der 3323 Meter hohe Ätna auf Sizilien – und der Feuerberg, der so oft ausgebrochen ist wie kein zweiter in der Geschichte. Er ist fantastisch anzuschauen.

Catania aus lohnt sich natürlich ein Abstecher zum Vulkan Ätna.

21 Taormina

Zum Grande Finale geht es, auf halbem Weg von Catania nach Messina, hinauf in den meistbesuchten Ort der Insel. Seine traumhafte Hanglage auf einem Felsen hoch über dem Meer und das antike Amphitheater bescherten dem 11 000-Einwohner-Ort Taormina bereits im 19. Jahrhundert einen Gästeboom. Im vierten vorchristlichen Jahrhundert gegründet, war die Stadt mehr als 200 Jahre lang griechisch, ehe sie schließlich im Jahr 215 v. Chr. an Rom fiel. Vom Teatro Greco, das im 2. Jahrhundert v. Chr. auf den Fundamenten eines hellenistischen Vor-

gängerbaus errichtet wurde, weitet sich der Blick bis zum Vulkan. Diese ist wohl eine der schönsten Theaterkulissen der Welt! Ein weiterer guter Aussichtspunkt ist auch die rund 200 Meter über dem Meer gelegene Terrasse der Piazza IX Aprile. Beeindruckende Paläste und Klöster ziehen Be-

sucher ebenso nach Taormina wie die urigen Gässchen und gemütlichen Plätze. 1787 besuchte schon Johann Wolfgang von Goethe diesen Ort und schwärmte in seiner »Italienischen Reise« davon.

PARCHEGGIO RIFUGIO SAPIENZA

Dieser gebührenpflichtige Parkplatz liegt am Fuße des Ätna auf 1900 Metern Höhe. Er hat keine Versorgungseinrichtungen, aber ein gutes Restaurant. Ganzjährig geöffnet. Der Platz ist ein ausgezeichneter Standort, um sich dem Vulkan auf einer Wanderung zu nähern (ca. acht Kilometer, 1300 Meter Höhenunterschied).

Loc Rifugio Sapienza, 95019 Etna
GPS: 37.74856, 15.00910

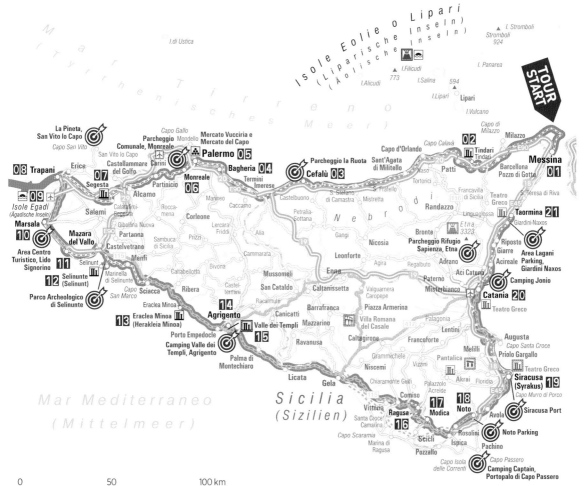

REGISTER

BILDNACHWEIS · IMPRESSUM

Abkürzungen: A = Alamy; C = Corbis; G = Getty Images; M = Mauritius Images

S. 2-3 M/Bruno Kickner, S. 4-5 M/Bruno Kickner, S. 6-7 Look/Tobias Richter, S. 10-011 M/Francesco Bergamaschi, S. 100 Look/ClickAlps, S. 101 G/Marco Brivio, S. 105 G/Gary Yeowell, S. 108 M/Martin Moxter, S. 12-013 G/Westend61, S. 13 M/Donato Milione, S. 15 M/Tamboly, S. 15 G/Olaf Protze, S. 16-017 M/Bruno Kickner, S. 18 G/Xantana, S. 18 C/Frank Lukasseck, S. 21 Look/ClikkAlps, S. 21 M/Hiroshi Higuchi, S. 22 M/Martha Feustel, S. 22 M/Martha Feustel, S. 22 M/Steve Vidler, S. 24 M/Alamy, S. 24 M/Yoko Aziz, S. 25 M/Ben Pipe, S. 26 G/Flavio Vallenari, S. 26 M/Camille Moirenc, S. 26-027 Look/ClickAlps, S. 29 M/Harald Wenzel-Orf, S. 29 M/Gerhard Wild, S. 29 G/Izzet Keribar, S. 30 G/Ryszard Stelmachowicz, S. 30 M/Alamy, S. 30 G/Ac productions, S. 32 Look/Iris Kürschner, S. 32-033 G/Sunny Awazuhara, S. 34-035 M/Matthias Pinn, S. 36-037 M/ClikkAlps, S. 37 M/Michele Rossetti, S. 39 M/Daniel Waschnig, S. 39 G/Matt Ried, S. 40-041 G/Oleg Albinsky, S. 42 M/Alamy, S. 42 M/Mark Robertz, S. 42 M/Prisma, S. 45 G/Julian Elliott, S. 45 G/Julian Elliott, S. 45 M/Alamy, S. 46-047 G/Alexander Spatari, S. 48-049 M/Alamy, S. 49 M/Olaf Protze, S. 50 M/René Mattes, S. 50 M/René Mattes, S. 51 M/Frank Fell, S. 52 M/Olaf Protze, S. 52-053 M/Alamy, S. 55 M/David & Micha Sheldon, S. 55 Look/Martin Kreuzer, S. 55 M/Olaf Protze, S. 55 M/Simone De Lorenzo, S. 56-057 M/Bruno Kickner, S. 58 G/Leonardo da Vinci, S. 59 Look/age, S. 60-061 G/Jason Arney, S. 62 M/Alamy, S. 62-063 M/Alamy, S. 64 G/Malcolm P Chapman, S. 64-065 M/Alamy, S. 66-067 M/Blickwinkel, S. 66-067 M/Hiroshi Higuchi, S. 67 G/Jon Arnold, S. 68 M/age, S. 68 M/Francesco Russo, S. 68 G/Yves Marcoux, S. 70 M/Enrico Bottino, S. 70 M/Daniel Schoenen, S. 70 M/Alamy, S. 71 M/Bruno Kickner, S. 72-073 M/Alamy, S. 75 M/Alamy, S. 76-077 G/Cookelma, S. 78-079 M/Paul Williams, S. 79 G/Martin Ruegner, S. 81 G/Xbrchx, S. 81 G/Maremagnum, S. 81 G/Fiorella Macor, S. 82-083 M/Christa Eder, S. 83 G/Jacques van Dinteren, S. 83 M/Alamy, S. 84 G/Anton Petrus, S. 84 G/Anita Stizzoli, S. 86 M/Alamy, S. 86-087 G/Slow Images, S. 87 Look/age, S. 89 G/Matteo Colombo, S. 89 Look/Andreas Strauss, S. 90 M/Ingo Boelter, S. 90 Look/O. Seehauser, S. 90 M/Udo Siebig, S. 92-093

M/Bruno Kickner, S. 94-095 M/Christian Bäck, S. 95 M/ImageBroker, S. 96 G/Hiroshi Higuchi, S. 96 G/Massimo Borchi, S. 99 Look/Sabine Lubenow, S. 99 M/CuboImages, S. 99 M/Alamy, S. 102-103 M/Alamy, S. 104-105 Look/Juergen Richter, S. 106-107 G/Mitch Diamond, S. 108-109 C/Hubert Stadler, S. 110 C/PPSOP, S. 110 G/Roberto Lo Savio, S. 113 C/Guido Cozzi, S. 113 M/Alamy, S. 113 G/Marius Roman, S. 115 M/Stefano Paterna, S. 115 M/ClickAlps, S. 115 M/Alamy, S. 116-117 Look/Hemis, S. 118 M/Alamy, S. 118-119 M/Mikolaj Gospodarek, S. 119 M/Miles Ertman, S. 120-121 M/Bruno Kickner, S. 122 Look/Heinz Wohner, S. 122 Look/Rainer Martini, S. 122 Look/Avalon.red2, S. 124 Look/age, S. 124 G/Andreas Strauss, S. 124 G/StevanZZ, S. 126-127 Look/Avalon.red2, S. 128-129 G/Rilind Hoxha, S. 129 M/Tommy Seiter, S. 130-131 G/Peter Zelei, S. 131 M/Alamy, S. 133 G/MassanPH, S. 133 M/Alamy, S. 133 G/Aldo Bertorelli, S. 134-135 M/Pixtal, S. 136 M/Lorenzo De Simone, S. 136 G/Valentino Grassi, S. 136 Look/Robertharding, S. 139 Look/ClickAlps, S. 139 M/Mauro Flamini, S. 139 M/Alamy, S. 141 G/Francesco Iacobelli, S. 141 M/Christa Eder, S. 141 G/Manolo Raggi, S. 142 M/Franziska Maier, S. 142 Look/ClickAlps, S. 142 G/Daniela Gualtieri, S. 142 M/Alamy, S. 143 Look/Thomas Stankiewicz, S. 145 M/Alamy, S. 145 G/Laz@Photo, S. 145 M/Alamy, S. 147 Look/Robertharding, S. 148-149 G/Gehringj, S. 150-151 M/Bruno Kickner, S. 152 G/Hans Georg Roth, S. 152-153 M/Stefan Auth, S. 153 M/Bruno Kickner, S. 154-155 M/Stefano Paterna, S. 154-155 M/Alamy, S. 156-157 G/Guido Cozzi, S. 158-159 G/Julian Elliott, S. 159 M/Bruno Kickner, S. 159 Look/José Antonio Moreno, S. 160 G/Travelpix Ltd, S. 160 M/Giuseppe Greco, S. 160 G/Justin Paget, S. 162-163 G/Bluejayphoto, S. 164 G/Crisfotolux, S. 164-165 M/Mauro Flamini, S. 164-165 M/Alamy, S. 166-167 G/Lorenzo Mattei, S. 169 M/Gu, S. 169 M/Alamy, S. 170 G/Romaoslo, S. 170 M/Alamy, S. 172 G/G. Nimatallah, S. 173 Look/age, S. 174-175 M/Pixtal, S. 176-177 C/Maurizio Rellini, S. 177 G/Sborisov, S. 178-179 Look/ClickAlps, S. 180 G/Valerio Mei, S. 181 M/Adam Eastland, S. 181 Look/age, S. 181 M/Alamy, S. 183 Look/age, S. 183 G/Mariusz Kluzniak, S. 183 M/Alamy, S. 184 M/Alamy, S. 184-185 C/Frank Lukasseck, S. 186 C/Michele Falzone, S. 186 C/Angelo Cavalli, S. 187 M/Bruno Kickner, S. 189 M/Alamy, S. 190-191 M/F. Lukasseck,

S. 191 G/AGF, S. 194 G/Peter Adams, S. 195-193 C/Paul Williams, S. 196-197 M/ClickAlps, S. 198-199 M/Siephoto, S. 199 G/Cristian Spina, S. 200 M/Alamy, S. 200 M/Jevgenija Pigozne, S. 200 M/ClickAlps, S. 202-203 M/ImageBroker, S. 204 M/Manfred Kostner, S. 206 M/Alamy, S. 206 M/Peter Adams, S. 206 M/Alamy, S. 207 M/Alamy, S. 209 M/Alamy, S. 209 M/Alamy, S. 210 G/Sergio Urbina, S. 210 G/E55evu, S. 210 G/Philippe Fritsch, S. 212 M/Markus Lange, S. 212 M/ClickAlps, S. 212 M/R. Ian Lloyd, S. 214-215 G/Roberto Moiola, S. 216-217 G/Jorg Greuel, S. 217 G/Travel Wild, S. 218 M/Alamy, S. 218-219 G/Jeremy Woodhouse, S. 221 M/Nicola Iacono, S. 221 M/Christian Bäck, S. 221 Laif/Tobias Hauser, S. 221 G/Sndr, S. 222-223 M/Peter Giovannini, S. 224-225 G/Roman Babakin, S. 225 G/Davide Seddio, S. 227 Look/Travel Collection, S. 227 G/Tore65, S. 227 G/T_o_m_o, S. 228 M/Alamy, S. 228 G/Steve Allen, S. 228 G/AlKane, S. 230 M/Alamy, S. 230 G/Maremagnum, S. 230 M/Jean-Pierre Degas, S. 232-233 M/Enrico Spanu, S. 234-235 G/Andras Csontos, S. 236 G/Martin Child, S. 236-237 M/Alamy, S. 237 G/Slow Images, S. 238 M/Alamy, S. 238 M/Daniel Kempf-Seifried, S. 240-241 G/Jeremy Woodhouse, S. 242-243 G/Smartshots International, S. 245 M/Hermes Images, S. 245 G/Domenico Nardozza, S. 245 G/Hwo, S. 246 G/Slow Images, S. 246 G/Piotr Jaczewski, S. 247 M/Alamy, S. 248 G/Patrick Donovan, S. 248-249 Look/age, S. 250-251 G/Leonori, S. 252 G/Alessandro Flavio Bruno, S. 252 G/Andrea Savoca,

Genehmigte Sonderausgabe für Weltbild GmbH & Co. KG
Werner-von-Siemens-Str. 1, 86159 Augsburg
Copyright © 2021 by Kunth Verlag, München – MAIRDUMONT GmbH & Co. KG, Ostfildern

Umschlaggestaltung: Atelier Seidel, Teising
Umschlagmotive: iStockphoto/YKD

Printed in Italy

ISBN 978-3-8289-5150-1

Besuchen Sie uns im Internet:
www.weltbild.de

Texte: Einleitungstexte, Stellplätze: Dipl.-Geograph Heiner Newe, Altensteig; Weitere Texte: Gerhard Beer, Gerhard Bruschke, Christiane Gsänger, Annegret Handel-Kempf, Waltraud Horbas, Rudolf Ites, Thomas Jeier, Dr. Sebastian Kinder, Dr. Dieter Maier, Michael, Neumann, Dr. Thomas Pago, Daniela Schetar, Manuela Schomann, Peter Schröder, Dr. Manfred, Vasold, Dr. Heinz Vestner, Walter M. Weiss, Günther Wessel